L'ÉQUILIBRE ET L'HARMONIE

DU MÊME AUTEUR

LA SCIENCE DU CARACTÈRE, 1934. *(Epuisé.)*
POÈMES, 1940. *(Epuisé.)*
DIAGNOSTICS, Essai de physiologie sociale, 1940.
DESTIN DE L'HOMME, 1941. *(Epuisé.)*
L'ÉCHELLE DE JACOB, 1942.
RETOUR AU RÉEL, NOUVEAUX DIAGNOSTICS, 1943.
CE QUE DIEU A UNI, 1945.
LE PAIN DE CHAQUE JOUR, 1946.
NIETZSCHE OU LE DÉCLIN DE L'ESPRIT, 1948.
SIMONE WEIL TELLE QUE NOUS L'AVONS CONNUE (en collaboration avec le R.P. Perrin), 1952.
LA CRISE MODERNE DE L'AMOUR, 1953.
VOUS SEREZ COMME DES DIEUX, 1958.
NOTRE REGARD QUI MANQUE À LA LUMIÈRE, 1970.
L'IGNORANCE ÉTOILÉE, 1974.
ENTRETIENS avec Christian Chabanis, 1975.

GUSTAVE THIBON

L'ÉQUILIBRE ET L'HARMONIE

Au-dessus de l'équilibre,
il y a l'harmonie.
Au-dessus de la balance,
il y a la lyre.

VICTOR HUGO

FAYARD

Pour Henri de Lovinfosse,
en signe d'inaltérable amitié.

Avant-propos

Ce livre est composé d'un choix d'articles parus primitivement dans le bulletin *Manta-Niews* et reproduits dans divers journaux ou périodiques en France et à l'étranger. Je le publie pour répondre au vœu d'un grand nombre de lecteurs qui m'ont exprimé le désir de voir ces études éparses et devenues introuvables réunies en volume.

Ces textes s'adressent au très grand public. Souvent inspirés par l'actualité, ils n'ont pas d'autre ambition que d'éclairer à la lumière d'une sagesse éternelle les événements et les problèmes de la vie quotidienne. Philosophie du bon sens si l'on veut, c'est-à-dire de la raison contrôlée par l'expérience et repoussant avec une égale méfiance les divagations de la pensée désincarnée et la fausse logique des passions.

A la fin de sa vie, Gabriel Marcel proclamait la nécessité de réhabiliter le bon sens — faculté de discerner spontanément le vrai du faux et, d'après Descartes, « la chose du monde la mieux partagée », du moins aussi longtemps que l'esprit des hommes résiste à l'intoxication des modes et des propagandes — et dénonçait la carence de cette faculté essentielle chez la plupart des philosophes contemporains dont les idées s'articulent d'autant mieux dans l'abstrait (la vogue actuelle du mot idéologie est très significative) que leur contact avec le réel s'amenuise davantage.

D'où l'isolement des philosophes dans la Cité. D'abord par suite de l'irréalisme dont je viens de parler ; ensuite à cause de leur langage ésotérique où l'obscurité tient lieu de profondeur et le massacre du vocabulaire d'originalité. Comme si la supériorité de l'intelligence se mesurait à l'inintelligibilité du discours !

« Ma bouche est la bouche du peuple », disait le Zarathustra de Nietzsche en prenant congé des « savants ». De fait, les pontifes de notre âge démocratique témoignent d'un étrange mépris du peuple. Ou bien ils lui parlent dans un jargon de spécialistes auquel il n'entend rien ; ou bien, s'ils daignent se mettre à sa portée, c'est pour l'abreuver de slogans outrageusement simplistes qui désamorcent la réflexion en mobilisant les réflexes et par lesquels on le manipule sans l'éclairer. Bref, on ne lui laisse le choix qu'entre l'inassimilable et le prédigéré...

Tout gravite, dans ce livre, autour de quelques vérités premières qu'on qualifie dédaigneusement de « lieux communs ». Le mot commun est ambigu : il signifie banalité, platitude, et il évoque aussi l'idée de communication, de communion. Le foyer, la fontaine, l'Eglise, la patrie sont des lieux communs. L'agora d'Athènes où enseignait Socrate était un lieu commun. De même les trésors de la sagesse populaire dont nous oublions le sens dans la mesure où nous en connaissons trop bien la formulation. « Il faut repenser les lieux communs, disait Unamuno, pour les délivrer de leur maléfice. » Il faut, par la réflexion, retrouver la fraîcheur, la fécondité originelles de ces pauvres mots défloés, stérilisés par le piétinement moutonnier de l'habitude. Le premier devoir du philosophe est de dépoussiérer les vérités premières...

J'aime les messages délivrés en clair et je me méfie instinctivement de tout ce qui a besoin d'être décrypté. Sur ce point les hommes de pensée agissent à l'inverse des hommes de finance : chez ceux-ci, plus un coffre-fort comporte de serrures et de combinaisons, plus il cache de trésors à l'intérieur ; chez ceux-là, c'est trop souvent le vide qui se dissimule sous l'épaisseur des portes et la complication des serrures. A la limite, le ciel et Dieu n'ont pas de portes : le « Dieu caché », c'est le Dieu que nous nous cachons à nous-mêmes : le seul voile entre nous et lui est dans l'impureté de notre regard. « Bienheureux les cœurs purs car ils verront Dieu... »

Les mots les plus simples suffissent à délivrer la vérité que tout homme porte en lui. J'avoue, au terme de mon humble carrière de philosophe du bon sens, que les seuls témoignages qui m'aient touché, au-delà de ces réactions épidermiques de vanité et d'autosatisfaction dont personne n'est exempt, sont ceux qui me sont venus de non-intellectuels, parfois d'ouvriers et de paysans — lesquels m'ont dit en substance : ce que vous m'avez appris, je le savais déjà, mais j'ignorais que je le savais. Le philosophe devrait toujours garder les yeux fixés sur Socrate, fils de la sage-femme et accoucheur des esprits — de tous les esprits, y compris celui de l'esclave du *Ménon*. Je crains que trop de mandarins chatoyants et creux et de cyniques meneurs de foules se comportent plutôt en avorteurs...

Quelques mots encore concernant le titre de cet ouvrage. L'équilibre se définit comme « l'état d'un corps sollicité par plusieurs forces qui s'annulent ». Et l'harmonie comme « l'unité d'une multiplicité, c'est-à-dire un genre particulier d'ordre consistant en ce que les différentes parties ou fonctions d'un être ne s'opposent pas, mais concourent à un même effet d'ensemble ».

Deux poids égaux se font équilibre sur les plateaux d'une balance, plusieurs notes différentes dans une phrase musicale produisent une harmonie.

L'équilibre concerne uniquement la quantité, la pesanteur, les rapports de force. L'harmonie implique la qualité et la convergence des qualités vers une fin commune. Le mal lui-même peut entrer comme élément dans un équilibre, à condition d'être neutralisé par la présence d'un mal semblable et opposé. Mais jamais le bien. On parle de « l'équilibre de la terreur ». Mais qui oserait parler d'une harmonie de la terreur ?

La névrose égalitaire qui agite notre époque s'explique par l'oubli de cette distinction essentielle. Le principe d'égalité, qui s'exprime par la loi du nombre, concerne uniquement la quantité et ne laisse place qu'aux rapports de force entre des êtres et des groupes qu'aucun lien interne ne relie entre eux. D'où le conflit, érigé en loi permanente des sociétés, la généralisation de la violence qui devient de plus en plus le seul moyen de se faire entendre et d'obtenir satisfaction. Ce qui produit des déséquilibres en chaîne auxquels on essaye de remédier par des concessions et des compromis, gros à leur tour de nouveaux désordres — un peu comme dans la médecine purement symptomatique, on déplace les manifestations d'un mal sans en atteindre la source. Car la source est dans la rupture de l'harmonie — celle-ci impliquant la reconnaissance et le dépassement des inégalités en fonction d'un but commun. Et c'est pour cela que les responsables de la Cité — depuis le père de famille ou le professeur qui lâchent sans fin du lest (toujours la quantité, la pesanteur !) dans ses rapports avec ses enfants ou ses élèves révoltés jusqu'à l'homme d'Etat qui cède aux exigences impossibles des groupes de pression — évoquent l'image de l'équilibriste plutôt que celle de l'accordeur. Jusqu'au jour où ces remèdes superficiels et provisoires n'agissant plus, la médecine symptomatique fait place à la chirurgie, c'est-à-dire à la tyrannie qui rétablit l'équilibre par l'amputation des inégalités naturelles et des libertés qui en découlent.

L'équilibrisme a fait son temps : nous n'avons le choix qu'entre les deux termes de cette alternative : restaurer par l'harmonie un ordre vivant ou nous laisser imposer un ordre mort et mortel par une force sans âme qui annulera toutes les autres.

PREMIÈRE PARTIE

LA SANTÉ ET LE SALUT

Un stupide accident de circulation — terme bien présomptueux, car j'allais tranquillement à pied avec toute la limitation de vitesse qu'implique ce mode archaïque de déplacement — m'a amené à subir une intervention chirurgicale. Et mon court séjour en clinique m'a donné l'occasion de méditer sur le double privilège du métier de chirurgien.

Premier point. Si, comme le dit Simone Weil, les meilleurs métiers sont ceux où l'ouvrier voit directement le lien entre son travail et le résultat de son travail, la tâche du chirurgien répond par excellence à cet idéal. Une hernie ou une fracture réduite, une vésicule biliaire ou un appendice enlevés, et voilà un être gravement handicapé, sinon menacé dans son existence, qui retrouve à brève échéance l'usage de son corps. Est-il une tâche plus passionnante que celle de manier un couteau qui opère de tels prodiges ?

Second stimulant pour le chirurgien. Non seulement son travail est passionnant pour lui-même, mais, ayant pour objet un être humain, il intéresse plus passionnément encore celui sur lequel il s'exerce. Tout chirurgien peut compter sur une intense collaboration affective de ses patients : en lui se concentrent toute l'espérance, toute la confiance angoissées d'une créature en proie au malheur et qui attend de lui sa délivrance. Si, comme l'affirme le grand psychologue Prinzhorn, la *Geltungsucht* (le désir d'être reconnu et apprécié par le prochain) est un des besoins essentiels de notre nature, il faut reconnaître que le chirurgien se trouve exceptionnellement comblé sur ce point : il suffit pour s'en convaincre de lier conversation avec les malades dans la salle d'attente ou les couloirs d'une clinique...

Une seule ombre au tableau : cette attention si fervente et si universelle attachée au travail chirurgical émane de l'instinct de conservation — chose commune à tous les êtres vivants et totalement dépourvue de qualité spirituelle. La fameuse loi d'Auguste Comte — à savoir que l'énergie des mobiles est inversement proportionnelle à leur qualité — s'applique ici à fond. Un professeur de passage dans ma clinique m'a fait la réflexion suivante : « Tous les malades écoutent avidement les commentaires du chirurgien sur leur mal, tandis que moi qui enseigne le latin, c'est à peine si j'intéresse un élève sur dix : les autres trépignent d'impatience ou bâillent d'ennui en attendant la fin du cours. » J'ai répondu que les hommes sont naturellement plus enclins à sauver leur peau qu'à nourrir leur esprit : d'où la supériorité écrasante, en fait de prestige et d'autorité, de l'homme qui tient le scalpel sur celui qui explique Virgile ou Sénèque. Les élèves contestent de plus en plus leurs professeurs, mais personne ne conteste le chirurgien au seuil du bloc opératoire. L'esprit sous-alimenté peut se donner l'illusion d'être en pleine santé, mais les exigences d'un corps défaillant sont aussi évidentes qu'impérieuses...

On peut faire la même constatation déprimante dans mille autres circonstances. Imaginons une famille dont les membres sont en train de se disputer avec ces raffinements d'égoïsme et de susceptibilité auxquels une trop grande sécurité matérielle donne si souvent libre cours : qu'un incendie se déclare dans la maison et toutes ces complications de la vie affective paraîtront dérisoires devant la menace qui concerne la vie tout court.

Et que dire du très faible impact qu'a, sur l'immense majorité des mortels, l'appel des réalités divines ? Le curé d'Ars implorait un jour en ces termes un pécheur récalcitrant : « Alors, Monsieur, vous ne voulez pas avoir pitié de votre âme ? » Si le même individu était tombé dans une rivière, on n'aurait pas eu besoin de le supplier d'avoir pitié de son corps et de saisir la perche tendue. Mais l'âme, cela peut attendre — et d'autant plus que beaucoup ne sont pas très sûrs qu'elle existe.

Ce qui conduit à poser le problème suivant : comment conférer aux mobiles supérieurs — ceux qui nous invitent à former notre esprit et à purifier notre âme — ce poids de nécessité et d'urgence qui caractérise les besoins et les intérêts temporels ; où trouver, dans l'ordre moral et spirituel, l'équivalent de la simplicité et de l'énergie dévolues à l'instinct de conservation ?

La foi religieuse peut seule nous apporter la réponse. Elle nous enseigne que l'homme a une âme, que cette âme — en tant que faculté de discerner le vrai du faux et le bien du mal et par là de participer à la perfection infinie de Dieu — peut se perdre au même titre que le corps et avant la mort corporelle, et que notre premier devoir est de ne pas laisser s'éteindre cette étincelle d'éternité. C'est l'appel du salut avec toutes les manœuvres de sauvetage qui en dérivent. Le saint est celui qui, devant les dangers menaçant son âme et celle du prochain, réagit avec la même vigueur et la même spontanéité que n'importe lequel d'entre nous devant les périls de mort physique.

Faute de quoi nous pouvons indéfiniment étirer la durée de notre existence terrestre et progresser dans la connaissance et la conquête du monde extérieur — tous ces trésors dont nous avons perdu la clef intérieure n'auront pas plus de sens ni de prix que les plus merveilleux spectacles devant des yeux sans regard. La morosité et la révolte qui sévissent dans les pays matériellement privilégiés sont les signes non équivoques de cet épuisement de la source invisible...

Telles étaient les pensées qui peuplaient mes loisirs forcés en clinique et qui se résument toutes dans cette question : comment amener les hommes à attacher au moins autant d'importance à leur *salut* qu'à leur *santé* ? Les deux mots ont la même étymologie : pourquoi n'ont-ils pas la même puissance attractive ?

LA VIE INTÉRIEURE ET L'ACTION

Je disais l'autre jour, devant un petit groupe d'hommes d'action, que le climat de la société actuelle rendait de plus en plus difficile l'accès à la vie intérieure, ce mot désignant dans ma pensée la capacité de recueillement, de solitude, de silence — et, pour les croyants, de prière.

« La vie intérieure ? m'a dit un auditeur : notion bien périmée dans cette seconde moitié du XXe siècle où l'homme brise les atomes et visite les astres. Pour moi je ne crois qu'au dynamisme et à l'efficacité et je ne me sens vivre que dans l'action ou, aux heures de loisirs, dans les distractions que je peux m'offrir avec le fruit de mon travail : sport, spectacles, voyages, etc. »

Précisons cette notion de vie intérieure, ai-je répondu. Ce qui distingue un être vivant d'une machine, c'est que toutes les manifestations de son existence comportent deux versants absolument irréductibles l'un à l'autre : le versant externe qui concerne nos réactions observables du dehors (les gestes du corps, les expressions du visage, les paroles, etc.) et le versant interne (les sensations, les émotions, les sentiments, les passions) qui reste rigoureusement subjectif, c'est-à-dire invérifiable et incommunicable. Prenons l'exemple de la douleur. Le versant externe, c'est tout ce qu'un médecin placé près de vous peut en constater : les cris, les convulsions, l'inflammation des tissus, etc. Le versant interne, c'est cette douleur elle-même qui est en vous et qui n'est qu'à vous et que personne au monde ne peut éprouver à votre place.

Le dynamisme dont vous faites tant de cas n'échappe pas à ce dualisme. Vous n'êtes heureux que dans l'action. Mais ce bonheur est-il dans les choses sur lesquelles vous agissez — par exemple, si vous êtes architecte, dans les pierres des maisons que vous construisez — ou bien en vous-mêmes, dans l'impression de plénitude qui accompagne l'exercice de vos facultés créatrices ? S'il ne s'agit que de dynamisme et d'efficacité (termes plus à la mode que celui de vie intérieure), une machine remplit fort bien ces deux conditions : votre idéal est-il de lui ressembler en fonctionnant à plein temps et sans rien sentir ?

Vous avez plaisir à voyager. Mais qu'est-ce qui fait le prix du voyage : le passage d'un lieu à un autre (à ce compte, le train ou l'avion qui vous emportent se déplacent aussi rapidement que vous) ou bien l'émerveillement de la découverte, événement intérieur par excellence ?

Ainsi, quoi que vous fassiez, c'est toujours en fonction de cette vie intérieure, dont vous contestez si légèrement la valeur, que s'opère votre choix. La seule différence entre nous concerne la forme ou plutôt l'étage de cette vie intérieure. Vous préférez une vie intérieure sans cesse alimentée par vos échanges avec le monde extérieur, tandis que je mets l'accent sur une intériorité plus profonde : celle du recueillement et de la méditation qui permet à l'homme, même s'il est privé d'apports étrangers, de trouver en lui-même la principale source de son bonheur.

Question de tempérament, a répliqué mon interlocuteur. Si le mien me porte à préférer les joies de l'action et le vôtre à choisir celles de la méditation, au nom de quel critère estimez-vous qu'il me manque quelque chose ?

Réponse : au nom de l'harmonie de l'être humain dont la méditation et l'action sont les deux éléments complémentaires. Je n'ignore pas les dangers d'une vie trop intérieure (la paresse, la rêverie stérile, le repliement maladif sur soi-même, l'intellectualisme désincarné, etc.) et, dans de tels cas, je n'hésite pas à préconiser l'action comme remède. C'est si vrai que, même dans les monastères contemplatifs, la méditation et la prière s'accompagnent d'activités extérieures comme l'agriculture, l'artisanat, l'enseignement, etc. Et l'histoire nous apprend que des sages et des mystiques (un Marc Aurèle ou un saint Bernard par exemple) ont été par surcroît de très grands hommes d'action. Mais ils n'étaient pas que cela : ils gardaient en eux une profondeur secrète que les remous de l'action n'atteignaient pas.

Et c'est précisément cette richesse, cette liberté intérieures que j'essaie de défendre contre l'idolâtrie de l'action. Et cela pour deux raisons.

D'abord pour assurer l'indépendance de l'esprit à l'égard des vicissitudes du sort. Celui qui met toutes ses raisons de vivre dans son activité professionnelle ou dans les distractions qui lui viennent du dehors risque de tomber, si le circuit s'interrompt (par suite de revers de fortune, de la maladie ou de la vieillesse), dans un état d'inanition spirituelle qui lui rend l'existence insipide et intolérable. Qui ne connaît les tristes fins de vie de certains hommes d'action ?

Ensuite, pour que l'action extérieure porte de vrais fruits intérieurs. C'est un fait non moins constaté que l'homme *dévoré* (quel mot éloquent !) par la fièvre de l'action n'a plus assez de réserves intérieures pour jouir pleinement des résultats de ses efforts. La pléthore de l'avoir a pour rançon l'anémie de l'être. J'ai été souvent frappé par l'inaptitude au bonheur de tant de champions du dynamisme et de l'efficacité. Il est comblé et pourtant il n'est pas heureux, disent ses proches. Je crois bien : il a perdu cette vertu d'attente, d'étonnement et d'accueil qui féconde et transfigure les réalisations extérieures. Et *comblé*, dans ce cas, est étrangement synonyme de *bouché*...

Cela dit, je crois à la vertu et aux bienfaits de l'action. Mais à condition qu'elle n'aille pas jusqu'à cet épuisement intérieur où l'homme, dépossédé de ce qu'il *est*, devient l'esclave de ce qu'il *fait*.

LES PRINCIPES ET LES RECETTES

On me reproche souvent, à la suite d'une conférence ou d'un article de presse, de ne pas fournir des solutions assez « concrètes » aux problèmes que j'expose.

A quoi je réponds : « J'apporte des principes, je ne donne pas des recettes. Et c'est à vous seul qu'il appartient de trouver, à la lumière de ces principes, la solution adaptée aux circonstances où vous vous trouvez et au but que vous poursuivez. »

Quelle est donc la différence entre un principe et une recette ? Le principe exprime une vérité universelle et invariable et qui s'adresse à tous les hommes sans exception. La recette concerne plutôt l'art d'appliquer ce principe aux situations concrètes, et elle varie en fonction de celles-ci.

Choisissons quelques exemples.

Le principe de la cuisine est de préparer une nourriture saine et savoureuse. Mais les recettes de cuisine sont très différentes selon qu'il s'agit de tel ou tel aliment. On ne prépare pas le poisson comme la viande, ni même le gibier comme le bœuf ou la sole comme la raie. Plus encore : une bonne ménagère n'est pas celle qui obéit servilement aux préceptes des livres de cuisine, c'est celle qui sait modifier ses recettes suivant les ressources qu'elle possède ou le goût de ses convives. C'est d'ailleurs cette marge de liberté et d'innovation qui a permis jusqu'ici les progrès de l'art culinaire.

De même le principe de la médecine est de rendre la santé aux malades. Mais chaque malade exige un traitement particulier : on ne soigne pas un anémique comme un sanguin, un enfant comme un vieillard, un corps épuisé comme un organisme encore vigoureux. Un médecin qui donnerait la même ordonnance à tous ses clients atteints de la même maladie exercerait bien mal son art...

Un des signes majeurs de la paresse intellectuelle et affective de notre époque, c'est de perdre de vue les principes et de les remplacer par des recettes préfabriquées (j'allais dire par des « trucs ») qui pourraient s'appliquer indifféremment à n'importe quelle circonstance et qui dispenseraient de l'effort de penser, de choisir et de créer.

C'est par exemple, dans la mesure où l'amour n'est plus reconnu comme le principe et le but suprêmes de l'existence qu'on voit pulluler les manuels sur l'art de se faire des amis ou de séduire les femmes.

Et c'est là où le principe même de l'autorité est le plus

oublié ou contesté que prolifèrent les recettes sur l'exercice du commandement.

Comme si les réalités humaines se réduisaient à de vulgaires mécaniques dont une notice du fabricant nous livre une fois pour toutes le mode d'emploi !

Il faut voir là un des aspects les plus saillants de la crise de finalité que nous avons si souvent dénoncée. Les principes nous montrent le but à atteindre et ils sont immuables comme lui. Mais la recette concerne uniquement l'ordre des moyens — et ceux-ci doivent s'adapter aux contingences — toujours nouvelles et imprévisibles — qui se présentent. Ainsi, le but d'un fleuve est de parvenir à l'océan, mais sa façon de creuser son lit se modèle, à chaque instant, sur les différentes structures géologiques qu'il doit traverser.

Il faut donc être ferme et intransigeant sur les principes et très souple et très nuancé dans l'art de les appliquer.

Plus que cela : c'est la fidélité aux principes qui nous inspire le meilleur choix des moyens. Un homme profondément pénétré par le précepte évangélique : « aime ton prochain comme toi-même » trouvera spontanément, dans ses relations avec ses semblables, l'intuition juste du mot à dire ou à ne pas dire, du geste à faire ou à éviter. Il n'aura pas besoin de chercher des recettes au-dehors : il lui puisera, comme dit l'Evangile : « dans le bon trésor de son cœur » et dans les leçons de son expérience personnelle.

Les marchands de recettes nous bercent de l'illusion qu'il existe, en matière psychologique et sociale, des passe-partout capables d'ouvrir toutes les portes. Ce n'est pas vrai. Le vrai réalisme — celui qui s'appuie sur l'amour et sur le respect de l'homme — exige au contraire qu'on forge une clef pour chaque serrure...

PRIÈRE ET RECUEILLEMENT

Je viens d'assister à une messe « nouveau style » (*new look* comme disent nos voisins d'outre-Manche) : d'un bout à l'autre de l'office, ce n'a été que dialogue, invocations, cantiques criards et je sors la tête cassée par tout ce bruit et sans avoir trouvé la possibilité de prier. Je confie ma déception à un jeune ami qui me répond que je suis un « attardé », un « inadapté » et que la prière est un acte communautaire qui n'exige ni la solitude ni le silence. Il ajoute même que la prière solitaire et muette est le signe d'un repliement égoïste sur soi-même.

J'avoue que l'argument ne me convainc pas. Qu'est-ce que prier ? C'est diriger son attention vers Dieu avec amour. Or, l'attention et l'amour sont des actes éminemment intérieurs et personnels qui s'accommodent très mal de la foule et du bruit. Le savant qui se concentre sur un problème, le poète ou le musicien en proie à l'inspiration, les amoureux qui se contemplent ou se font des confidences recherchent tous l'isolement et la tranquillité. Pourquoi donc nos relations avec Dieu — qui sont encore plus intimes et plus profondes — échapperaient-elles à cette loi ? « Je le conduirai dans la solitude et je parlerai à son cœur », dit l'Ecriture...

Je ne conteste ni la nécessité ni l'importance du côté social de la religion. Il est normal que Dieu, qui est le Créateur et le Sauveur de tous les hommes, soit l'objet d'un culte public.

J'affirme seulement que cet aspect social de la religion doit être le prolongement et la traduction du dialogue intérieur entre Dieu et l'âme. De même, le mariage est la consécration publique, l'encadrement légal de l'amour qui unit l'un à l'autre un homme et une femme. Mais que vaudraient les rites extérieurs du mariage — par exemple la cérémonie des noces — si l'amour n'était plus là pour leur donner une âme et un sens ? Et ce qui est vrai pour l'amour humain l'est encore davantage pour l'amour divin : la prière publique ne signifie rien si elle n'est pas le résultat et, pour ainsi dire, le confluent de la multitude des prières personnelles.

Ces deux formes du culte divin ne doivent pas s'opposer, mais se compléter. La présence d'une assemblée fervente et recueillie, la splendeur de certains chants liturgiques nous invitent à rentrer en nous-mêmes et à prier. Mais à condition que l'ambiance extérieure soit accordée aux rythmes secrets de l'âme, car, suivant la parole de l'Evangile, le royaume des cieux est d'abord au-dedans de nous...

N'oublions pas non plus que nous vivons dans l'âge des foules et l'âge du bruit. Le climat de la cité moderne rend de plus en plus difficile l'accès à la solitude et au silence. Ces deux biens essentiels de l'âme sans lesquels aucune vraie prière n'est possible, où irons-nous les chercher si nous ne les trouvons pas à l'Eglise ? Tout aujourd'hui conspire à nous distraire de nous-mêmes : il serait désastreux que, sous prétexte d' « être à la page » et de « suivre le mouvement », nous épousions, jusque dans nos rapports avec Dieu cette vaine agitation du siècle. Plus que jamais, le recueillement est nécessaire, car c'est en lui, selon la parole d'Emerson, qu'est la source de toute sagesse tandis que la dispersion est le principe de tous les maux : « The one prudence in life is concentration ; the one evil is dissipation. »

LE MYSTÈRE DU NOMBRE

J'ai pour voisins deux fermiers. Le premier possède quatre chèvres : chacune est connue, nommée (l'une s'appelle Blanchette, une autre la cornue, etc.) et appréciée par son maître comme une individualité distincte : on lui parle et on parle d'elle. Le second fermier a un troupeau de cent chèvres : chaque bête n'existe pour lui qu'en tant qu'élément du troupeau, et le troupeau lui-même n'est qu'une usine à lait, à fromage et à chevreaux vendus au marché.

Ce contraste m'a conduit à méditer une fois de plus sur le déroutant mystère du nombre. Ce mystère a son côté positif : l'exubérance, la prodigalité, la diversité inépuisables de la création — et cela depuis les milliards d'êtres qui couvrent la terre jusqu'aux milliards d'étoiles qui peuplent le ciel. Il a aussi, hélas ! son côté négatif : l'anonymat lié à la multitude, la dissolution de l'individu dans la foule, l'originalité voilée par la ressemblance.

Dans la civilisation moderne, c'est ce second aspect qui l'emporte de plus en plus. Qu'il s'agisse de la démographie dite galopante, des concentrations urbaines avec leurs masses indifférenciées, manœuvrées par les mass media, de l'accroissement vertigineux de la production et de la consommation, de l'encombrement et du gaspillage, nous assistons partout à l'érosion de la qualité par la quantité, nous sommes lancés dans une course sans frein où le « plus » remplace le « mieux ». Avec la dévaluation que cela implique à tous les niveaux, depuis la camelote industrielle dont l'usure rapide appelle le renouvellement incessant, les viandes et les fruits « forcés », jusqu'à l'insondable mépris de l'homme ouvertement affiché par les entrepreneurs de l'information et de la propagande. Tout pour tous avec, à la limite, cette conséquence inéluctable : rien d'authentique pour personne.

Ce phénomène certes n'est pas nouveau : les hordes d'Attila, par exemple, ont écrasé l'Europe sous leur nombre plus que sous leur qualité. Du moins était-il jadis tempéré dans ses effets, soit par les rythmes ou les fléaux de la nature (avec la sélection qui en résultait), soit par l'existence de communautés relativement restreintes, fortement enracinées dans l'espace et dans le temps, créatrices de coutumes et de mœurs et dont l'originalité et la diversité opposaient de solides digues au flot niveleur du nombre. Je sais de quoi je parle : dans le Languedoc de mon enfance, l'architecture, le mobilier, la langue, le folklore et jusqu'au caractère des gens étaient liés à un terroir déterminé et variaient presque à l'infini d'un village à l'autre. C'était l'esprit de clocher, avec son étroitesse, mais aussi son intimité et sa profondeur, au lieu de ce frottis uniforme de « conscience planétaire » dont on nous barbouille l'épiderme...

Ces barrières cèdent aujourd'hui l'une après l'autre. Et si nous cherchons la racine des maux et des menaces qui pèsent sur notre époque, c'est dans le nombre (et dans l'exploitation du nombre par les technocrates de l'opinion et de la politique) que nous la trouvons.

L'agonie de la liberté ? L'émiettement des différences entre les individus et les groupes fournit le ciment idéal de la cité totalitaire. L'être qui a perdu sa singularité interne et qui n'est plus protégé par son appartenance à une communauté vivante devient automatiquement la proie de n'importe quelle puissance extérieure qui le décompose et le recompose à son gré. Et peu importe au fond que cette puissance s'exerce sous la forme de la corruption, comme dans le monde qu'on ose encore appeler libre, ou sous celle de l'oppression, comme dans les Etats socialistes, car la confusion et l'anonymat font partout le lit de la tyrannie.

L'ennui, le mécontentement, la révolte, ces maux endémiques de notre civilisation ? Ce sont les fruits du même arbre. L'uniformité par épuisement de la qualité intérieure ou par la monotonie du milieu ambiant) secrète l'ennui. L'extraordinaire fortune du mot *évasion* montre à quel point l'homme moderne se sent prisonnier. De quoi ? De son travail, de ses proches, du lieu où il demeure — de tout ce qui, normalement, devrait constituer son climat d'élection. D'où cette névrose de changement et de nouveauté, née du dégoût de ce qu'il a et de la soif factice de ce qui lui manque, qui l'agite dans tous les sens. Jadis, les choses (coutumes, costumes, modes de pensée et de vivre, etc.) étaient stables dans le temps et prodigieusement variées dans l'espace ; aujourd'hui tout s'uniformise dans l'espace (aux quatre coins du monde, on commente les mêmes nouvelles, on lit le même best-seller, on retrouve les mêmes filles sous les mêmes mini ou maxi-jupes, les mêmes hippies crasseux et chevelus dans les mêmes lieux publics, les mêmes slogans commerciaux et politiques, etc.) et, par compensation, tout est soumis dans le temps à une rotation de plus en plus rapide. La mode — cette dictature de l'éphémère qui s'exerce sur les transfuges de l'éternel — remplace la tradition abolie ; la variation tient lieu de variété et la diversion fleurit sur le tombeau de la diversité. Ainsi les engouements collectifs se succèdent sans laisser de traces : la feuille morte voltige d'un lieu à l'autre, mais tous les lieux se valent pour elle, car son unique patrie est dans le vent qui l'emporte... *Mutantur non in melius, sed in aliud* (ils cherchent non le meilleur, mais le nouveau) disait le vieux Sénèque...

La fièvre révolutionnaire relève du même mécanisme. Il n'y a pas d'harmonie sociale possible à l'ombre du signe plus. L'ordre et la continuité de la cité repose sur la qualité de ses membres. Et sur le consentement aux limites qui en découle. « Je ne suis pas qualifié pour... », dit spontanément l'homme dont les talents et les goûts font corps avec la fonction sociale. Mais l'être sans identité, n'étant lié intérieurement à aucun devoir, se sent instinctivement tous les droits : l'envie, la révolte, le « pourquoi pas moi ? » trouvent en lui leur terrain d'élection ; il cherche dans le bouleversement extérieur un remède au mal qu'il sécrète du dedans — mais que peut un « changement d'air » sur celui qui porte l'asphyxie dans ses poumons ?

Ainsi tous ces chemins en apparence illimités, où s'engouffre l'humanité, se creusent en abîmes ou se ferment en impasses.

Y a-t-il un remède ? Je ne le vois que dans le retour aux sources de l'être et de l'ordre. Il s'agit avant tout de conjurer le maléfice du nombre livré à lui-même, ce qui implique la remontée du courant idéologique et passionnel qui règne aujourd'hui sur la presque totalité de la planète. Alors qu'on encense les masses, qu'on proclame leur avènement à l'existence historique et qu'on nous propose une politique, une culture, une religion à leur image, il faut au contraire aérer, ventiler et, à la limite, dissoudre ces masses, c'est-à-dire refaire une société où l'individu échappe à l'isolement comme à la promiscuité et retrouve, avec son identité irréductible et irremplaçable, la communion avec le prochain. En d'autres termes, lutter contre l'entropie spirituelle qui est l'effet d'un progrès technique sans contrepoids et de l'accélération inorientée de l'histoire. Faute de quoi, aucune justice distributive fondée sur l'égalité arithmétique, aucune élévation même universelle du niveau de vie ne suffiront à combler le vide creusé par l'abaissement du niveau de l'être. « Je vois monter à l'horizon l'énorme ennui socialiste », écrivait il y a cinquante ans l'homme de gauche que fut Alain. Et Bernanos : « Vous parlez de justice sociale. Imbéciles ! Refaites d'abord une société. » Une société qui comporte à tous les niveaux ce qu'on appelait autrefois des hommes « de qualité », où les privilèges correspondent à des talents réels et à des responsabilités concrètes, où les inégalités trouvent leur sens et leur fin dans cette justice supérieure qu'est la production d'une harmonie.

C'est à ce prix que nous pourrons surmonter l'épreuve du nombre. Car si le commandement divin est d'aimer notre prochain comme soi-même, la condition la plus favorable pour y répondre est que ce prochain ne soit pas englué dans l'anonymat des masses, qu'il nous apparaisse avec son visage et son âme, en un mot qu'il soit pour nous une présence et non un chiffre.

LES DEUX PESANTEURS

Les journaux racontent qu'une épidémie de divorces commence à sévir chez les cosmonautes. Et que les autorités de la *Nasa,* très inquiètes, essayent d'enrayer le fléau en rappelant à leurs devoirs domestiques ces héros de l'espace qui osent se comporter comme de vulgaires vedettes de Hollywood.

La raison de cette attitude? Une immense orchestration publicitaire, accordée d'ailleurs aux vœux secrets du public américain, avait jusqu'ici présenté les vainqueurs de la pesanteur comme des époux idylliques et des pères modèles. Peut-on rêver une image d'Epinal plus attendrissante que celle où apparaissent, amoureusement enlacés, l'homme qui revient du ciel et la douce femme d'intérieur qui l'attendait au foyer ? Que cette image soit ternie dans l'esprit des foules, cela prend les proportions d'un deuil national...

Mais à quel besoin, à quel idéal ce sentiment répond-il ? Et pourquoi veut-on à tout prix que l'auteur d'un exploit exceptionnel soit en même temps le modèle des vertus privées ?

Le culte du héros est aussi ancien que l'humanité. Mais

qu'est-ce qu'un héros ? Dans l'Antiquité, on désignait par ce mot les demi-dieux et les hommes qui se signalaient à l'admiration publique par leur vigueur et par leur vaillance dans l'action guerrière. On les vénérait pour leur *vertu* (au sens étymologique du mot : *virtus,* en latin, signifie force) et non pour leurs vertus, c'est-à-dire leurs qualités morales. La mythologie et l'histoire nous apprennent d'ailleurs que ces surhommes se comportaient, dans leur vie privée, comme de fieffés polissons : les aventures amoureuses d'Hercule ou de Thésée, d'Alexandre ou de César ne se comptent pas. En bref, ce type d'héroïsme n'a aucun rapport avec la sagesse.

Le christianisme a introduit dans l'histoire une autre notion de l'héroïsme. Le mythe médiéval du chevalier — le héros non seulement intrépide au combat, mais loyal, généreux, défenseur des faibles et des opprimés et fidèle inconditionnellement à la dame de ses pensées — est le produit spécifique d'un climat psychologique et social où régnait, à côté de l'exaltation des vertus guerrières, le culte des valeurs enseignées par l'Evangile.

La mentalité américaine, follement éprise de prouesses techniques, mais encore imprégnée du puritanisme ancestral, semble avoir opéré un blocage entre ces deux types d'héroïsme dans son idéalisation du cosmonaute. Celui-ci, transfiguré par l'imagination, devient l'être exemplaire à tous les niveaux, et l'homme de la rue trouve en lui l'incarnation et le modèle des perfections qu'il rêve d'autant plus qu'elles lui manquent davantage.

Mais quel lien existe-t-il *a priori* entre des performances techniques, si prodigieuses soient-elles, et les valeurs qui concernent les profondeurs de la vie intérieure et de l'amour ? Un cosmonaute a besoin, pour réussir dans sa tâche, de courage physique et moral, d'endurance, de sang-froid, de précision et de promptitude dans l'action, etc. — mais toutes ces qualités sont orientées vers le succès de son entreprise et non vers la perfection spirituelle. Séparez-le de ses exploits — et c'est un homme comme les autres, en proie aux mêmes passions, au même égoïsme, aux mêmes faiblesses — et peut-être d'autant plus déphasé par rapport à ses habitudes et à ses devoirs terrestres qu'il a fourni plus d'efforts et couru plus de risques pour aller si loin dans le ciel. Sans parler du vertige et des tentations qu'implique le passage subit de l'obscurité à la gloire, de l'état de petit officier inconnu à celui de vedette mondiale. C'est un fait d'expérience courante que, à moins d'une qualité morale hors du commun, les idoles du public se croient tout permis dans leur vie privée.

Si l'homme de la rue veut des exemples de vertu, il n'a qu'à les chercher parmi les sages et les saints. Mais notre époque s'acharne à « démythifier » ces derniers (je viens de lire presque en même temps un éreintement de Socrate et de Thomas More) tandis qu'elle opère une nouvelle mythification : celle qui consiste à voir l'homme idéal dans n'importe quel homme exceptionnel. Les auréoles demeurent, mais elles se trompent de têtes.

Le mini-scandale de la *Nasa* vient bousculer une fois de plus les illusions de ceux qui croient au parallèlisme entre le progrès matériel et le progrès spirituel. Il nous montre que la dilatation de notre pouvoir sur le monde extérieur ne change rien aux limites ni aux infirmités du monde intérieur. Qu'il ne suffit pas d'avoir dominé la pesanteur matérielle pour échapper aux terribles effets de cette pesanteur morale que Pascal appelait « la misère de l'homme sans Dieu ». Et qu'enfin, au-delà des pionniers de la science et de la technique qui reculent les frontières de l'univers exploré, nous aurons toujours besoin des sages et des saints qui nous ouvrent les portes du ciel invisible.

CE QUI CHANGE ET CE QUI DEMEURE

« Au milieu de tant de choses qui changent, ce qui change le moins, c'est l'homme. » Cette phrase, prononcée il y a quelques années par un des hommes politiques les plus clairvoyants de la vieille Europe, exprime une vérité qui peut apparaître affligeante ou consolante suivant l'idée que nous nous faisons de l'homme, mais qui a au moins cet avantage de fournir un terrain solide à notre angoisse comme à notre espérance.

Tout a changé autour de nous. Notre connaissance des choses et notre pouvoir sur les choses se sont vertigineusement dilatés. Nous connaissons les secrets de l'atome et nos télescopes fouillent les plus lointaines galaxies ; nos avions ont franchi le mur du son et nos fusées commencent à explorer l'espace intersidéral ; un ouvrier agricole produit, en 1968, six cents fois plus de blé que le même ouvrier il y a un siècle, etc.

Mais notre connaissance de nous-mêmes ? Malgré les progrès, plus apparents que réels, de la « psychologie des profondeurs », nous pouvons répéter à la suite de Pascal : quelle chimère est-ce donc que l'homme ?

Et notre pouvoir sur nous-mêmes ? Nos vertus comme nos vices n'ont pas changé. Sommes-nous moins dominés par nos passions (qu'on les appelle aujourd'hui des « pulsions » ou des « affects », cela ne change rien à leur nature...) que les sages de l'Antiquité ? Plus près de Dieu que les saints des premiers siècles du christianisme ? Et les philosophes d'aujourd'hui sont-ils plus géniaux qu'Aristote, les poètes qu'Homère ou les sculpteurs que Phidias ?

Notre vision du monde a changé du tout au tout. Nous nous sentons brutalement dépaysés devant la cosmologie d'un Dante qui se représentait le ciel comme un étagement de voûtes sphériques suspendues sur nos têtes et l'enfer comme un lieu situé à l'intérieur de la terre. Mais quand le même Dante nous décrit les ivresses et les tourments de l'amour, les amoureux d'aujourd'hui se reconnaissent encore dans ses vers. De même, un outil du Moyen Age — par exemple la faucille dont on se servait pour moissonner — « date » ridiculement à nos yeux, mais lorsque Aragon — poète moderne et militant communiste par surcroît — écrit ce vers : « *Il n'y a pas d'amour qui ne soit à douleur* », il ne fait que répéter l'auteur lointain de *L'Imitation de Jésus-Christ* qui disait : « *Sine dolore non vivitur in amore* » (on ne peut pas aimer sans souffrir). Ou quand Sénèque nous parle de ces badauds « qui ne sortent que pour grossir la foule » et qui traînent çà et là leur « désœuvrement affairé », ces propos continuent à s'appliquer aux réflexes grégaires et à l'oisiveté trépidante de beaucoup de nos contemporains. Et si Pascal est définitivement « dépassé » en tant que physicien et qu'inventeur de techniques (que représente sa rudimentaire machine à calculer devant les ordinateurs d'aujourd'hui ?), le même Pascal, témoin de l'angoisse et de l'espérance de l'homme, exerce sur nous le même magnétisme sacré que sur ses lecteurs du XVIe siècle.

Ainsi, tandis que le monde extérieur change sans cesse d'aspect et que nos moyens d'action sur lui se développent démesurément, le monde intérieur demeure identique. Le miroir de Socrate nous renvoie toujours le même visage : nous y retrouvons la même grandeur et la même misère, le même fruit et le même ver, la même image de Dieu obscurcie et blessée par la séparation d'avec Dieu.

C'est dans cette image — reflet privilégié de l'immutabilité divine dans l'univers — que notre pensée, affolée par le mouvement accéléré de l'histoire, doit chercher ce « point fixe » réclamé par Pascal, cet invariant nécessaire pour ne pas s'égarer dans le tourbillon des apparences.

Et c'est sur cette image que doivent porter aussi nos efforts. Les sciences de la nature nous font découvrir le monde extérieur. Prolongées en techniques, elles nous permettent de le transformer. La sagesse et la religion nous invitent à la découverte et à la transformation de nous-mêmes.

C'est vers ce progrès intérieur que nous devons diriger nos regards et nos efforts. Pour sauver notre âme d'abord et ensuite pour donner un sens et un but à l'accélération de l'histoire. Plus la mer est grosse et le navire rapide, plus nous avons besoin de nous guider sur une étoile que l'agitation des flots n'atteint pas. Cette étoile, c'est la connaissance de notre origine et de notre fin : c'est la conception du vrai bonheur de l'homme autour de laquelle doit s'ordonner notre science des choses et notre pouvoir sur elles. — C'est ce qui manque à notre civilisation et c'est de ce manque qu'elle peut mourir. Pour ne citer qu'un seul exemple, le triste usage que fait l'humanité du développement fabuleux de son potentiel économique prouve assez que, sans cette *conversion,* toutes les conquêtes se retournent contre leur auteur et concourent à sa corruption et à sa ruine.

L'ÈRE SPATIALE ET « L'HOMME NOUVEAU »

Une fois de plus, les pionniers de l'espace se sont posés et promenés sur le sol désolé de notre satellite.

Toujours la lune ! diront mes lecteurs. Si je reviens sur ce sujet, ce n'est pas seulement pour mon plaisir, mais pour répondre à certaines énormités qu'on retrouve immanquablement dans la bouche ou sous la plume de nos fabricants d'opinion. Le rabâchage des mêmes erreurs impose la répétition des mêmes évidences.

Toutes ces erreurs sont les symptômes d'une même maladie de l'esprit, aussi ancienne que l'humanité, mais particulièrement virulente à notre époque : la confusion des domaines et des valeurs.

J'ouvre un de nos grands périodiques français et j'y lis que ce début d'exploration du cosmos marque l'avènement d'un nouveau type d'humanité incomparablement supérieur à tout ce que nous connaissons aujourd'hui. Une mutation imprévisible est en train de s'accomplir à l'intérieur même de nos structures spirituelles et affectives ; il y aura l'homme d'avant et l'homme d'après la conquête spatiale et celui-ci sera au moins aussi différent de celui-là que nous le sommes de l'homme des cavernes.

Je demande à réfléchir. Il est incontestable que l'homme de demain — à condition qu'aucune catastrophe ne vienne briser son essor — disposera de pouvoirs infiniment supérieurs à ceux de l'homme d'aujourd'hui. Mais je vois mal comment des pouvoirs portant uniquement sur les mécanismes du monde physique, pourraient améliorer son être spirituel, c'est-à-dire le rendre plus sensible à la beauté, plus maître de lui-même et de ses passions, plus attentif à son prochain — en un mot, plus conforme à son modèle divin. Depuis quand suffit-il d'être plus puissant pour être meilleur ? Et d'aller plus loin dans l'espace pour être plus grand devant Dieu ? Il n'y a aucune raison pour que le progrès matériel déclenche des progrès corrélatifs dans l'ordre esthétique, moral ou religieux. Pour que les artistes, les sages et les saints qu'enfantera l'ère spatiale effacent les Michel-Ange, les Socrate ou les François d'Assise de l'ère terrestre...

Aucune raison — ni pour ni contre. Sciences et techniques sont par elles-mêmes parfaitement indifférentes au vrai comme au faux (sauf à cette frange de vérité qui concerne les lois du monde physique), au bien comme au mal, au beau comme au laid, à Dieu comme au diable. Elles donnent l'efficacité matérielle et rien de plus. Et l'usage de cette efficacité ne dépend plus d'elles...

Un simple regard sur le passé devrait pourtant nous inviter à plus de modération dans l'exercice de la prophétie. D'autres découvertes et d'autres événements du même ordre ont déjà changé plusieurs fois la face du monde visible. Mais l'homme intérieur, avec sa grandeur et sa misère, n'a pas été transformé pour autant.

Reportons-nous, par exemple, à l'aube du XVIe siècle qui fut l'époque des grandes découvertes géographiques. Toutes proportions gardées, c'était la même révélation de mondes inconnus et fascinants : les deux Amériques, le centre et le sud du continent africain, l'Extrême-Orient. Et quelle fièvre de nouveauté et d'aventure souleva cet éclatement subit des vieilles frontières ! Mais tous ces courants de surface ne changèrent rien au fond de l'homme : il se comporta, sur ces terres lointaines, comme il se comportait depuis des siècles dans n'importe quel pays conquis. Il y transplanta la civilisation européenne et la religion du Christ, mais il y eut aussi l'atroce soif de l'or, l'esclavage, les génocides, la traite des Noirs, etc. En bref, un bilan où la part de Dieu et celle du diable emmêlent inextricablement leurs colonnes...

Survolons quatre siècles, et nous voici à l'aurore de l'aviation. Première victoire sur la pesanteur, le mythe d'Icare devenu réalité... J'étais alors un tout jeune enfant, mais j'entends encore mon père nous lire un article où il était dit que ces appareils volants préfiguraient et amorçaient une ère inédite de concorde et de fraternité universelles. On citait le vers de Lamartine : « Des frontières au ciel, voyons-nous quelque trace ? » et on saluait le proche avenir où la terre, à l'image des cieux sillonnés par ces grands oiseaux mécaniques, ne connaîtrait plus ni cloisonnement ni rivalités. Un demi-siècle s'est écoulé. Il est évident que l'aviation nous a apporté des facilités inouïes dans l'ordre des relations internationales, mais le spectacle de deux guerres mondiales, assorties d'un nombre imposant de guerres locales, où elle a contribué si généreusement au massacre universel (les bombes étant jusqu'ici la seule marchandise qu'elle livre gratuitement et à domicile) nous montre combien elle a été impuissante à réaliser l'internationale des esprits et des cœurs.

Par quel miracle en irait-il autrement pour les voyages intersidéraux ?

Si vous voulez saisir l'insanité de cette extrapolation qui consiste à faire du progrès spirituel le prolongement nécessaire du progrès matériel, livrez-vous sans hésiter à l'extrapolation inverse. Mettez bout à bout tous les poètes, tous les artistes, tous les sages et tous les saints de tous les temps, et, si vous êtes croyants, ajoutez-y l'homme-Dieu lui-même ; faites la somme de toutes leurs œuvres et de toutes leurs vertus ; après quoi essayez d'affirmer sans rire qu'un seul ou que l'ensemble de ces témoignages suprêmes peut nous apporter l'équivalent de n'importe quelle réalisation technique, par exemple nous aider à franchir le mur du son ou nous rapprocher de la lune. On vous dira qu'une telle confusion des domaines relève de la folie. C'est pourtant ce qu'affirment, en sens inverse, nos prophètes de l'homme nouveau issu de la révolution technique. La seule excuse à leur illusion, c'est que les progrès matériels sont directement constatables tandis que les progrès spirituels, par le seul fait qu'ils se situent dans l'invisible, échappent à toute vérification précise et peuvent toujours être imaginés arbitrairement.

Nous savons par expérience que le génie artistique et la vertu morale ne font pas des cosmonautes, mais rien ne nous interdit de rêver que les cosmonautes donneront naissance à des formes inédites de génie et de vertu. Supposition parfaitement gratuite car, comme nous le disions récemment, les hommes, emportant dans les cieux les passions qui les agitaient sur la terre, se battront peut-être pour la possession des astres comme ils se sont disputés jusqu'ici les richesses de leur planète natale...

Se bercer de l'attente d'un progrès spirituel, qui sortirait du progrès matériel comme l'arbre sort de la graine ou l'oiseau de l'œuf, est un beau rêve qui risque de se terminer en cauchemar. Il y a là deux ordres de grandeur qui, comme Pascal l'a montré une fois pour toutes, sont absolument irréductibles l'une à l'autre. Ce qui ne signifie pas qu'on doive les séparer. Car si l'essor technique ne peut être, à aucun degré, la *cause* d'une ascension spirituelle, il porte en lui l'*exigence* de cette ascension. Il nous invite à être meilleurs dans la mesure où nous sommes plus puissants. Et ce n'est pas au futur, mais à l'impératif et au conditionnel qu'il faut parler de cette transformation intérieure. Ne pas dire à l'homme moderne : tu vas grandir moralement en fonction de tes pouvoirs physiques, mais : tu dois grandir moralement pour compenser et orienter ces pouvoirs. Ou bien : si tu refuses cette croissance, tes victoires matérielles, qui sont grosses d'autant de menaces que de promesses, risquent de te conduire à l'abîme.

En résumé, le progrès technique doit nous apparaître comme *une question posée par la science à la conscience*. Et la réponse n'est ni dans la lune ni dans les prodigieuses machines qui nous y conduisent : elle est en nous.

PROGRÈS MATÉRIEL ET FRATERNITÉ

Un vieil ouvrier français me posa un jour la question suivante : « Autrefois, nous étions plus pauvres qu'aujourd'hui, nos conditions de vie étaient plus dures et cependant nous nous sentions très près les uns des autres. Maintenant que notre sort matériel s'est amélioré, l'esprit d'équipe et d'entraide n'est plus aussi fort : on dirait qu'à mesure que le bien-être augmente, la fraternité diminue. Comment cela se fait-il ? »

Cette remarque, faite au sujet du monde industriel, a une portée universelle. Le monde agricole a subi, dans ce dernier quart de siècle, une évolution analogue. Les paysans d'autrefois étaient liés les uns aux autres par un réseau très serré d'échanges et de services : travaux en commun, relations de voisinage, veillées d'hiver qui réunissaient plusieurs familles, réjouissances locales, repas rituels à l'occasion des moissons et des vendanges, soin des malades, aide aux indigents, etc. Aujourd'hui, à quelques exceptions près, chacun vit chez soi et pour soi (la naissance des coopératives, dictée par l'intérêt matériel, n'a pas compensé cette perte de chaleur et d'intimité) — et ce qui reste du village n'est plus qu'un foyer de cendre et d'ennui, ce qui, soit dit en passant, est une des causes majeures de la désertion des campagnes.

A quoi tient cette montée de l'individualisme, précisément à une époque où l'on ne parle que du « social » ?

Tout simplement à ceci : les hommes d'autrefois n'avaient presque pas de possibilité d'échange en dehors de l'horizon étroit de leur communauté d'origine ou de travail. Autrement dit, ils avaient besoin de leur prochain immédiat à tous les niveaux de leur existence.

L'entraide en effet est une nécessité vitale dans toutes les sociétés élémentaires. Plus les hommes mènent une existence pauvre et menacée, plus leur tâche est dure et leur avenir incertain, moins ils peuvent s'offrir le luxe d'être égoïstes. Et c'est dans ce sens que le bien-être favorise l'individualisme. Qui n'a pas entendu des phrases de ce genre : « J'ai ce qu'il me faut, je n'ai besoin de personne » ? Il faut tenir compte aussi du rôle toujours croissant de l'Etat ou d'organismes paraétatiques dans tous les domaines de la sécurité. Vous avez un coup dur ? L'assurance joue. Vous êtes malade ? Il y a l'hôpital. Le recours au prochain ne s'impose plus avec la même urgence : les liens administratifs remplacent les liens vitaux, la charité se fait impersonnelle et bureaucratique...

Il en va de même en ce qui concerne les plaisirs et les distractions. La lecture, le cinéma, la télévision, les voyages permettent à l'individu de « s'évader » sans le secours de ses camarades ou de ses voisins. Et de là résulte aussi le dépérissement de la vie familiale et locale.

Ainsi s'effacent les échanges d'homme à homme : il ne reste plus que l'individu perdu dans la foule anonyme.

Est-ce à dire que nous devrions regretter l'indigence et l'insécurité d'autrefois ? La question n'est pas là : nous savons bien que le petit groupe ne peut plus se suffire à lui-même dans une société qui vit à l'échelle planétaire. Mais ce petit groupe n'en reste pas moins le ferment essentiel d'une civilisation à la mesure de l'homme — et notre unique refuge contre les menaces du collectivisme et de la technocratie. Nous devons donc travailler à recréer *librement* cet esprit de sympathie et d'entraide que la force des choses imposait à nos aïeux, de telle sorte que le progrès des techniques, du bien-être et de la sécurité n'ait pas pour rançon l'affaiblissement de ces échanges humains sans lesquels la vie perd sa ferveur et sa plénitude. Faute de quoi — et l'exemple de certains pays surdéveloppés prouve que ce danger n'est pas chimérique — nous irons en droite ligne vers le règne du matérialisme, de la solitude, de l'insatisfaction et de l'ennui.

L'AMBIGUÏTÉ DU PROGRÈS

L'ambiguïté — et j'entends par ce mot le fait que tout événement affectant l'individu ou la collectivité peut être interprété, suivant l'optique où l'on se place, comme un bien ou comme un mal — a toujours fait partie de la condition humaine.

Mais elle atteint aujourd'hui, à cause des mutations fulgurantes qui se produisent dans tous les sens, un degré de virulence absolument inédit dans l'histoire. De sorte que l'optimisme le plus radieux et le pessimisme le plus sombre se donnent également libre cours et paraissent aussi justifiés l'un que l'autre.

Le premier s'appuie sur les progrès déjà réalisés pour annoncer l'éclosion imminente d'un monde meilleur : nos victoires actuelles sur le temps, l'espace, la pesanteur, la maladie, la misère, l'ignorance, etc. sont pour lui la promesse et le gage d'une miraculeuse régénération de l'humanité : il y aura plus de distance entre le surhomme de demain et l'homme d'aujourd'hui qu'entre celui-ci et l'habitant des cavernes. J'ai sous les yeux l'étude d'un grand biologiste où il est dit que d'ici la fin du siècle les généticiens pourront réaliser une programmation des cellules germinales, grâce à laquelle tous les enfants naîtront bien constitués et dotés des meilleures qualités intellectuelles, morales et sociales...

Mais là où l'optimiste voit une succession indéfinie de feux verts sur une avenue sans limite, le pessimiste perçoit une série de signaux d'alarme au bord d'un abîme. Et ses arguments reposent déjà sur des faits. A la domination de l'homme sur la nature, il oppose les dangers de la pollution de l'air, de la terre et de l'eau ; aux bienfaits de l'économie d'abondance, la satiété et l'ennui qui en découlent ; aux progrès de l'hygiène et de la médecine, le développement des « maladies de la civilisation » ; à ceux de l'instruction et de la culture, le conditionnement de l'humanité par les mass media ; aux promesses des voyages intersidéraux, la menace de la désintégration atomique de notre planète, etc. L'optimiste n'ignore pas ces maux et ces périls, mais il y voit soit des accidents auxquels on trouvera des remèdes, soit des crises de croissance qui se résoudront dans une harmonie supérieure.

On peut argumenter à l'infini dans les deux sens. C'est l'avenir qui tranchera. Et cet avenir est d'autant plus ténébreux qu'il s'agit d'un ensemble de phénomènes qui n'ont aucun précédent dans le passé. Comment prévoir ce qui va succéder à ce qui n'est encore jamais arrivé ?

Les « inconditionnels » du progrès nous rappelleront que, devant chaque innovation des siècles antérieurs, il s'est trouvé des esprits timorés et chagrins pour récuser ce changement au nom d'un principe philosophique mal compris ou pour annoncer les pires catastrophes. Exemples : les réticences des autorités ecclésiastiques devant les premiers essais de la chirurgie et la pratique de la vaccination (où elles voyaient des attentats contre l'intégrité de l'être humain, voulue par Dieu) ou les cris d'alarme de certains savants (parmi lesquels l'illustre Geoffroy Saint-Hilaire) à l'apparition des chemins de fer : ces sommités scientifiques estimaient que notre organisme était incapable de résister à des vitesses dépassant soixante kilomètres à l'heure, que la traversée des tunnels provoquerait des pneumonies, que la commotion due au passage des trains tarirait le lait des vaches, etc. Que valent ces réserves et ces prévisions à une époque comme la nôtre où la chirurgie sauve chaque jour tant de vies et où l'homme peut voyager, sans dommage apparent, à des vitesses effrayantes, non seulement d'un continent, mais d'un astre à l'autre ? Et pourquoi n'en irait-il pas de même pour les progrès à venir ?

L'argument n'est pas sans réplique. Le fait que nos aïeux aient sous-estimé nos capacités d'adaptation n'autorise pas à conclure que celles-ci soient sans limites. On peut étirer une lanière de caoutchouc : cela prouve qu'elle est élastique, mais non qu'elle ne rompra jamais si on l'étire toujours. De même un grand consommateur d'alcool peut jouir longtemps de toutes les apparences de la santé jusqu'au jour où se déclare une maladie incurable. Est-ce que nos nouvelles conditions de vie ne provoquent pas des ruptures de rythmes et d'équilibres inconnus qui, en s'additionnant, risquent d'aboutir, à plus ou moins longue échéance, à la dénaturation de l'espèce humaine ? Qui peut calculer les effets lointains de la chimie alimentaire, de la pollution de l'atmosphère, de l'usage de la pilule, des radiations atomiques ?

Il est impossible de répondre, car nous n'avons pas atteint le point de non-retour, du moins à l'échelle de l'espèce. Mais il est certain qu'il existe. Nos aïeux avaient tendance à rétrécir les limites de nos possibilités, c'est-à-dire à considérer l'état des techniques et des mœurs propre à leur époque comme l'expression quasi immuable de notre nature. Les hommes d'aujourd'hui sont plutôt portés à les ignorer, c'est-à-dire à traiter cette nature comme un matériau indéterminé capable de recevoir n'importe quelle forme et de s'adapter à n'importe quel changement. Dès qu'un exploit nouveau rentre dans le champ des possibles, on s'empresse de le réaliser sans se soucier de ses conséquences. C'est la mentalité du conquérant pour qui toute proie est bonne à saisir et qui n'a ni le loisir ni le scrupule de méditer sur les suites de ses victoires...

Que conclure ? Encore une fois, notre ignorance nous enseigne la circonspection en matière de prophétie. Ce qui paraît évident, c'est la rupture d'équilibre grandissante entre l'homme et son milieu naturel et, ce qui est plus grave encore, entre l'homme et lui-même, car nos capacités physiologiques, intellectuelles et morales n'ayant guère changé depuis l'aube des temps historiques, nous nous trouvons de plus en plus débordés par l'ampleur et par l'accélération de nos conquêtes extérieures. Ce qui nous invite non à refuser le progrès, mais à tenir la balance égale entre ses chances et ses risques. Ni feu vert, ni feu rouge sur le chemin de l'avenir, mais plutôt un clignotant qui, sans nous interdire le passage, nous met en garde contre le danger.

Un dialogue (vraisemblablement apocryphe) entre Néron et Sénèque nous rapporte que l'empereur aurait dit au philosophe : « Sais-tu que ma puissance égale presque celle des dieux ? » — A quoi Sénèque aurait répondu : « Tu dois d'autant plus craindre les dieux que ton pouvoir se rapproche davantage du leur. » — Néron aujourd'hui, c'est l'humanité tout entière, et dotée de moyens d'action qu'aucun tyran d'autrefois n'aurait osé concevoir. Et c'est à elle que s'adresse l'avertissement du sage. Ces dieux, dont nous devons redouter la vengeance, c'est la nature, c'est l'ordre immanent à l'univers, c'est peut-être la vie et l'âme de l'homme dans leurs profondeurs inconnues. Plus on ajoute d'étages à l'édifice, plus il faut veiller sur ses fondements.

D'autant plus que l'homme moderne, auteur de tant de prodiges et siège de tant de mutations, contredit trop souvent la loi du progrès et semble refluer moralement vers ses plus barbares ancêtres : l' « escalade » actuelle de la violence ne nous laisse aucune illusion sur ce point. Surhomme par les moyens dont il dispose, il reste misérablement un homme — et parfois moins qu'un homme — par l'usage qu'il fait de ces moyens. C'est pourquoi, quelles que soient les mutations qui l'attendent, il sera sans doute toujours opportun de lui rappeler que la puissance est le pire des poisons si elle n'est pas sans cesse contrôlée, filtrée et orientée par la sagesse.

LES FOSSOYEURS DE L'AVENIR

J'ai vu récemment, affichés dans la vitrine d'une librairie d'extrême gauche, les deux slogans suivants : « Mort au passé ! tout pour l'avenir ! » et « Les femmes modernes réclament l'avortement libre et gratuit. » J'ai pensé aussitôt : étrange façon de construire l'avenir que de massacrer dans l'œuf ceux qui, dans l'ordre normal des choses, sont appelés à y vivre...

On observe les mêmes contradictions dans une infinité d'idéologies et de comportements qui se situent (théoriquement) à la pointe du progrès et sous l'égide de l'avenir et qui manquent en fait de l'un ou des deux éléments essentiels à toute vraie prospective :

1. Une prévoyance lucide, afin d'éviter les expériences négatives de l'apprenti sorcier.

2. Un effort constructif ordonné à l'avenir, avec tout ce qu'il comporte de discipline, de restrictions et de sacrifices dans le présent. En d'autres termes, on ne parle que d'avenir, mais on s'y dirige à l'aveuglette et sous le signe du moindre effort...

A l'aveuglette : le cas est particulièrement frappant en ce qui concerne les deux vagues de fond qui ont soulevé notre époque et dont nous voyons s'amorcer aujourd'hui le reflux à travers les ruines qu'elles ont causées : l'optimisme scientifique et technologique et l'espérance révolutionnaire.

Pour le premier, l'aveuglement a porté sur les lois et les harmonies de la nature que l'homme a violées sans scrupule et sans mesure et dont il subit maintenant le choc en retour. Si l'on en croit les lamentations des écologistes, l'avenir de la science, si radieux au début du siècle, apparaît sous les couleurs de l'Apocalypse plutôt que sous celles de l'Eden reconstruit...

Quant au messianisme révolutionnaire, son ignorance concerne les lois non infrangibles de la physique sociale. L'infaillible faillite, au long de tant d'années, de tant d'insurrections « libératrices », qui n'ont pu que déplacer, sinon aggraver, les maux qu'elles prétendaient guérir (la dernière en date est celle de Fidel Castro à qui nos intellectuels gauchisants viennent de crier leur réprobation) nous apporte la confirmation saturante du mot de Simone Weil : « Ce n'est pas la religion, c'est la révolution qui est l'opium du peuple. »

Second point : le rêve d'un avenir qui dispenserait ses adorateurs des vertus et des efforts (patience, respect des délais de maturation, domination du plaisir et de l'intérêt immédiat, constitutions de réserves, travaux d'investissements, etc.) qui sont nécessaires à tout bon ouvrier de l'avenir. Il n'est pas une seule des valeurs (depuis l'économie jusqu'à la religion) sur lesquelles se fonde une civilisation, qui n'ait à sa base une « politique d'investissement » — ce mot désignant un report sur le futur d'une acquisition du présent, l'incorporation d'un rejet à un projet. « Tout commence en refus et finit en largesse », disait le poète : le paysan laboure dans la brume de l'automne avant de moissonner dans la gloire de l'été ; l'enfant, qui fait aujourd'hui d'ennuyeuses gammes, jouira demain des splendeurs de la musique ; l'ascèse ouvre la porte à la mystique et la passion à la résurrection, etc. Or n'assistons-nous pas au mouvement inverse, c'est-à-dire à la ruée vers les solutions de facilité où tout finit en refus pour avoir trop voulu commencer en largesse...

Les exemples surabondent dans tous les domaines.

En matière économique d'abord. Quoi de plus vieux jeu, de plus « dépassé » que la vertu d'épargne ? Et quoi de plus actuel que la ruée désordonnée vers la consommation avec tout ce qu'elle comporte d'endettement à l'échelle des particuliers et d'inflation au niveau des Etats ? Mais est-ce servir l'avenir que de le grever, en vivant au-dessus de ses moyens, d'aussi lourdes hypothèques ? Tous les économistes sérieux voient l'impasse au bout de ces fausses issues...

Les mêmes phénomènes d'érosion et de consomption se retrouvent dans l'évolution des mœurs. Les « escalades », les surenchères sans fin de l'érotisme dans l'exploration et l'exhibition de la sexualité normale ou aberrante sont-elles autre chose qu'une fantastique dilapidation des *réserves* (est-ce par hasard que ce mot désigne aussi la pudeur ?) dont la conséquence est l'épuisement rapide des passions, des appétits et jusque de la curiosité ? Il me souvient d'une phrase lue naguère dans je ne sais quel magazine d'avant-garde sur les femmes d'aujourd'hui qui, libérées par la pilule, « préparent un avenir explosif à la sexualité ». L'explosion est en effet la forme la plus expéditive de la libération. Le malheur, c'est qu'après elle il ne reste plus grand-chose pour jouir de la liberté. Rien qu'un maigre serpent de fumée stérile et malodorante — puis un dépôt polluant. L'avenir de la sexualité va-t-il se réduire à ce déchet dérisoire ? C'est à redouter, si l'on en juge à l'ennui compact qui émane de la religion du sexe : on ne se sent plus brûlé par le feu (on a trop joué avec lui et, à bout de combustible, il s'est éteint), mais asphyxié par la cendre.

Mutatis mutandis, mais toujours dans la même ligne ; on pourrait évoquer certains courants d'opinion (déjà largement passés dans les mœurs) qui voient l'avenir de la religion dans une ouverture de plus en plus vaste aux valeurs humaines de dilatation et d'épanouissement — avec une dépréciation marquée pour les vertus de recueillement et d'ascèse et tout ce qui concerne ce qu'on appelait jadis la vie intérieure. Etat d'esprit qui se traduit par l'élimination progressive de la transcendance et de la croix et qui inspire, à la limite, des propos comme celui-ci que je viens d'entendre (je m'abstiens pudiquement de citer ma source) : « Du Christ, je ne veux connaître que la résurrection, exemple et gage de la résurrection psychologique et sociale de l'homme, c'est-à-dire du passage de l'aliénation à la liberté. » Si je comprends bien, ai-je répondu, c'est la résurrection sans la passion, le ciel sans la croix, l'illumination sans la purification. C'est un très vieux rêve. Il a, hélas ! cette triste particularité de se prolonger en cauchemar — après le réveil !

On pourrait multiplier à l'infini de tels exemples : ils ont tous pour commun dénominateur la recherche d'une satisfaction superficielle et à court terme au détriment des besoins profonds et des réalisations à longue échéance. Ainsi, les méthodes d'éducation qui, en faisant un crédit illimité à la spontanéité et aux caprices du jeune âge, préparent des légions d'adultes infantiles, ou bien le recours démesuré à la médecine symptomatique (avec l'oubli corrélatif des lois de l'hygiène) qui provoque, par l'abus des drogues toxiques, une « pollution interne » qui s'ajoute aux « nuisances » extérieures pour compromettre l'avenir des individus et de l'espèce.

Conclusion : démythifier l'avenir et le prendre en charge.

Il n'est pas ce que nous le rêvons, il sera ce que nous le ferons. Et c'est à lui que nous pensons quand nous essayons de sauver et de transmettre l'héritage du passé. Un héritage qui ne serait qu'un poids mort et encombrant s'il n'était pas donné et reçu comme une semence. Semence attendue, implorée par l'avenir, terrain vierge où elle lèvera et portera des fruits, semblables quant à l'espèce et nouveaux quant à la plante et au sol. Cette image de la semence nous donne la clef du juste rapport — le rapport fécondant — entre le passé et l'avenir. A égale distance d'un passéisme figé et d'un futurisme déliquescent, aussi stériles l'un que l'autre.

LES PAROLES ET LA VIE

Le hasard me met sous les yeux cette pensée d'un saint de l'Eglise orthodoxe, Grégoire Palamas : « Toute parole conteste une autre parole, mais nulle parole ne conteste la vie. »

Formule à méditer dans notre époque de contestation échevelée où tant de gens parlent plus qu'ils ne pensent et pensent plus qu'ils ne vivent. La plupart des conflits qui agitent le monde moderne portent sur des idées et sur des mots, sans égard aux réalités désignées par ces idées et par ces mots : ils sont le fruit stérile de l'hyperintellectualisme, c'est-à-dire de la disjonction entre la vie et l'intelligence — celle-ci fonctionnant à vide comme un moulin désembrayé ou une charrue sortie du sillon.

La pensée et la parole livrées à elles-mêmes présentent en effet ces deux redoutables caractéristiques :

1. Le pouvoir d'abstraire, d'analyser, c'est-à-dire de séparer n'importe quel élément de l'ensemble dont il dépend. Je peux par exemple penser et nommer le foie et le cœur sans tenir compte du reste de l'organisme. La pensée est analytique, dit Aristote — lequel ajoute d'ailleurs (et ces

deux mots résument et éclairent notre propos) que la vie et l'action sont synthétiques.

2. L'absence de limites à leur activité. On peut — aisément et impunément — penser et dire n'importe quoi et le contraire de n'importe quoi. Tout est possible en pensée et en parole — et les attitudes les plus extrêmes sont souvent les mieux accueillies si l'on juge par le succès de tant d'utopistes et de farfelus.

La vie fait exactement le contraire. Elle compose, alors que la pensée décompose (un foie, un cœur sont inséparables de cette totalité qu'est le corps humain) et, d'autre part, elle implique des limites qui, bien qu'assez souples, ne se laissent pas exagérément dilater. La santé dans la vie physique, la vertu dans la vie morale se situent toujours entre deux extrêmes.

Aussi — et qui de nous n'a pas fait cette expérience ? — dès qu'on passe de l'idée à la réalité, on voit se résorber l'abstrait dans le concret et les extrêmes dans le dosage. Glanons quelques exemples :

J'ai connu jadis deux jeunes gens en âge de prendre femme. L'un, réaliste cynique, me disait : « Ce qui compte avant tout dans la vie, c'est l'argent : aussi, si je me marie un jour, j'épouserai la grosse galette. » Ce qu'il fit d'ailleurs quelques mois plus tard. — L'autre, idéaliste perdu dans ses rêves, se maria par amour, sans se préoccuper de donner à son foyer la moindre base économique. Mais le prompt échec de ces unions apprit au premier que les gros moyens financiers (précisément ce ne sont que des moyens !) ne remplacent pas l'amour absent et au second qu'on ne construit pas sa vie sur un coup de foudre.

De même pour l'éducation des enfants. Tel, partisan absolu de la manière forte, verra dans la fessée la clef de l'œuvre éducatrice. Et tel autre comptera uniquement sur la douceur et la persuasion. Des convictions aussi tranchées s'observent en général chez les gens qui n'ont pas d'enfants. Mais dès que ceux-ci prennent place au foyer, on voit généralement le « père fouettard » tempérer sa rigueur par des sourires et des caresses et le « papa gâteau » infliger des punitions là où la douceur avait échoué.

Et en politique ? Un pouvoir qui se refuserait systématiquement d'employer la force contre la subversion ne tarderait pas à succomber. Mais un pouvoir qui ne compterait que sur la force serait également voué à l'échec. A Napoléon inquiet des progrès de la guérilla en Espagne, qui lui disait : « Si j'envoie 30 000 baïonnettes de plus en Espagne, tout rentrera dans l'ordre », Talleyrand répondit : « Sire, on peut tout faire avec des baïonnettes, sauf s'asseoir dessus. » Le trône du roi et le siège du magistrat sont en effet des instruments de l'autorité au moins aussi importants que le glaive du soldat ou la matraque du policier.

Ainsi, dans tous les domaines, la vie tend à rassembler les éléments disjoints par la pensée abstraite — et par les passions qui s'attachent à des abstractions, les conflits idéologiques s'achevant trop souvent, hélas ! en batailles d'hommes, comme c'est le cas dans la plupart des révolutions et des guerres de notre époque. En provençal, on qualifie d'ideious (littéralement *idéeux*) l'homme dont la pensée se nourrit de chimères. La plupart de ces utopistes restent par bonheur inoffensifs ou ne nuisent qu'à eux-mêmes, mais si, par leur génie intellectuel ou leur magnétisme affectif, ils arrivent à rendre leur folie contagieuse, ils donnent naissance aux pires catastrophes collectives. Le récent exemple de Hitler — ce déraciné exsangue, apôtre de la race et du sang — nous en offre la preuve tragique.

On répondra que l'homme, n'étant pas immergé comme l'animal dans le flot de la vie cosmique, ne saurait s'abstenir de penser et de parler. Certes, mais au lieu de laisser ses pensées et ses paroles divaguer dans n'importe quel sens, il doit les soumettre à l'épreuve et au contrôle des réalités de la vie. Le climat idéal pour une telle opération est celui des communautés naturelles (exploitations agricoles ou entreprises industrielles de moyenne importance) dont tous les membres sont soumis aux mêmes nécessités vitales. Je connais deux viticulteurs — le père et le fils — qui se disputent à longueur d'année à cause de leurs idées politiques diamétralement opposées (l'extrême droite pour le premier et l'extrême gauche pour le second), mais dans cette saison des vendanges, ils s'accordent fort bien pour cueillir le raisin et préparer le vin. Car c'est la réalité qui commande...

La valeur d'une idée ne se mesure donc pas à sa pureté ou à sa générosité abstraites, mais à ses possibilités d'applications dans le réel. Quoi de plus séduisant, par exemple, que le mythe marxiste du dépérissement de l'Etat et de la société future (toujours future !) qui n'aura plus besoin d'armée ni de police ? Mais quoi de plus faux ?

Le langage courant, source inépuisable de sagesse, est très éclairant sur ce point. Quand nous disons à quelqu'un : « Vous avez eu une bonne idée », cette formule s'applique, non à l'idée prise en elle-même, mais à ses heureuses conséquences pratiques. Ainsi l'épreuve du réel constitue l'unique critère de la validité des idées.

LA GRÈVE AU PARADIS

Je lis dans *Le Monde* un article intitulé : *La révolte des mineurs heureux ou la grève au paradis,* concernant l'étrange grève qui vient d'éclater dans un complexe minier de la Laponie suédoise.

Voici un extrait de cet article : « Les mineurs sont bien payés ; ils possèdent leur propre maison, leur voiture et parfois même deux par famille, leur télévision en couleur... Les travaux sont en grande partie automatisés, et les ouvriers disposent de toutes les facilités sportives, de salles communautaires, d'écoles, de cinémas, etc. Or les mineurs se sont révoltés contre la perfection... »

Et l'auteur conclut : « Peut-être l'homme a-t-il besoin d'une autorité pour pouvoir organiser sa vie d'une façon heureuse et efficace ? Peut-être le refus de toute discipline mène-t-il à une anarchie qui menace la société ? Peut-être le sentiment de jouer un rôle est-il préféré à une augmentation de salaire décidée au loin par une bureaucratie sans visage ? La grève de Kiruna pose toutes ces questions... »

Les mineurs se sont donc révoltés contre la perfection. Quelle perfection ? Celle qui concerne tous les rouages de l'horlogerie humaine et sociale, y compris les mécanismes de la distraction et du plaisir. Ces mineurs ont, comme on dit, « tout pour être heureux ». Alors, que réclament-ils ?

Faisons la part du climat qui règne à cette latitude. Le méridional que je suis sent déjà monter en lui des effluves de neurasthénie à la seule pensée d'habiter en Laponie suédoise. Mais le problème doit se poser autrement pour des travailleurs nordiques.

Ces hommes ont tous les éléments d'une vie parfaite : il leur manque le lien intérieur *(das geistige Band)* qui rassemble et vivifie tous ces éléments. Tout « tourne rond » dans la machine, mais la machine ne sait pas pourquoi elle tourne. Les travailleurs jouissent d'un *bien-être* incomparable, et ils ne sont pas heureux parce qu'ils se sentent paradoxalement privés à la fois de l'*être,* c'est-à-dire de la conscience d'exister réellement et du *bien,* c'est-à-dire des vertus — un élan, une discipline, un amour — qui, en donnant un sens et un but à la destinée, nourrissent cette conscience.

Un élan, j'entends le goût et l'attachement à l'activité professionnelle. Le travail le mieux rémunéré et le moins pénible reste une charge s'il ne comporte pas cet élément de spontanéité et de gratuité qu'apporte la vocation à *ce* travail. « L'amour de son état est le plus précieux de tous les biens », disait le chancelier d'Aguesseau. Et Stendhal : « La vocation, c'est d'avoir pour métier sa passion. » Combien d'artistes, de savants, de médecins ont travaillé toute leur vie dans la pauvreté et l'obscurité, sans demander à leur activité d'autre récompense que cette activité elle-même ? Il serait utopique de demander à des ouvriers ou à des cadres d'industrie une vocation aussi intense et aussi exclusive, mais dans une société normale, il ne devrait pas y avoir de métier sur lequel le travailleur ne projette pas ce désir de se réaliser dans une œuvre extérieure, qui compte parmi les besoins essentiels de l'être humain.

Une discipline. L'auteur de l'article cité plus haut invoque à juste titre l'absence d'autorité directe comme une des causes de l'insatisfaction des travailleurs. Le chef visible, abordable, compétent et dévoué crée, par son prestige et sa sollicitude, un climat de fraternité et de confiance qui fait accepter de l'intérieur la discipline imposée par le travail. On se plaint partout du déclin de la moralité professionnelle. Il tient en grande partie au caractère de plus en plus abstrait et anonyme de l'autorité. Ce n'est pas une augmentation des salaires et des loisirs décidée par un ordinateur et effectuée par un distributeur automatique qui pourra jamais ranimer le sens du devoir d'état. Il y faut la présence du prochain, la chaleur humaine. La moralité n'est pas, comme la vengeance, un plat qui se mange froid.

Un amour enfin. Car, même là où le travail ne comporte qu'un faible degré de vocation et où sévit l'aliénation bureaucratique, l'affection familiale et le sens des responsabilités qui en découle suffisent à donner un sens au travail. Je me souviendrai toujours de ce mot d'un ingénieur qui me dit, avec un accent d'infinie tendresse, en me montrant la photographie de sa femme et de ses enfants : « Voilà ceux pour qui je travaille. » « Sentimentalité dépassée », a laissé tomber un technocrate à qui je narrais cet humble et précieux fait. « Tant pis, ai-je répliqué : c'est toujours un grand mal que de juger dépassé ce qui est irremplaçable. » Pour revenir à notre sujet, il serait intéressant de savoir ce qui subsiste du lien religieux dont tout permet de supposer le relâchement, sinon l'absence.

Le nœud du problème est là : au-delà de l'efficience matérielle et de la justice mathématique, il s'agit de retrouver cet impondérable sans lequel tous les avantages économiques et sociaux « ne font pas le poids ». Quelque chose d'analogue au levain dans la pâte, au rayon de soleil sur un paysage... On a longtemps dénoncé, à la suite de Marx, « la mystification idéaliste » qui consiste à abreuver de consolations morales et religieuses les victimes de l'exploitation économique. La situation s'est renversée et voici que nous commençons à cueillir les fruits amers de la mystification matérialiste, qui consiste à faire croire aux hommes que l'abondance et la juste répartition des biens de consommation suffisent à leur bonheur. La révolution économique exige, comme une des premières conditions de sa survie et de son développement, une renaissance spirituelle. Tant que les hommes ont eu faim, ils ont pu douter de la vérité de cette parole évangélique : « L'homme ne vit pas seulement de pain », mais l'ennui et la révolte que sécrète la prospérité générale abandonnée à elle-même leur en apportent aujourd'hui la confirmation intérieure.

LA NATURE ET LA LITURGIE

Noël approche. Les rues illuminées, les magasins débordant de jouets, les menus de réveillon déjà affichés par les restaurants, les programmes des agences de voyages à l'occasion des vacances — tout nous rappelle, avec un éclat et une insistance qui frisent l'agressivité, l'imminence de l'anniversaire divin.

Noël commercial, Noël gastronomique, Noël touristique — pourquoi pas ? Mais je ne peux pas m'empêcher de me demander ce que devient, dans cette surenchère d'attractions profanes, le Noël religieux — celui de la foi et de la prière — que commémore la liturgie.

C'est un fait souvent constaté que la célébration des offices liturgiques a perdu beaucoup de son intérêt pour la masse de nos contemporains, y compris pour certains catholiques dont rien par ailleurs n'autorise à suspecter la foi ni le zèle. « La liturgie, c'est du ressucé, me confiait récemment une jeune personne pleine d'ardeur et de dévouement : on y répète toujours les mêmes paroles et les mêmes gestes ; ce qui compte pour le chrétien d'aujourd'hui, c'est l'action, le dynamisme, le service du prochain, la réforme des structures sociales, etc. »

A quoi tient cette désaffection ? Non seulement au déclin du sens du sacré, mais aussi — et les deux phénomènes sont corrélatifs — aux conditions de la vie moderne.

La liturgie est dominée par l'idée de *cycle*. Elle ramène de jour en jour et de saison en saison, et suivant un ordre immuable, la célébration des mêmes fêtes. Son déroulement est calqué sur celui des rythmes fondamentaux de la création. Par là, elle s'accorde spontanément à la mentalité des hommes qui vivent dans le voisinage immédiat et permanent de la nature. C'était le cas, il y a un siècle à peine, où la majorité des populations était constituée par des agriculteurs ou par des gens résidant à la campagne. Dans un tel contexte, les événements liturgiques se mêlaient d'eux-mêmes à la trame quotidienne de l'existence. On attendait Noël comme une lumière et une chaleur au cœur de l'hiver, Pâques comme la consécration du printemps, chaque dimanche comme le creux de la même vague à l'ondulation interminable. Ainsi l'habitude des cadences naturelles préparait l'homme à la commémoration des événements surnaturels ; le temps, enchaîné par le rythme, gravitait docilement autour de l'éternel...

Mais quoi de plus étranger à la mentalité actuelle que l'idée de rythme et de cycle ? L'histoire n'est plus conçue comme un mouvement circulaire, mais comme une marche en avant où l'avenir est la négation du passé (en réalité, elle est l'un et l'autre, mais il n'entre pas dans mon sujet de développer ce thème). Nous vivons sous le double signe de l'accélération et du changement — c'est-à-dire à l'opposé du temps liturgique qui nous apporte les mêmes nourritures spirituelles à des intervalles réguliers et incompressibles. Car le temps des hommes — ou plutôt *leur emploi du temps* — s'accorde de moins en moins avec le rythme du temps créé par Dieu et mesuré par les astres.

Dans cette atmosphère fiévreuse et trépidante, dominée par la recherche de l'inédit, il est normal que la sensibilité se détourne du cycle invariable de la liturgie. On n'a que faire d'un présent et d'un avenir qui se bornent à reproduire le passé : tout ce qui est écho ou reflet de l'éternel dans le temps apparaît comme la survivance stérile et insipide d'une tradition périmée.

Et c'est ici le nœud du problème : comment, dans un tel climat, rendre aux hommes le sens et le goût de la liturgie ?

La solution en apparence la plus facile consiste à essayer de « rajeunir » les choses divines en les accommodant le plus possible aux mœurs et aux goûts du siècle. Ce qui implique des changements de décor, de musique, d'attitudes, de commentaires, etc. — Nous ne touchons pas à la substance de l'aliment, me disait un jeune clerc, nous varions la présentation et l'assaisonnement, afin qu'il inspire davantage l'appétit...

Je n'ai ni qualité ni compétence pour juger du bien ou du mal fondé de chaque innovation liturgique. Je me borne à signaler le danger qu'il y a à s'engager trop avant sur cette voie. En présentant les mystères religieux sous l'angle trop exclusif du spectacle et de la distraction, on risque de créer un état d'esprit où la sauce compte plus que l'aliment qu'elle « fait passer », où l'attrait du profane l'emporte sur le respect du sacré. Et puis, à trop vouloir « moderniser » l'éternel, on l'expose à cet accident qui guette inévitablement toute mode : le vieillissement rapide et l'oubli. De sorte qu'on aggrave encore le mal qu'on prétend guérir...

Au-dessus de ces palliatifs superficiels et provisoires, le vrai remède est de rendre aux hommes le sens des valeurs immuables exprimées par la liturgie. De leur rapprendre l'adhésion aux lois et aux rythmes de la nature qui sont l'image de l'éternel dans la durée (est-ce que l'aurore se démode de jour en jour ou le printemps d'année en année ?) et aux révélations de la foi dont le déroulement infini des siècles ne saurait épuiser l'intemporelle nouveauté. Il est permis d'espérer que la satiété et le désarroi suscités par la société dite de consommation les aidera, par contraste, à s'orienter dans ce sens. Car tout se résume en ceci : prendre conscience que ce qui demeure est plus important que ce qui passe et que les feux de paille de la mode, qui s'allument et s'éteignent l'un après l'autre en ne laissant que des cendres, ne doivent pas nous voiler l'éclat permanent du soleil.

HISTOIRE ET PROVIDENCE

J'achève la lecture d'un docte ouvrage, dû à la plume d'un éminent ecclésiastique italien, sur l'empereur Julien, dit l'Apostat. On sait que ce monarque, né et élevé dans le christianisme, renia sa foi en montant sur le trône et essaya vainement de restaurer le paganisme. Cela se passait au IVe siècle de notre ère, cinquante ans après la paix de Constantin.

Ce livre, admirablement documenté et d'une objectivité irréprochable, ne laisse dans l'ombre aucun des traits — positifs ou négatifs — de l'inquiétante et attachante figure de Julien. Mais arrivé à la dernière page où l'auteur porte un jugement d'ensemble sur Julien et sur son œuvre, une phrase m'a fait sursauter. La voici : « Personne à l'heure présente ne songerait à faire grief à Julien de son aspostasie ; celle-ci ne regarda que sa conscience... Ce qu'on peut légitimement lui reprocher, c'est d'avoir été un retardataire, un homme qui avait la nostalgie de temps irrémédiablement révolus... »

Je pense, comme l'auteur, que nous n'avons pas à juger l'apostasie de Julien, qui est affaire uniquement entre Dieu et lui. Ce qui me déconcerte, dans la bouche d'un chrétien et d'un prêtre, c'est une critique qui se limite au seul reproche d'anachronisme. Et je pose aussitôt la question : « L'erreur de Julien a-t-elle été de s'opposer au christianisme en tant que courant sociologique dominant à son époque ou bien en tant que révélation de la vérité éternelle ? » En d'autres termes, Julien a-t-il été seulement un inadapté à son siècle ou bien a-t-il, par surcroît, tourné le dos à celui « qui est né du Père avant tous les siècles » et qui a dit : « Le ciel et la terre passeront, mais mes paroles ne passeront pas. »

La question est d'autant plus décisive que nous assistons aujourd'hui, en sens inverse, à un phénomène analogue. Dans bien des pays et pour beaucoup d'hommes, le christianisme représente par rapport aux nouvelles visions du monde (le marxisme en particulier) ce que le paganisme représentait, au temps de Julien, par rapport au christianisme naissant : le pâle prolongement d'un passé déjà condamné par l'histoire. Témoin la lettre que je reçois d'un ami d'Amérique du Sud qui fut jusqu'ici un philosophe catholique : « Tout nous prouve, m'écrit-il en m'annonçant qu'il a perdu la foi et quitté l'Eglise, que le cycle chrétien de l'histoire est achevé. »

Le parallélisme est saisissant. Le paganisme avait fait son temps au IVe siècle. Aux yeux d'un grand nombre, le christianisme a fait son temps au XXe siècle. S'obstiner à prolonger son agonie, c'est tomber dans la même ornière que Julien. Il faut marcher avec son temps et adorer les nouveaux dieux...

Les hommes ont toujours été portés à s'emballer pour la nouveauté et à s'incliner devant le succès. Mais cette tendance innée se trouve aujourd'hui renforcée et *orientée à sens unique* par une nouvelle théologie qui se résume dans les deux dogmes suivants :

a) l'histoire est une divinité en marche qui conduit infailliblement l'humanité vers plus de perfection et plus de bonheur — dans l'ensemble, aujourd'hui vaut mieux qu'hier et demain vaudra mieux qu'aujourd'hui ;

b) cette marche s'opère nécessairement vers la gauche — ou plutôt vers tout ce qui porte une étiquette de gauche, y compris les pires formes de l'anarchie et du totalitarisme.

Et de cette théologie découle une nouvelle morale avec ces deux préceptes : suivre le mouvement et serrer à gauche. Une montre qui retarde et une boussole insuffisamment aimantée vers la gauche sont les deux symboles du péché contre l'esprit.

Cette mythologie du sens de l'histoire est l'arme idéologique la plus efficace de la subversion. On nous persuade, à grand renfort de propagande, que l'évolution de l'humanité vers la démocratie populaire de type russe ou chinois représente non seulement un progrès dans l'ordre de la vérité et du bien, mais que, par-dessus le marché, elle est absolument inévitable et qu'il serait aussi absurde de s'y opposer que de vouloir interrompre la gravitation des astres dans le ciel. Combien de fois ai-je entendu des arguments de ce genre : « La révolution est inscrite dans l'histoire : si elle ne se fait pas avec vous, elle se fera sans vous et contre vous, mais vous n'y échapperez pas. Les jeux sont encore ouverts, et cependant les jeux sont déjà faits. »

Ce virus idéologique, en pénétrant dans certaines consciences chrétiennes, y a causé une grave altération de la notion de Providence. Je causais récemment avec un jeune catholique fervent, mais chaviré par la crainte de n'être pas assez « à la page » ou « dans le coup », qui me disait : « Tout ce qui arrive dans l'histoire n'est-il pas voulu par Dieu ? Si donc, comme cela paraît vraisemblable, nous allons au triomphe du marxisme, ne faudra-t-il pas voir, dans cet événement, un signe de l'approbation divine et, par voie de conséquence, une indication favorable à un " aggiornamento " de la religion dans le même sens ? »

J'ai répondu : « Effectivement, rien n'arrive ici-bas sans le consentement de Dieu. Mais depuis quand le succès est-il un signe de l'approbation divine et une raison suffisante " d'ouverture " aux doctrines des vainqueurs ? » Un seul exemple : « Dieu ne s'est pas opposé, au VIIe siècle de notre ère, à ce que la religion issue du Coran supplantât le christianisme sur plus de la moitié du monde connu. » Cela aurait-il justifié (je parle au conditionnel, car le fait ne s'est pas produit) une « mise à jour » de la vérité évangélique en fonction de l'enseignement de Mahomet ? Et cependant la distance est infiniment moindre entre la foi islamique et la foi chrétienne qu'entre celle-ci et la foi marxiste...

Les théologiens nous enseignent que Dieu ne veut positivement que le bien, mais que, respectueux de la liberté de sa créature, il permet le mal. Alors comment distinguer et choisir entre le bien qu'il veut et le mal qu'il permet ? Le critère n'est pas dans l'histoire, c'est-à-dire dans le succès ou l'échec temporels, mais dans notre conscience, reflet de Dieu dans l'homme, qui juge les choses du temps d'après les principes inaltérables du vrai, du juste et du bien dont la patrie et la source résident au-dessus du temps.

Tout se résume dans le mot de l'Evangile : « Vous les connaîtrez à leurs fruits. » Et si les fruits sont mauvais, c'est-à-dire si l'homme, fasciné par des idoles, tourne le dos à sa vocation divine — rien ne pourra nous empêcher de constater et de proclamer leur nocivité, quelles que soient la vigueur apparente de l'arbre, et l'immensité du territoire spatial et temporel qu'il recouvre de son ombre. Cet avertissement prend tout son poids si l'on songe qu'il est dit dans l'Evangile qu'il s'élèvera un jour des faux prophètes capables de séduire, si c'était possible, même des élus...

Et quant au reproche de ne pas marcher avec son temps, je répondrai que la meilleure façon d'être présent à son siècle, n'est pas d'épouser sans discernement ses courants les plus voyants et les plus tapageurs, mais d'en prévenir ou d'en corriger les ravages. Est-il par exemple une tâche plus actuelle — au sens de répondre à une nécessité profonde et urgente de notre époque — que de protéger la nature contre les effets de la pollution ou l'amour des sexes contre le déferlement de l'érotisme ? Ou encore, puisque nous avons longuement parlé de religion, de défendre le contenu éternel de la foi contre l'idolâtrie de l'histoire ?

ÊTRE DE SON TEMPS

« On ne va pas contre son temps », m'a dit un jeune prêtre dont je ne partageais pas les idées sur la lutte des classes et le mythe de la révolution libératrice. « Bon gré, mal gré, il faut finir par se rallier au courant dominant de l'histoire, et vous savez bien que c'est celui du socialisme. » Et comme ce discours n'entamait pas ma conviction, il m'a décoché comme suprême argument cette devise d'un évêque allemand : *vox temporis, vox Dei.* Ce qui signifie : la voix de l'époque, c'est la voix de Dieu...

J'ai répondu qu'il y avait certainement une part de vérité

dans cette variante de l'antique formule : *vox populi, vox Dei* (la voix du peuple, c'est la voix de Dieu), mais que l'évêque en question ne précisait pas de quelle voix il s'agissait. Car chaque époque — et la nôtre par excellence — est emplie de voix qui nous sollicitent dans tous les sens et comment discerner, parmi ce tumulte, celles qui correspondent à l'appel de Dieu ?

Vous dites qu'il faut suivre le courant dominant — ce qui signifie que, pour vous, la voix de Dieu est celle qui crie le plus fort et qui passe par le plus grand nombre de bouches. L'idéologie marxiste, propulsée par les haut-parleurs de la propagande et prolongée par l'immense bêlement des moutons de Panurge, remplit en effet cette condition. Mais est-ce là un critère suffisant de la bénédiction divine ?

Vous insistez en disant que le marxisme ne se borne pas à faire du bruit, mais qu'il va de succès en succès, que dans l'espace de cinquante années, il a conquis la moitié du monde et que, Dieu étant le maître de l'histoire, cette réussite sans précédent est le signe qu'il correspond aux desseins de la Providence.

Ici, je vous prierai de jeter un coup d'œil sur l'histoire. Car il y a eu des précédents. La crue de l'Islam a recouvert, en moins d'un siècle, la moitié du monde connu et réduit à néant les civilisations chrétiennes de l'Afrique du Nord et du Proche-Orient. Ce qui, selon votre optique, laisserait supposer que la religion de Mahomet était plus divine que celle du Christ. Si les chefs militaires et religieux de notre vieille Europe avaient été intoxiqués comme vous par le mythe de l'histoire irréversible et à sens unique, ils se seraient pieusement gardés de s'opposer à ce raz de marée « voulu par Dieu ». Et le Coran aurait remplacé partout l'Evangile...

Passons à des faits plus récents. L'hitlérisme n'a-t-il pas été, en son temps, la plus puissante voix de l'époque ? Et n'a-t-il pas marché de conquêtes en conquêtes ? Vous devez donc logiquement préférer l'attitude du cardinal Innitzer, archevêque de Vienne, qui au moment de l'Anschluss invita ses ouailles à se rallier au nazisme et terminait ses mandements par un servile : *Heil Hitler* ! à celle des prélats allemands qui, soit par leurs protestations, soit par leur silence, refusèrent de s'incliner devant la barbarie victorieuse.

De tels exemples devraient vous apprendre à mesurer l'écart vertigineux entre ce que Dieu *veut* et ce que Dieu *permet*. Et prenez garde qu'un jour, quand le marxisme aura rejoint les coulisses de l'histoire, vos complaisances pour cette idéologie inhumaine n'apparaissent aussi lamentables, sinon odieuses que le lâche ralliement du cardinal autrichien.

Quant à la voix de Dieu dans notre temps, vous la reconnaîtrez non à l'intensité du tapage ni aux succès des braillards, mais en appliquant les critères éternels de la vérité et du bien. Et peut-être aussi en auscultant le silence des victimes du système dont vous faites si légèrement l'apologie...

Car votre mission en ce monde est celle d'un berger et non d'un mouton. Elle ne consiste pas à servir d'écho aux voix de l'époque, mais à leur donner le ton, à les accorder à la voix de Dieu. On revient toujours au mot définitif de saint Paul : *redimere tempus,* racheter le temps, c'est-à-dire non pas l'accueillir comme une manifestation pure et simple de la volonté divine, mais travailler à le rendre conforme à cette volonté.

VERTU D'ESPÉRANCE ET OPTIMISME

Je discutais récemment avec un jeune prêtre dont la foi en Dieu se traduisait par une vertigineuse « ouverture » au monde moderne. Et comme je lui faisais part de mes inquiétudes concernant certains courants actuels, tels que les progrès de la collectivisation et de l'anonymat, le conditionnement des esprits par les propagandes, la régression vers la barbarie dans les luttes politiques, la dissolution des mœurs, le saccage et la pollution de la nature, etc., j'obtins pour toute réponse cette exclamation réprobatrice et apitoyée : « Quel pessimisme ! Et que faites-vous donc de la vertu d'espérance ? »

J'ai répondu : « Est-ce être pessimiste que de voir le mal et le danger là où ils sont et d'y chercher des remèdes ? Quant à la vertu d'espérance, elle n'a rien à voir avec cet optimisme aveugle et béat qui se voile les yeux devant le mal et s'imagine que, quoi qu'il arrive, tout ira fatalement de mieux en mieux : elle consiste plutôt à ne jamais se décourager ni perdre pied, quelles que soient l'épaisseur du mal et la gravité du péril.

« Si un homme abuse régulièrement de l'alcool, est-ce manquer à la vertu d'espérance que de l'avertir du risque qu'il court ? Ou, si un incendie se déclare, faut-il faire confiance aux flammes ou appeler les pompiers ? Et n'en va-t-il pas de même pour les grands dangers collectifs évoqués plus haut ? »

« Faisons crédit à la Providence, a poursuivi mon jeune clerc : tout cela s'arrangera. »

Bien sûr. A plus ou moins longue échéance, tout finit par s'arranger. L'alcoolique, en mourant, débarrasse la société de sa présence inutile ; l'incendie s'arrête après avoir dévoré tout ce qui était à sa portée. Et à l'effondrement de la cité, succède tôt ou tard (mais à travers quelles ruines et quelles nuits ?) une nouvelle forme de civilisation. Mais est-il permis à l'homme de laisser aller les choses jusque-là ?

J'ai enchaîné : « L'espérance chrétienne est une vertu surnaturelle, enracinée dans la foi en la toute-puissance et en la toute-bonté de Dieu, et dont aucune catastrophe temporelle ne peut et ne doit venir à bout. » Même si l'on imagine le pire, c'est-à-dire la fin du monde par l'épuisement de la planète ou par quelque explosion atomique, cela ne change rien aux promesses de l'éternité. Aussi n'est-ce pas sur le triomphe final du *bien* que portent mes inquiétudes, mais sur les menaces qui pèsent sur le monde temporel dont Dieu nous a associés à la gestion. Or, il n'est pas de bonne gestion possible si le mal n'est pas reconnu et combattu comme tel. Que penseriez-vous d'un médecin, qui négligerait de dépister et de traiter la maladie sous prétexte que nos corps sont promis à la résurrection glorieuse ?

Ne confondons pas les domaines. C'est prostituer l'espérance théologique que de l'appliquer sans discernement à tout ce qui se produit dans le temps et d'attendre que le bien sorte automatiquement du mal. Dieu *veut* le bien et *permet* le mal. Notre tâche à nous est de nous appuyer sur le bien que Dieu veut afin de diminuer le mal que Dieu permet.

Ce qui implique la lucidité et le courage. La première pour discerner le mal et le second pour le combattre. Il ne s'agit pas d'attendre passivement un avenir conforme à nos vœux, mais de le construire par un choix et un effort quotidiens. Le laboureur fait crédit aux bonnes forces de la nature : la vertu des semences, la fécondité de la terre et les pluies du ciel, mais non aux intempéries et aux parasites.

Dieu aura le dernier mot, nous n'en doutons pas. A la fin du monde. Mais ce n'est pas une raison suffisante pour laisser trop souvent, d'ici là, la parole au diable...

QU'EST-CE QUE LE BONHEUR ?

Au cours d'un échange de vues où j'avais parlé des conditions d'une vie harmonieuse, un de mes interlocuteurs m'a demandé à brûle-pourpoint : « Mais vous, monsieur, êtes-vous heureux ? »

Pris au dépourvu, car je ne m'étais pas posé la question, j'ai répondu tout bêtement que je n'en savais rien.

Et d'abord, qu'est-ce qu'un homme heureux ? Péguy a dit, dans un texte célèbre, que la grande, la terrible découverte de tous les hommes de quarante ans, c'est de constater qu'on n'est pas heureux, que personne n'a été et que personne ne sera jamais heureux. Sans doute voulait-il parler de cette plénitude absolue et permanente qu'on rêve dans la jeunesse et qui effectivement n'existe jamais, car elle supposerait non seulement un accord parfait de l'homme avec lui-même, mais des circonstances extérieures toujours favorables — deux choses impossibles à réaliser ici-bas. Et pour l'excellente raison que chaque élément de notre destin capable de nous rendre heureux porte également en lui de quoi nous faire souffrir, au même niveau et dans la même proportion. Et cela à tous les étages de nos besoins et de nos désirs.

La santé physique est une des conditions de bonheur. Mais le corps humain, merveilleux instrument de plaisir par sa sensibilité, devient pour la même raison une source inépuisable de souffrance quand la maladie s'abat sur lui.

De même pour les biens extérieurs comme la fortune, la réussite sociale, les honneurs, etc. Ceux-ci nous déçoivent doublement : par leur privation si on échoue dans leur poursuite ou par le vide qu'ils laissent en nous si on les obtient. La fréquentation des grands de ce monde nous apprend que l'éventail de leurs privilèges est loin d'englober celui du bonheur...

Restent les biens spirituels dont la source est incontestablement plus pure et moins intermittente. Mais la même loi joue pour eux sur un autre plan.

L'intelligence nous apporte de grandes joies, mais ses lumières mêmes nous font sentir ses limites et soulignent amèrement notre impuissance devant le mystère. « Qui multiplie le savoir multiplie la douleur », disait l'*Ecclésiaste*. A quoi Voltaire fait écho dans sa lettre à Mme du Deffand : « Au fond, il n'y a d'heureux que les imbéciles, mais je vous crois hélas ! peu douée pour cette béatitude... »

Le sens du beau est également à double tranchant : par lui nous jouissons des merveilles de la nature et de l'art, mais nous sommes aussi douloureusement allergiques à toutes les formes de la laideur.

L'amour, l'amitié nous comblent, mais nous souffrons dans la même mesure quand l'être aimé est frappé par le mal ou nous est ravi par la mort.

Et quant à la sagesse, voire à la sainteté, si elles nous donnent la paix intérieure, elles ont pour rançon les blessures qu'infligent aux êtres les plus purs la présence universelle du mal. Qui donc a dit que la maturité de l'âme se reconnaissait au passage de la passion à la compassion ? Mais compatir, c'est souffrir.

Le bien et le mal, la joie et la peine étant indissolublement liés ici-bas, le vrai problème n'est pas d'être heureux ou malheureux : c'est d'être l'un et l'autre au niveau le plus élevé de soi-même. C'est d'avoir des joies et des souffrances authentiques et de ne pas se laisser fasciner par la possession ou la privation de bagatelles. De ne pas se gaspiller en vaines douleurs et en bonheurs illusoires. De se consumer s'il le faut, mais pas à n'importe quel feu.

Tout semble se conjurer, aujourd'hui, contre cette conception sélective de l'existence. Le climat de facilité et de jouissance où nous vivons, en multipliant sur tous les plans des besoins qui croissent toujours plus vite que les possibilités de les satisfaire, ronge par la base notre capacité d'éprouver de vraies joies et de vraies souffrances. Il ne reste, pour beaucoup de nos contemporains, qu'une grisaille de petits plaisirs et de petits ennuis, les seconds l'emportant d'ailleurs largement sur les premiers, car l'homme obsédé par la recherche exclusive du bonheur vit dans un état d'insatisfaction permanente qui le rend indifférent à ce qu'il possède et avide de ce qui lui manque. La faim, artificiellement provoquée et entretenue, se résout en satiété incurable. D'où une frustration en deux temps : « Il faut que j'obtienne cela à tout prix », puis : « Ce n'était donc que cela, vite autre chose ! »

La conclusion est qu'on ne sépare pas impunément la recherche du bonheur de l'ensemble des activités, des devoirs et des vertus qui sont le tissu de toute existence authentique. Moins on y pense, plus on a de chances de l'obtenir. Les grands personnages, en qui l'humanité reconnaît ses modèles et ses guides, se sont-ils jamais préoccupés de leur petit bonheur individuel ? Ils ont obéi à leur vocation, sans en éluder les risques ni les revers et parfois jusqu'au sacrifice de leur vie, et le bonheur, autant qu'il est possible en ce monde, leur a été donné par surcroît. Car la vie est indivisible — et si, au nom de ce fameux « droit au bonheur » dont on nous rebat les oreilles, on essaie de l'écrémer, on aboutit à ce résultat dérisoire de n'en retenir que le petit lait..

L'EMPLOI DU TEMPS

Ceux qui ont lu l'histoire de Don Quichotte se souviennent de l'épisode suivant : Don Quichotte avait promis à son écuyer de lui conquérir une île et de lui en confier la gestion, et le pauvre Sancho, gagné par la folie de son maître, rêvait jour et nuit à cet avenir doré. Là-dessus, nos deux compagnons rencontrèrent le duc et la duchesse, puissants personnages qui possédaient effectivement une île et qui firent à Sancho la farce de l'en nommer gouverneur, mais en donnant à leurs serviteurs des ordres secrets dont l'exécution devait amener une prompte démission du nouveau potentat. — Ces ordres consistaient en ceci : après une intronisation solennelle, Sancho, dont la gourmandise était le péché d'élection, fut installé devant une table où on lui servait une succession de plats merveilleux, mais à un rythme si accéléré qu'il n'avait pas même le temps de porter un seul morceau à sa bouche. Il en fut de même aux repas suivants, de sorte que Sancho, dégoûté des grandeurs humaines, s'empressa de renoncer au pouvoir pour revenir à l'humble état où, n'ayant dans sa besace qu'un morceau de pain et un oignon cru, il pouvait au moins s'en régaler à son aise.

Cervantès évoque ici la condition des grands de la terre à qui tous les biens sont offerts à profusion, mais qui n'ont ni le temps ni la tranquillité d'esprit pour en profiter.

Ce phénomène s'étend peu à peu aux autres couches de la société, si l'on en croit le récent témoignage d'un économiste suédois, M. Staffan Burenstam Linder qui nous explique dans son livre : *L'homme débordé par l'abondance,* que l'homme moderne souffre d'une nouvelle disette : celle du temps, et que la chasse au temps a remplacé, pour beaucoup de nos contemporains, la chasse aux aliments qui tourmentait nos aïeux.

Cette pénurie, nous la constatons sur le plan de la production et du travail. Etrange époque où les machines, dont la fonction est de nous faire gagner du temps, nous en laissent de moins en moins, car, par les nouvelles possibilités d'expansion qu'elles nous ouvrent, elles créent plus d'exigences qu'elles n'apportent de facilités. Tel agriculteur de mon voisinage « prenait son temps » quand il cultivait dix hectares avec un couple de bœufs : aujourd'hui, motorisé à fond, il est « pris par le temps », car il doit cultiver cinquante hectares...

Et nous la retrouvons dans l'ordre de la consommation et des loisirs. Qu'il s'agisse de produits matériels (depuis l'objet utile jusqu'au gadget) ou de moyens de distraction et de culture (lectures, spectacles, voyages, etc.), les sollicitations sont si nombreuses que, pour peu que nous y cédions, elles finissent, faute de temps, par s'annuler les unes les autres, comme s'entre-dévorent, faute d'espace, des graines répandues en trop grande abondance sur un coin de terre exigu...

La fréquence avec laquelle reviennent sur nos lèvres des formules de ce genre : « Je ne sais plus où donner de la tête » ou « Comment vais-je trouver le temps pour... », témoigne assez de la généralisation de cette carence.

Pis encore : les mêmes sociologues qui dénoncent cette civilisation du surmenage sont unanimes pour déclarer que c'est aussi la civilisation de l'ennui. Le paradoxe n'est qu'apparent, car l'encombrement, la trépidation amènent une érosion de la vie profonde qui se traduit, dès que le flot des stimulations extérieures se retire, par le sentiment angoissé du vide et par l'inertie affective. La basse qualité des distractions par lesquelles tant d'hommes essaient de combler ce vide et de secouer cette inertie confirme cette thèse avec l'éloquence irréfutable des faits. Combien d'importants personnages ai-je connus, qui sont passés presque sans transition de la situation du bourreau de travail « qui n'a pas une minute à lui » à celle du désœuvré qui ne sait plus « comment tuer le temps » ! Ces limites du temps, après avoir tenté en vain de les dilater, ils ne trouvent plus en eux de quoi les remplir...

Cette nouvelle pénurie se distingue de toutes les autres en ce sens qu'on ne peut pas lui appliquer les mêmes remèdes. Là où manquent les produits alimentaires, les médicaments, les moyens de culture, etc., il suffit pour résoudre le problème, de multiplier la production et d'assurer la distribution de ces divers biens. Impossible d'agir ainsi avec le temps — valeur irremplaçable, inextensible et irréversible — et devant laquelle tous les hommes sont égaux comme devant la certitude de mourir. Ici, ni privilège, ni passe-droit : la journée d'un chef d'Etat accablé de responsabilités mondiales compte vingt-quatre heures comme celle du chemineau insouciant qui règle sa marche sur l'inclinaison du soleil sans avoir jamais consulté l'horloge.

L'unique solution réside en ceci : bien user de ce capital qui, loin de produire des intérêts, ira en diminuant jusqu'à notre mort. La question cruciale qui va se poser à l'humanité est donc celle de l'*emploi du temps* — ce qui implique une saine conception de la hiérarchie des valeurs et une solide éducation de la liberté. Chaque journée, chaque année est comme un jardin dont la culture nous est confiée : ne pouvant en élargir la surface, notre tâche est de choisir les bonnes semences et de sarcler les herbes parasites.

Times is money, disait Benjamin Franklin. Excellent encouragement au début de l'ère industrielle. Il était normal alors de mettre le temps au service de l'argent, car l'argent, c'était du pain, des vêtements, un logis — choses qui manquaient encore à la majorité des hommes. Mais à mesure que nous entrons dans l'ère postindustrielle et face au déferlement du superflu, peut-être convient-il de retourner la formule de Franklin, c'est-à-dire *de mettre l'argent au service du temps,* en faisant de lui l'instrument d'un loisir et d'une détente qui nous permettraient d'abord de jouir des biens extérieurs qu'il procure et ensuite de nous ouvrir aux biens intérieurs (les choses de la nature, de l'amour, de l'art, de la religion, etc.) qui font la profondeur et la qualité de l'existence et que le surmenage nous condamne à négliger.

Les multiples signaux d'alarme qui s'allument de toutes parts nous orientent vers cette voie. Espoir utopique, diront certains. Je répondrai qu'on n'a pas le droit de parler d'utopie là où il s'agit d'un besoin primordial de l'être humain. Et que le vrai réalisme consiste à lutter pour rendre *possible* une solution qui s'impose de plus en plus comme *nécessaire.*

VITESSE, EMBOUTEILLAGE ET ALIÉNATION

Je suis retenu à Bruxelles le mardi soir et je dois être à Marseille le lendemain vers midi. Théoriquement, aucune difficulté. J'ai un avion Bruxelles-Paris qui décolle à 9 h 15, je suis à Paris vers 10 heures et je dispose d'un délai confortable pour prendre l'avion d'Air-Inter qui me conduira à Marseille à l'heure prévue.

En fait, les choses sont beaucoup plus compliquées. Je loge dans la banlieue sud de Bruxelles et l'ami qui doit me conduire à l'aéroport me suggère qu'il est prudent de partir au moins deux heures à l'avance, étant donné les embouteillages qui sévissent le mercredi matin, jour de Bourse dans la capitale belge. Je m'incline, bien que jugeant cette prudence excessive. Tout va bien tant que nous roulons sur les grands axes des faubourgs, mais dès que nous approchons du centre, les interminables files de voitures figées devant les feux rouges ou n'avançant que par courtes saccades me font vite comprendre qu'un hectomètre en ville vaut une lieue en rase campagne. Bref, nous mettons une heure et demie pour traverser Bruxelles et je n'ai que le temps de sauter, les nerfs surtendus, dans mon avion.

De Bruxelles à Paris, il n'y a guère plus de vingt minutes de plein vol. Mais, à Orly, nouvel embouteillage. C'est l'heure où débarquent les long-courriers et les voyageurs qui se déplaçaient tout à l'heure presque à la vitesse du son, font la queue devant les guichets de contrôle des passeports, tantôt avançant à l'allure d'un gastéropode, tantôt immobiles comme des huîtres. Une demi-heure s'écoule dans ces alternances et je m'estime trop heureux de ne pas rater mon second avion...

Ce contraste agaçant entre la célérité et l'immobilisme

m'amène à méditer sur les impasses de la civilisation matérielle où chaque progrès entraîne de telles complications qu'il finit par se retourner contre lui-même et par déboucher sur son contraire. Ainsi dans nos grandes villes, aux heures de pointe, le piéton arrive plus vite à destination que l'homme au volant de la plus puissante voiture.

Chose plus grave encore : la dépendance aliénante de l'homme moderne à l'égard d'entités lointaines et sur lesquelles il n'a aucune prise.

Comparons sur ce point les conditions d'existence d'un paysan d'autrefois à celle d'un citadin d'aujourd'hui.

Le premier menait une vie très rude. La nature, plus souvent marâtre que mère, lui opposait un réseau de difficultés toujours renaissantes et il ne pouvait compter, pour en venir à bout, que sur son effort personnel ou l'aide de son prochain immédiat. C'est ainsi que sont nées les premières sociétés, foyers d'autarcie où le petit groupe vivait presque en circuit fermé.

Pour le second, toutes ces difficultés sont aplanies. Son travail professionnel mis à part, il n'a besoin d'aucun effort, d'aucune initiative, d'aucun secours de ses voisins pour se protéger contre les intempéries, se procurer des aliments, se déplacer, etc. Toutes les facilités, tous les conforts lui sont offerts à profusion. Mais, dès que la prodigieuse machine économique et sociale qui lui procure ces avantages se détraque un tant soit peu, il se heurte, non plus à des difficultés surmontables, mais à l'impossibilité pure et simple. Un seul exemple : le chaos dans lequel a été plongée, il y a quelques années, la ville de New York à la suite d'une grave panne d'électricité : le froid, les ténèbres, des gens bloqués sans recours dans une rame de métro ou un ascenseur, etc. Et personne ne pouvait rien pour personne. L'homme moderne se trouve cent fois plus désarmé devant les carences de la technique que ses aïeux devant les rigueurs de la nature.

On peut en déduire cette loi que le progrès matériel restreint d'autant plus notre autonomie qu'il augmente nos possibilités. Le pèlerin médiéval, qui s'acheminait à pied vers Saint-Jacques-de-Compostelle, avançait lentement à travers mille obstacles et mille risques, mais il avançait, car son instrument de locomotion ne dépendait que de lui. Aujourd'hui, je n'ai besoin que d'une poignée de dollars pour me transporter confortablement en quelques heures dans n'importe quel coin du monde, mais si les compagnies d'aviation se mettent en grève, je reste incurablement sur place. A la limite, qu'adviendrait-il de la population des villes — et même des campagnes, car les paysans motorisés sont presque aussi dépendants que les citadins des échanges internationaux — si quelque guerre sérieuse détruisait les centrales électriques ou tarissait les sources du pétrole ?

L'interdépendance existe donc plus que jamais, mais elle s'est étrangement déplacée du prochain vers le lointain. Les liens familiaux s'effilochent (les enfants échappent de plus en plus tôt à la tutelle des parents, les malades et les vieillards sont à la charge de l'Etat, etc.) et quant aux rapports de voisinage, ils sont en voie de disparition en dehors des nécessités professionnelles. L'habitant d'un grand ensemble se passe fort bien des services de son voisin de palier auquel très souvent il n'a jamais adressé la parole (la presse relate fréquemment la misérable fin de ces vieillards, tragiquement isolés dans un immeuble surpeuplé, dont la mort reste inaperçue durant pusieurs semaines...), mais il dépend chaque jour, pour le ravitaillement de sa chère voiture, de l'émir du Koweït et de ses homologues qui règnent sur le Moyen-Orient et ses puits de pétrole.

On pourrait multiplier sans fin ces exemples. Les moralistes en tirent argument pour prêcher l'avènement d'une « conscience planétaire » et d'une fraternité à l'échelle de l'univers — ce fameux « supplément d'âme » dont parlait Bergson, qui seul peut permettre à l'homme moderne de vivre en paix parmi ses conquêtes matérielles. Je ne vois que la meilleure propédeutique pour accéder à la conscience adage : faire de nécessité vertu. Mais j'éprouve quelque inquiétude devant un progrès qui, en même temps qu'il nous lie au plus lointain, nous éloigne du plus proche. Et je pense que des avantages à cette nouvelle application du vieil et à l'amour universels consiste à sauver ou à restaurer, chez tous les hommes et dans tous les milieux, les attaches particulières et locales qui fondent les communautés naturelles. Sinon — et les convulsions morales, sociales et politiques du monde moderne nous en fournissent chaque jour la preuve — ce bel idéal planétaire risque fort de ne pas dépasser le stade du rêve et du vœu pieux. Car, comment atteindre le sommet d'un escalier dont on laisse ébouler les premières marches ?

L'ESPÉRANCE ET L'ILLUSION

Le procès du « biologiste » Naessens, qui prétendait avoir découvert le remède du cancer, a rempli un moment les colonnes de journaux.

Un de ses avocats a dit en substance dans sa plaidoirie : « Si mon client n'a pas sauvé ses malades, il leur a du moins rendu l'espérance, et cela suffit à faire de lui un bienfaiteur de l'humanité. »

L'argument est un peu rapide. Car enfin, depuis le guérisseur qui promet la santé aux cancéreux jusqu'au démagogue qui promet la lune à ses électeurs en passant par l'escroc qui fait miroiter aux yeux des badauds le mirage de la fortune, tous les charlatans ont ce point commun qu'ils savent manier à merveille le levier de l'espérance. Le mythe des « lendemains qui chantent » attire les foules comme la lampe les papillons. L'avenir étant muet, rien n'est plus facile que de lui faire chanter la chanson qu'on veut : aucun risque de démenti dans l'immédiat...

Les belles promesses rendent les enfants joyeux, dit le proverbe. Quant à les tenir, c'est facultatif, sinon superflu. Et cela pose un redoutable problème : celui de l'infantilisme de l'espérance chez les adultes. L'illusion est-elle, comme le pensaient Nietzsche et Simone Weil, une nécessité vitale ? Les hommes ont-ils vraiment besoin d'être trompés ? Faut-il les leurrer avec des beaux rêves plutôt que de faire appel à leur raison éveillée ? L'éternel succès des charlatans et des illusionnistes semble répondre par l'affirmative : les individus comme les peuples ont toujours préféré ceux qui leur promettaient l'impossible à ceux qui leur donnaient le nécessaire.

Essayons d'élucider cette notion confuse du « bienfait » de l'espérance.

Il n'est pas niable que l'espérance est par elle-même une force : non seulement, elle apaise nos souffrances et nos angoisses, mais elle éveille et rassemble en nous des énergies qui nous aident à surmonter nos difficultés et à réussir dans nos entreprises. L'exemple le plus frappant est celui des malades qui guérissent par leur seule foi dans le médecin ou le guérisseur. « Le plus important, me disait un jour un pharmacien, c'est de lire attentivement la notice jointe au remède et de croire tout ce qu'elle dit ».

Mais l'espérance est aussi une faiblesse, car, poussée trop loin, elle obscurcit le jugement et paralyse la volonté. L'homme est toujours porté à croire possible et facile tout ce qu'il espère (l'expression banale « il prend ses désirs pour des réalités » est très éclairante), ce qui le conduit souvent à l'échec par manque de clairvoyance, ou bien à attendre passivement des miracles de ceux qui savent flatter ses espérances les plus insensées, ce qui le conduit également à l'échec par défaut d'initiative. Ainsi font tant de malades abandonnés corps et âme à leur guérisseur...

De tout cela se dégage la leçon suivante : il ne faut pas renoncer à l'espérance, mais l'ordonner, la remettre en place en l'alliant à la lucidité et à l'action de façon à rendre possible ce qu'on espère. Et là où les choses ne dépendent plus de nous, nous devons placer notre espérance assez haut pour que, quoi qu'il arrive, elle ne soit jamais déçue. Ce n'est pas pour rien que l'espérance ainsi que la foi, sont des vertus *théologales*. Si elles s'exercent trop bas, la foi devient crédulité et l'espérance illusion.

Et cette espérance menteuse, après nous avoir consolé un instant, se brise contre la réalité et se change en vrai désespoir : toute l'énergie que met le papillon à voler vers la lampe n'aboutit qu'à le jeter à terre les ailes brûlées. Le spectacle de tant d'espérances dégradées et prostitués justifie ce mot d'un tragique grec : « Je méprise les mortels qui se nourrissent d'espérances creuses. »

LA NATURE ET L'HOMME

La « nature » est à l'ordre du jour. De toute part, s'élèvent des voix autorisées qui dénoncent les nuisances et les pollutions et qui nous invitent au sauvetage et à la protection de la nature. On nous prêche aussi, sous le nom de retour à la nature (et ce vocable recouvre le meilleur et le pire), les conduites les plus diverses qui vont de la vie au grand air, de l'hygiène élémentaire, de l'alimentation non falsifiée jusqu'au nudisme (qui s'intitule d'ailleurs naturisme) et à la liberté sexuelle.

Mais qu'entend-on par ce mot si vague et si polyvalent de « nature » ? Je propose de désigner par ce nom :

1. L'ensemble de la création antérieure à l'homme et indépendante de lui : les astres et leurs cycles, les terres incultes et les mers inviolées, les plantes et les animaux sauvages.
2. En ce qui concerne l'homme lui-même, l'ensemble des fonctions, des tendances et des appétits qui lui sont communs avec les animaux, tels que le sommeil, la nutrition, la sexualité en tant que phénomène biologique, etc.

Mais la question rebondit aussitôt, car la conscience et la liberté font également partie de la nature de l'homme et lui confèrent le pouvoir, *non moins naturel,* de modifier la nature au gré de ses besoins, de ses désirs, voire de son idéal.

Ce pouvoir, il l'exerce sans cesse autour de lui en imprimant sa marque sur les choses inanimées par l'architecture ou l'industrie, sur les plantes par l'agriculture, sur les animaux par l'élevage, etc. Il suffit de traverser n'importe quel pays civilisé pour mesurer l'étendue et la profondeur de cette empreinte : là où la nature n'avait mis que des herbes folles et des arbres aux maigres fruits, il a créé des moissons, des vignobles et des vergers, là où elle n'avait fourni que des pierres, il a fait surgir des cathédrales... — Il y a aussi, hélas ! la contrepartie négative : les rivières souillées et l'air pollué par les déchets de l'industrie, les paysages déshonorés par de hideuses constructions, etc.

Il l'exerce aussi sur lui-même en associant ses facultés animales (et spécialement la nutrition et la sexualité) à des mobiles spirituels qui, positivement ou négativement, les entraînent infiniment au-delà de leur finalité biologique. Quel rôle joue, par exemple, un besoin naturel comme la soif (dont le but est l'hydratation de l'organisme) dans l'art de déguster un grand vin ? Ou, en sens inverse, dans cette évasion vers le néant qu'est l'ivrognerie ? Et de même l'instinct sexuel, avec ses pulsions locales et intermittentes, dans la totalité et la permanence d'un grand amour ou dans les raffinements artificiels de la débauche ?

Ainsi, quoi qu'on dise et quoi qu'on fasse, le « naturel » à l'état pur n'existe jamais chez l'homme : il y a toujours intervention de l'esprit et le problème est de savoir si cette intervention s'opère vers le haut ou vers le bas — dans le sens d'un perfectionnement ou dans celui d'une dégradation de la nature. Et c'est ici qu'il convient de se défier de certaines théories qui cherchent, dans un soi-disant retour à la nature, un prétexte et une excuse aux dérèglements des sens et de l'esprit.

Témoin, ce dialogue que j'ai eu récemment avec une jeune femme, pratiquante et apologiste de l'amour libre. « Il est temps d'en finir, me disait-elle, avec la morale sexuelle de l'Eglise, car quel mal y a-t-il à prendre des plaisirs voulus et offerts par la nature ? »

« Bravo pour la nature ! ai-je répondu. Mais, à ce train-là, vous devez avoir déjà au moins une dizaine d'enfants ? — Y pensez-vous ? C'est grâce à la pilule, ce grand instrument de la libération de la femme, que je peux « aimer » sans souci et sans entraves. — A votre aise, mais je serais curieux de savoir comment vous conciliez le retour à la nature et l'usage de la pilule. Sur ce point, la morale de l'Eglise est cent fois plus « naturiste » que vous, car elle vise à ne pas disjoindre, dans l'exercice de la sexualité, deux éléments indissolublement liés par la nature, à savoir ce moyen qu'est le plaisir et cette fin qu'est la procréation. Or, entre deux morales, dont l'une exalte et cultive le moyen au détriment de la fin, et l'autre impose des restrictions à l'usage du moyen pour mieux assurer la fin, quelle est celle qui respecte le plus la nature ?

On pourrait multiplier de tels exemples. Leur commun dénominateur se ramène à cette tendance, aussi ancienne que l'homme et que le péché, qui consiste à filtrer, dans l'immense complexe de la nature, ce qui est conforme à notre intérêt ou à notre plaisir immédiat, sans égard à ses équilibres profonds et à ses finalités essentielles. Ainsi on poussera le plaisir très naturel de manger et de boire jusqu'à surmener et à compromettre les organes naturels de la nutrition. La gourmandise contre le foie, la sexualité contre la procréation — est-il des preuves plus frappantes de l'ambiguïté de notre situation devant la nature ?

Cette ambiguïté — avec tout l'inconfort et toutes les possibilités d'erreurs et d'abus qui en résultent — ne sera jamais abolie. Le retour absolu à la nature est une chimère, car il équivaudrait à la résorption de l'homme dans l'animalité. Mais une séparation trop poussée d'avec la nature produit, en sens inverse, des effets aussi néfastes car elle entraîne l'esprit dans la ruine de l'équilibre animal, comme on le constate trop souvent devant les pensées utopiques et la conduite aberrante de tant d'intellectuels désincarnés...

L'humanité, dans sa marche, oscillera toujours entre ces deux dangers. Dans la conjoncture actuelle, c'est le second qui l'emporte : nous avons atteint et dépassé le point critique à partir duquel la domination de l'homme sur la nature tourne à la tyrannie et au jeu de massacre ; en d'autres termes, nous avons mutilé l'œuvre dont Dieu nous avait confié l'achèvement. Nous nous sommes longtemps comportés devant la nature comme devant un matériau indéterminé qu'on pourrait impunément étirer, malaxer, décomposer et recomposer dans n'importe quel sens et sans aucune limite, alors qu'elle est faite d'un ensemble de réalités déjà organisées et qu'on ne peut modifier positivement sans respecter leurs structures et leurs lois.

Cette prise de conscience doit être mise à l'actif de l'humanité contemporaine. Elle ne suffit pas à résoudre le problème, à cause de notre ignorance profonde des ressorts et des harmonies intimes de la nature et de l'impossibilité de prévoir les « retombées » lointaines de telle ou telle intervention qui paraît inoffensive à première vue. Du moins nous invite-t-elle à la vigilance et à la prudence, en nous renforçant dans la conviction déjà énoncée par Bacon « qu'on ne commande à la nature qu'en lui désobéissant ».

LES PARADIS ARTIFICIELS

La mort de deux adolescentes, victimes de la drogue — l'une par une piqûre mal dosée, l'autre, indirectement, par suicide — suscite d'abondants commentaires dans les journaux. Un fait retient surtout l'attention : c'est que l'usage des stupéfiants commence à étendre ses ravages dans les couches modestes de la société qui semblaient jusqu'ici épargnées par ce fléau.

La jeune génération est la plus atteinte, ce qui assombrit encore le tableau. Un journal a publié les résultats d'une enquête menée parmi les camarades des victimes. A la question : « Pourquoi vous droguez-vous ? », il a été répondu : « Nous n'avons de goût à rien, tout nous laisse indifférents », ou encore (le mot est d'une jeune fille de 18 ans) : « Dans mon état normal, je vois les choses telles qu'elles sont ; une fois droguée, je les vois comme je voudrais qu'elles soient. »

La pauvre enfant reprenait mot pour mot à son insu la phrase célèbre de Bossuet : « Le pire dérèglement de l'esprit consiste à voir les choses non comme elles sont, mais comme on voudrait qu'elles soient ». Encore Bossuet parlait-il de l'influence des passions livrées à elles-mêmes et non d'un dérèglement artificiellement provoqué et entretenu...

On se drogue parce qu'on s'ennuie. Mais pourquoi s'ennuie-t-on ainsi ? J'ai sous les yeux un article dans lequel il est dit en substance : comment les jeunes d'aujourd'hui peuvent-ils et osent-ils s'ennuyer ? jamais un aussi large éventail de possibilités ne s'était offert aux hommes : choix plus étendu de la profession grâce à la généralisation et à la facilité des études et, dans l'ordre des distractions, lectures, spectacles, télévision, sports, voyages, etc. — et cela particulièrement pour les jeunes filles, jadis confinées dans le piano, la broderie, le tricot ou les confitures, avec de rares sorties chaperonnées, et devenues aujourd'hui aussi libres que les garçons. Puis, évoquant la charmante petite ville méditerranéenne de Bandol, où se trouvait en vacances le groupe de jeunes intoxiqués dont faisait partie l'une des victimes, l'auteur ajoute : « N'a-t-on pas autre chose à faire que de se droguer dans ce pays où tout concourt au bonheur des estivants : douceur du climat, beauté des sites, occasion de pratiquer tous les sports terrestres et nautiques, etc. ».

D'où ce paradoxe : c'est quand les hommes avaient le plus de raisons objectives de s'ennuyer qu'ils s'accommodaient le mieux d'une existence apparemment insipide et c'est quand ils ont toutes les possibilités de se distraire qu'ils s'ennuient le plus.

L'explication est simple. Ce qui fait l'ennui, ce n'est pas le manque de nourriture, mais l'inappétence. Et ce qui crée l'inappétence, c'est la satiété. L'ennui est comme une toxine sécrétée par l'abondance mal assimilée.

La pire misère de l'homme, ce n'est pas de ne rien avoir, mais de ne rien désirer. Alors, il cherche un remède à l'inappétence, non dans le jeûne qui lui rendrait le goût des vrais aliments, mais dans des excitants artificiels dont l'effet s'amortit très vite car, ne correspondant à aucun besoin naturel, ils aggravent en profondeur le mal qu'ils soulagent en surface — ce qui appelle l'emploi de moyens encore plus frelatés et plus nocifs. Ainsi s'opère l' « escalade » de la fausse évasion jusqu'au recours à la drogue, terme normal de cette fuite dans l'irréel, où l'homme trouve un dernier refuge contre l'ennui dans la dissolution de sa propre personnalité. Si, selon la forte expression du catéchisme, la damnation consiste à *perdre son âme,* les paradis artificiels sont déjà la préfiguration de l'enfer.

Trop de bien-être, trop de facilités, trop de loisirs, disent les pessimistes pour expliquer cette déchéance. S'il en était vraiment ainsi, je veux dire si l'effort des générations précédentes qui ont forgé le prodigieux instrument de la prospérité matérielle devait aboutir à ce legs empoisonné ; si ce qu'on appelle justice et promotion sociales, idéal démocratique et civilisation des masses consistait à répandre dans toutes les couches de la société des vices réservés jadis aux riches et aux oisifs, si l'homme n'avait le choix qu'entre les tourments de la misère et l'avilissement par l'ennui — alors les vues les plus sombres sur l'avenir de notre civilisation ne seraient que trop justifiées.

Je ne pense pas que nous ayons trop de bien-être et trop de loisirs. Ce qui manque à beaucoup, c'est le mode d'emploi de ce bien-être et de ces loisirs. La civilisation moderne cultive tous nos désirs, mais elle néglige de nous apprendre le bon usage des biens que nous désirons. C'est la force et c'est le danger d'un régime de liberté de nous présenter en vrac le nécessaire et le superflu, l'utile et le nuisible, le meilleur et le pire, et de nous laisser la responsabilité du choix. Il s'agit de digérer cette abondance et de mériter cette liberté. Or, toute bonne digestion implique deux conditions : d'abord le discernement qui consiste à ne pas manger n'importe quoi et ensuite la modération qui consiste à ne pas trop manger. La gloutonnerie aveugle produit le dégoût — après quoi la maladie et le médecin ne tardent pas à nous imposer un régime incomparablement plus sévère...

Là réside en effet le nœud du problème : si nous ne savons pas allier l'abondance extérieure à la discipline intérieure, l'abondance elle-même nous sera ravie car la prospérité économique ne peut subsister et s'accroître que par le travail et les bonnes mœurs — et quant à la discipline, nous y serons ramenés du dehors par la tyrannie, suite invariable du désordre et de la licence, et qui sera exercée par d'impitoyables médecins du corps social, sinon par des chirurgiens sans scrupules qui n'hésiteront pas à nous amputer de ce précieux organe dont nous aurons fait un si triste usage : la liberté.

LES DROITS ET LES SIGNES

Notre époque vit sous le signe de la revendication. Et non seulement sur le plan économique et social (mécontentement chronique des salariés, des artisans, des commerçants, des classes moyennes, etc.), mais à tous les niveaux de l'activité humaine. Je cite pêle-mêle : droit à la santé, droit à la culture, droit au bonheur, droit à l'amour, à la contraception, à l'avortement, voire, comme je l'ai lu récemment dans un manifeste explosif venu de Suède, aux perversions sexuelles.

Le phénomène n'est pas nouveau. Ce qui est inédit, c'est son universalité et la forme idéologique et systématique sous laquelle il se présente.

Revendiquer signifie : réclamer ce que l'on considère comme un dû. Nous tenons là une des clés de la névrose revendicative. Tous les insatisfaits ont à la bouche le mot de justice. Or, c'est une constante expérimentale que l'hypertrophie de la notion de droit, l'appel continuel à la justice distributive procèdent, suivant les domaines, d'un état pathologique de l'économie, de la société ou tout simplement de l'individu. Les biens-portants n'ont pas recours à la médecine : de même, là où les échanges entre les hommes s'opèrent normalement, la justice n'a pas à s'exercer pour garantir le droit de chacun ou pour arbitrer les conflits. Son intervention présuppose toujours une carence.

Carence extérieure s'il s'agit de biens matériels : personne, dans l'économie de relative abondance où nous vivons, ne songe à revendiquer le droit à un morceau de pain, mais dès qu'apparaît la disette, vient aussi le rationnement avec des tickets qui « donnent droit » à *x* grammes de pain par jour et par personne.

Ou carence intérieure en ce qui concerne les dons du corps et de l'âme. Il y a d'étranges affinités entre l'esprit revendicatif et la mauvaise constitution psycho-physiologique, avec les sentiments d'infériorité qu'elle entraîne. Or, on sait, depuis Nietzsche et Max Scheler, combien de tels sentiments excellent à se camoufler en idéals pour échapper à l'aveu humiliant de la conscience malheureuse. Les mobiles les plus misérables (la paresse, l'envie, la soif de jouir ou de parvenir sans effort, sans responsabilité et sans risque...) se dissimulent ainsi sous le masque lumineux de la volonté de justice... En d'autres termes, l'incapable et le disgracié demandent à la justice ce que la nature leur refuse. Et l'exclamation : ce n'est pas juste, n'est que la traduction flatteuse de ce vœu impossible : pourquoi pas moi ? On croit rendre un témoignage alors qu'on cherche un alibi. Un seul exemple : j'ai assisté l'année dernière à un congrès féminin où l'affirmation du droit à l'amour était au centre du programme. Hélas ! à voir le physique affligeant et le moral acide de la plupart de ces dames, comme on les sentait peu faites pour aimer et surtout pour être aimées !

Car le droit ne crée pas nécessairement le fait. Il arrivait souvent sous l'occupation que les tickets d'alimentation n'étaient pas honorés, faute de denrées dans les magasins. De même la hausse nominale des salaires reste illusoire si elle ne s'accompagne pas d'une augmentation corrélative de la productivité. Ou pour la libération sexuelle : au terme du congrès cité plus haut, la motion sur le droit inconditionnel à l'amour eût-elle été votée à l'unanimité, cela n'aurait pas suffi à faire de chaque participante une grande amoureuse et encore moins à lui amener des soupirants. D'où des résultats contraires au but recherché, car l'écart vertigineux entre la proclamation d'un droit, sans référence, au réel et au possible, et la réponse négative de la nature créent un appel d'air maléfique qui attise ce sentiment de frustration dont toute la psychologie moderne analyse les ravages. A la privation ontologique, s'ajoute l'infection morale : cela m'est dû, comment se fait-il que je ne l'aie pas ?

On essaie de répondre à ces revendications par l'illusionnisme — en multipliant tous les substituts du réel : les signes, les images et les promesses ; en cultivant, dans chaque ayant droit, le voyeur au détriment du possesseur authentique. Tout pour tous — dans la mesure où tout, à la limite, se réduit à rien.

On déplore l'émission galopante des chèques sans provision. Mais n'est-ce pas là un symbole universel ? Le stylo distrait du citoyen n'imite-t-il pas, à la manière artisanale, la planche à billets de l'Etat, fauteur d'inflation ? Et l'érotisme n'est-il pas un chèque sans provision sur la sexualité défaillante et l'amour absent ? Ou la prolifération des diplômes sans lien avec l'emploi, la conséquence directe d'un droit à la culture mal orienté, une fausse traite tirée sur l'avenir ?

J'admire ce mot : sans provision. Il désigne, à tous les niveaux, l'absence de ces réserves profondes, faites d'efforts, de patience et de sacrifices, qui lient les signes aux réalités et cautionnent le futur par le présent et par le passé. Sans elles, les signes qui n'ont par eux-mêmes aucun pouvoir sur les choses, se dévaluent à mesure qu'ils se multiplient. « Les réalités disparaissent sous les mains qui créent toujours des signes », disait Rivarol à propos des assignats émis sous la Révolution.

On parle beaucoup aujourd'hui (encore un de ces mots clés qui n'ouvrent rien) du droit à l' « épanouissement ». Ce terme, emprunté à la botanique, est bien mal choisi par les hédonistes qui entendent par là je ne sais quel état permanent d'euphorie et de jouissance. Car l'épanouissement d'une fleur n'a pas lieu sans provision : il est préparé par le lent et obscur travail des racines et de la sève, par la longue attente du printemps à travers l'hiver. Or, comme par hasard, ce sont les êtres sans racines et sans sève qui s'enivrent le plus de ce mot.

Que peut représenter un droit à la vie et au bonheur qui repose sur la négation même des conditions de la vie et du bonheur ? Le bonheur n'est pas un droit, mais un don. Disons même, après Alain, que c'est un devoir, avec tout ce que ce mot implique de renoncement aux appétits inférieurs et de victoire sur soi-même. Sinon, celui à qui tout est dû se condamne à n'être jamais payé qu'en fausse monnaie.

LES PIÈGES DE L'IMAGE

Je vous ai déjà cité l'argument publicitaire que j'ai trouvé dans une gazette étrangère à propos du film « Cléopâtre » : *Production mille fois plus émouvante, plus pathétique que la production originale qui a eu lieu il y a deux mille ans.*

Voilà bien l'exemple limite du renversement des valeurs où peut nous conduire l'abus des moyens audio-visuels : la vérité historique, matériau non élaboré de la fiction ; la réalité, ébauche informe de l'image. Cléopâtre, César, Marc Antoine : des apprentis comédiens qui balbutiaient leur rôle, en attendant que la pièce soit reprise, après vingt siècles, par des acteurs plus qualifiés.

Reconnaissons que, si l'on se place uniquement sous l'angle du spectacle, cet argument ridicule est parfaitement justifié. Je suppose en effet que César — qui prétendait descendre de Vénus et dont les mœurs justifiaient amplement cette légende — était tout de même agité, dans ses rapports avec Cléopâtre, par d'autres soucis que celui de filer le parfait amour. Il est aussi très probable que, percé d'un nombre imposant de coups de poignard, il eut dans son agonie des hoquets et des contorsions indignes du grand et du petit écran. On meurt comme on peut — et l'arrachement de l'être ne laisse pas beaucoup de marge au désir de paraître...

Ces bavures n'existent pas sur la scène. Tous les amoureux y sont uniquement et parfaitement amoureux et tous les mourants meurent en beauté.

Avec cette différence que les acteurs ne sont ni de vrais

amoureux ni de vrais mourants. Ce sont de vrais comédiens — et c'est justement ce qui leur permet de jouer leur rôle avec une perfection qu'ignore la réalité. Car il ne s'agit pas pour eux d'*être* vrais, mais de *faire* vrai — et toutes leurs facultés sont concentrées non sur l'authenticité des sentiments éprouvés, mais sur l'intensité de l'effet à produire chez le spectateur. Le maximum de vérité coïncide ici avec le plus haut coefficient d'apparence.

Il n'est évidemment pas question de condamner en bloc les spectacles ni de les proscrire de la cité. Mais à condition que la hiérarchie des réalités et des valeurs soit respectée. Le grand danger de notre civilisation de l'image est que la fiction évince progressivement la réalité et que le vrai même nous apparaisse de plus en plus sous l'angle et sous l'éclairage du spectacle. J'entends encore un petit citadin en vacances s'écrier des montagnes qu'il voyait pour la première fois : « J'ai déjà vu ça à la télévision ! »

L'usage de plus en plus répandu du mot *spectaculaire* dans le langage quotidien est très révélateur à ce point de vue. Or, ce qui constitue le spectacle, c'est avant tout le divertissement, c'est-à-dire l'absence de participation effective et d'engagement, l'évasion, au moins partielle, hors du réel, l'entrée dans un monde merveilleux où l'on retrouve, à l'état de veille, les facilités et les polyvalences du songe.

Sans parler — ce qui augmente encore le coefficient d'illusion — des trafiquements éhontés de l'information qui déforment la réalité pour la rendre précisément plus « spectaculaire ». Que de fictions ou de semi-fictions dans ce déballage quotidien de nouvelles toutes plus sensationnelles les unes que les autres ! La virulence du paraître s'obtient au prix de la falsification de l'être...

Disons que l'image a une valeur d'appoint et d'évocation. Mais non de remplacement. Dans la mesure où elle se substitue au réel, elle paralyse non seulement la pensée, mais encore l'imagination elle-même, car celle-ci, sans cesse ravitaillée du dehors, perd peu à peu le goût et jusqu'à la faculté de travailler pour son propre compte. On aboutit ainsi au rêve éveillé — le pire de tous, d'abord parce qu'il nous détourne de la vision et de l'étreinte du réel, ensuite parce que, à la différence du rêve nocturne qui émane au moins des profondeurs de notre psychisme individuel, il s'impose à nous de l'extérieur et remplace l'image sur mesure par l'image-confection et passe-partout.

Jean-Jacques Rousseau a écrit un livre intitulé les *Rêveries du promeneur solitaire*. Nous sommes déjà loin de cet exercice « artisanal » de l'imagination. Aujourd'hui, nous voyons se former d'immenses trusts de l'information qui distribuent à chacun la même ration de nouvelles et d'images fabriquées à la chaîne, à la façon de l'autorité militaire qui fournit à tous les soldats la même soupe et le même vêtement.

LA MODE ET LE MODÈLE

« Le pape me déçoit, m'a dit un jeune catholique d' " avant-garde ". Il se raidit sur d'anciennes positions dépassées depuis longtemps par le courant de l'histoire. Qu'attend-il, par exemple, pour assouplir les directives de l'Eglise en ce qui concerne le divorce, l'usage de la pilule ou le recours à l'avortement ? Ne voit-il pas que ces choses sont définitivement entrées dans les mœurs ? »

J'ai répondu : « Le rôle du magistère ecclésiastique est-il de se conformer aux mœurs d'une époque ou bien de les éduquer et, au besoin, de les redresser en fonction des lois naturelles et divines ? De suivre, l'une après l'autre, des *modes* fugitives ou bien de présenter des *modèles* éternels ? De s'accommoder à tout prix de ce qui est ou d'enseigner ce qui doit être ? Si les mœurs font loi, qu'avons-nous besoin d'une autorité spirituelle ? »

C'est une des grandes faiblesses de l'homme — démesurément aggravée aujourd'hui par la puissance des *mass media* — que d'incliner vers la première branche de l'alternative. Le fait tient lieu de valeur : le vrai, c'est ce qui se dit, le beau ce qui se porte et le bien ce qui se fait. Pas d'autre critère que ces engouements collectifs qui se succèdent et s'annulent les uns les autres...

Les exemples de cette mentalité surabondent.

Mes lecteurs se souviennent sans doute de Papillon, forçat évadé dont les « Mémoires », effrontément romancés, furent un best-seller de l'édition internationale. Au moment où ce succès battait son plein, un homme « à la page » m'a dit avec un accent où se mêlaient le reproche et la compassion : « Comment ? vous n'avez pas encore lu Papillon ! » J'ai répliqué que ma culture générale ne souffrait pas pour l'instant de cette lacune. Les jours ont passé et le pauvre Papillon, dûment démythifié, est entré dans l'ombre et le silence. Finalement je me suis décidé à le lire en plein reflux, ce qui m'a attiré cette exclamation non moins indignée et apitoyée d'un autre virtuose du dernier cri : « Comment, vous lisez *encore* Papillon ! »

J'ai entendu vanter l'esthétique de la minijupe par des quadragénaires dodues dont cet accoutrement faisait éclater à tous les regards les opulentes disgrâces. Et si, au nom de la correction et du bon goût, je m'avisais de critiquer cette mode, on se gaussait de mes « préjugés puritains ». Aujourd'hui, c'est la maxijupe rasant le sol qui se dessine à l'horizon de la nouveauté et celui qui osera dire que la « mini » pourrait habiller élégamment certains corps jeunes et sveltes se verra infliger le reproche inverse, à savoir d'approuver le ridicule et l'impudeur...

Ainsi la valeur se mesure au nombre et la moyenne remplace la règle. La minorité a tort et la majorité a raison. Un étudiant américain m'a soutenu que, le pourcentage des drogués augmentant chaque jour dans les universités de son pays, il faudrait bien arriver à considérer l'usage de la drogue comme aussi normal que celui du tabac. A quoi j'ai répondu que l'habitude de fumer, bien qu'infiniment plus répandue et moins dangereuse, était déjà anormale. Mais pourquoi s'arrêter dans cette voie et ne pas préférer, dans tous les domaines, la maladie collective à la santé solitaire ? Si, un jour, le rhume de cerveau chronique s'étend à la majorité de l'espèce humaine (ce à quoi nous conduisent les excès de la climatisation, écrivait récemment un grand hygiéniste...), faudra-t-il considérer comme des attardés et des « inadaptés » les rares privilégiés qui ne se moucheront pas du matin au soir ? Ou si l'on arrive à établir, par de rigoureuses statistiques, que l'adultère existe dans plus de 50 % des couples, pourquoi ne pas abolir, comme dépassé par les mœurs, le mariage monogamique ? Toute une littérature aiguillée vers l'émancipation sexuelle abonde déjà dans ce sens...

Un des premiers devoirs de l'homme envers lui-même est de résister à cet entraînement de la foule et d'apprendre à choisir son chemin à la lumière des principes immuables qui sont inscrits dans sa nature et confirmés par l'expérience des siècles. Ce qui implique deux règles essentielles, l'une concernant la pensée et l'autre l'action :

1. Ne jamais recevoir comme vérité une erreur admise, mais corriger sans cesse l'erreur en fonction de la vérité.

2. Elever le plus possible les mœurs au niveau de la morale et non abaisser celle-ci au niveau des mœurs.

Penser et agir ainsi, c'est se condamner à n'être pas toujours « dans le vent ». Mais est-ce un idéal digne de l'homme que d'imiter la passivité de la poussière et des feuilles mortes ? L'expression familière « perdre le nord » est lourde d'enseignement. Un vaisseau règle-t-il sa marche d'après l'aiguille de la boussole, aimantée par un astre invariable, ou d'après celle de la girouette qu'agitent dans tous les sens les souffles inconstants de l'air ?

LA MODE ET LA PEUR

Aujourd'hui 15 décembre, j'ouvre un de nos plus grands quotidiens et j'y trouve, « à la une », ce titre en lettres énormes : « Grippe : une psychose s'est emparée de la population et la chasse au vaccin introuvable bat son plein. »

Dans le corps de l'article, on relate quelques cas mortels disséminés à travers la France — ce qui contribue, évidemment, à étendre ladite psychose.

On saisit mal, à première vue, les raisons de cette panique.

La peur de souffrir ? Mais la grippe, sauf exception, n'entraîne que des souffrances diffuses et fort tolérables. Si j'avais à choisir entre un accès de névralgie ou une crise de coliques hépatiques et une semaine de grippe, je n'hésiterais pas un seul instant.

Le danger de mort ? Il est infinitésimal par rapport à la multitude des cas observés.

Alors ? Je crois démêler, sous ce refus de la douleur et de la mort qui est aussi vieux que l'humanité, d'autres mobiles inavoués qui tiennent uniquement à la mentalité de notre époque.

On nous dira, pour expliquer cette disproportion entre une peur si intense et un danger si ténu, que les hommes d'aujourd'hui, gorgés de sécurité et de confort, sont plus allergiques que leurs aïeux à toutes les menaces du destin.

La question n'est pas aussi simple. Car ces mêmes hommes, qui tremblent devant une épidémie, bravent chaque jour, sans même y penser, des dangers beaucoup plus graves. A voir, par exemple, la rubrique quotidienne des accidents de la circulation, on ne peut douter que le risque de mourir — et de tuer — sur les routes soit autrement sérieux que celui de succomber à l'épidémie de grippe. Ce qui n'empêche personne de s'installer au volant et de pousser hardiment l'accélérateur sur ces lieux de carnage que sont devenus les voies publiques. Et quant à la publicité — qu'on accuse à juste titre d'entretenir la terreur névrotique de la grippe et de provoquer l'épuisement des réserves de vaccin — elle reste ici absolument sans effet. Les journaux ont beau publier chaque jour une liste impressionnante d'accidents mortels, on ne voit pas se dessiner, dans l'immense public des usagers de l'automobile, le moindre commencement de panique ni de ruée vers le vaccin — lequel, en l'espèce, ne pourrait consister que dans un redoublement de prudence.

Je parle du risque automobile qui est de beaucoup le plus important. Mais je pourrais citer d'autres usages qui ont aussi leur contingent de victimes :

— La pratique imprudente de l'alpinisme, de la natation, du bateau à voile, etc. Consultez, chaque année, la liste des chutes et des noyades mortelles.

— Les cures brutales d'amaigrissement. J'ai connu plusieurs femmes qui, franchissant la ligne « haricot vert », ont atteint pour toujours celle du squelette.

— L'abus des excitants et des tranquillisants. Sans parler de la drogue dont les ravages augmentent à vue d'œil.

— L'obéissance inconditionnelle à certaines modes vestimentaires. J'ai eu sous les yeux un rapport médical sur les accidents causés, en Grande-Bretagne, par le port de la minijupe : cuisses gelées, troubles circulatoires et viscéraux, etc. Les jupes ne se sont pas allongées pour cela d'un demi-pouce...

Faites le total et comparez-le à celui des victimes de la grippe...

Reconnaissons donc que la peur dépend, au même titre que le courage, des remous de l'opinion et des caprices de la mode. Il y a des saisons pour certaines craintes comme pour certaines audaces. L'instinct grégaire est encore plus puissant en nous que l'instinct de conservation : les moutons de Panurge sautent dans l'abîme comme ils marchent vers le pâturage. Etre victime d'une épidémie au siècle de la pénicilline et des débarquements sur la lune, c'est plus qu'une éventualité redoutable, c'est une hérésie, un anachronisme, une entorse au sens de l'histoire et au progrès — quelque chose qui « ne se fait plus » comme de voyager à cheval ou de dormir avec un bonnet de nuit. Ainsi, à la crainte légitime de la maladie et de la mort s'ajoute celle de n'être pas « à la page » ou « dans le coup ».

On fait moins d'embarras avec les dangers à la mode. Tel homme, désespéré de ne pas trouver de vaccin contre une grippe incertaine et presque toujours bénigne, n'hésitera pas, sur la route, à doubler dans un virage sans visibilité — et sa folle témérité tient peut-être à ce qu'il sent intuitivement que, s'il provoque une collision, il ne mourra pas en retard sur son époque, autrement dit que sa mort sera un produit spécifique de la seconde moitié du XXᵉ siècle et non le reliquat désuet d'un temps révolu.

Moralité : les préjugés et les modes sécrètent aussi des virus — et leur puissance de contagion dépasse à l'infini celle de toutes les maladies épidémiques. Ces virus, qu'aucun microscope ne décèle, ne s'attaquent ni à notre sang ni à nos organes, mais à notre intelligence et à notre liberté. Et quant au remède préventif, il existe, mais on ne l'achète pas chez le pharmacien : c'est l'autovaccin de la réflexion et du bon sens que chacun doit tirer de son propre fonds...

LES CABRIOLES DE LA MODE

Voici deux histoires vraies qu'un demi-siècle sépare.

Le village où je suis né comporte un château habité depuis le XIIᵉ siècle par la même famille et un certain nombre de fermes où l'on se succède également de père en fils.

Premier volant de mon diptyque. Une plantureuse paysanne me disait vers 1920 à propos du hâle qui recouvrait son cou et ses bras : « Voyez comme je suis brûlée par le soleil. Et pendant ce temps, Mᵐᵉ la Comtesse, qui n'est pas obligée de travailler dans les champs, reste toute belle et toute blanche dans son château. Il n'y a pas de justice... » — Je dois reconnaître qu'en fait ladite comtesse ne s'aventurait que très rarement au soleil, et encore sous la protection d'une immense ombrelle. Autre détail : elle s'éventait du matin au soir pendant tout l'été et déclarait fort sérieusement qu'elle mourrait plus vite d'asphyxie sans son éventail que de soif sans eau...

Second volant. Cinquante ans ont passé. La comtesse et la paysanne jalouse de sa peau laiteuse ont disparu. Mais elles ont laissé des descendantes. — Et voici ce que m'a dit une petite-fille de la fermière — laquelle, grâce à la motorisation de l'agriculture, n'a plus besoin de travailler dans les champs comme son aïeule, mais doit rester à la maison pour s'occuper du ménage et des enfants : « Ce n'est pas beau ces bras blanchâtres. Mais que voulez-vous ? tout le monde n'a pas le temps de prendre des bains de soleil comme ces demoiselles du château. » Et l'accent tournait résolument au vinaigre sur ces derniers mots.

Effectivement les canons de la beauté ont bien changé. Les poètes d'autrefois usaient et abusaient, pour chanter le teint de leurs belles, de comparaisons empruntées aux lis et aux roses ; aujourd'hui, la couleur idéale semble se situer entre celle de l'écrevisse ébouillantée et celle de la châtaigne bien mûre, sinon du café au lait tirant sur le noir.

J'ai choisi deux exemples très précis, mais on observe le même jeu de bascule dans tous les domaines où règne la mode — et celle-ci aujourd'hui n'en épargne aucun. Regardez autour de vous et vous verrez que le goût esthétique, la « vérité » scientifique et jusqu'à la foi religieuse sont soumis à ses caprices au moins autant que la coquetterie des femmes. Je trouve qu'il y a plus de différence — pour ne pas dire d'incompatibilité — entre l'Evangile interprété par les théologiens du début du siècle et celui qu'enseigne tel clerc progressiste qu'entre les créations des couturiers de la génération précédente et celles des nouveaux arbitres de l'élégance.

Je m'abstiens pour l'instant de juger du bien ou du mal fondé de ces mutations (ce n'est pas à moi qu'il appartient de départager par exemple les partisans de la peau d'albâtre et les apologistes du teint de bronze : des goûts et des couleurs...) ; je me borne à constater la toute-puissance des conventions en vigueur dans chaque époque. Rien de plus facile (et cette facilité est centuplée aujourd'hui par l'emploi des *mass media*) que de susciter et d'orienter vers n'importe quoi les besoins, les goûts et les revendications de n'importe qui. Ce qui fut un attribut humiliant de la pauvreté devient, pour peu que le snobisme s'en mêle, un luxe envié des riches, et *vice versa*. Le beau et le laid, l'utile et le nuisible, et même le plaisir ou le déplaisir (il faut souffrir pour être belle, disent les coquettes...) pâlissent devant les impératifs de l'opinion et les exemples de la foule. Ce qui importe, ce n'est pas la direction du fleuve ni la qualité de ses eaux, c'est d'être dans le courant...

Ce mimétisme social étant si puissant, on en vient à penser que la seule issue raisonnable et bienfaisante serait de faire coïncider la mode avec le bon sens et le bon goût. Ainsi la majorité des mortels, incapable de discerner par elle-même où sont le vrai et le bien, y serait conduite presque à son insu par l'esprit d'imitation. On a vu cela dans le passé si l'on en juge par le style des vêtements, du mobilier, de l'habitat, des distractions populaires, propres à certains pays à telle ou telle époque de leur histoire. Et de nombreux essais de renaissance ou de création se font jour à l'heure actuelle, à travers la confusion universelle des goûts et des valeurs...

J'ai prononcé le mot de style. Or, tout grand style a pour devise : rien de trop, et se caractérise par la création d'une harmonie supérieure où se concilient les extrêmes. La mode — au moins dans la plupart de ses manifestations — fait exactement le contraire : elle flatte nos plus vulgaires instincts de changement et de distraction en passant sans cesse d'un extrême à l'autre. Et elle baptise « nouveautés » les productions issues de ce mouvement pendulaire. Pure duperie : une balle qu'on renvoie d'un mur à l'autre ne rajeunit pas pour autant et il y a infiniment moins de nouveauté dans les rapides cabrioles de la mode que dans l'effort lent et continu vers la perfection, propre au vrai style.

Conclusion : il faut rendre un style à la mode si l'on ne veut pas que celle-ci, livrée à elle-même comme un corps décapité à ses réflexes, n'achève d'étouffer dans l'esprit de ses victimes, le bon sens et le bon goût qui sont les premières conditions de la renaissance d'un style.

LE SNOBISME DE LA RARETÉ

Mi-avril. Je me trouve à Paris où des amis m'invitent à dîner au restaurant. Au premier coup d'œil jeté sur la carte, je vois s'éclairer le visage de ma voisine. Des asperges ! annonce-t-elle avec ravissement. Tout le monde partage sa ferveur et, sans tenir compte du prix qui me donne le vertige, commande cette précieuse primeur. Sauf moi qui préfère une modeste salade verte et qui raconte, pour faire excuser mon hérésie gastronomique, que j'habite un pays producteur d'asperges, que j'en récolte dans mon propre jardin, et que j'en ai été saturé, chaque année et à longueur de printemps, depuis ma plus tendre enfance. Et j'ajoute que ce fut l'un des grands étonnements de mes premiers séjours à Paris de voir considéré comme un mets de luxe un produit aussi ordinaire...

Cet humble fait m'amène à réfléchir sur le rôle important que jouent, dans la genèse de nos appréciations, des facteurs aussi extrinsèques que la rareté ou l'abondance. Dans la vallée du Rhône, manger des asperges le 15 avril, cela fait partie du minimum vital ; à Paris, c'est presque un signe de haut standing : ce légume, roturier à son lieu d'origine, reçoit des lettres de noblesse en arrivant dans la capitale. Aussi à l'attrait naturel que le Parisien peut avoir pour lui, vient-il s'ajouter je ne sais quel sentiment de promotion et de privilège. Un brin de snobisme oriente la gourmandise de telle sorte que le consommateur d'asperges ne sait plus très bien si c'est à son goût personnel ou à la mode qu'il obéit.

Dans le même ordre de faits, je pourrais citer le curieux document que m'a montré récemment un archiviste : un contrat de louage, datant du XVIe siècle, entre un propriétaire terrien et des ouvriers agricoles, dans lequel il était stipulé que le saumon ne devait pas être servi aux dits ouvriers plus de trois fois par semaine ! Cela se passait évidemment dans une région particulièrement poissonneuse où le saumon était un mets aussi répandu que l'est aujourd'hui la pomme de terre. La pêche intensive, les facilités d'exportation vers les centres urbains, les besoins des restaurants touristiques (sans parler de la pollution meurtrière des rivières) l'ont rendu maintenant fort rare et l'on conçoit très bien une revendication en sens inverse : les travailleurs réclamant leur part des quelques saumons qui restent — le procédé vexatoire d'hier devenant le privilège d'aujourd'hui...

Cela se vérifie dans tous les domaines. Les gens jugent de la valeur d'un objet moins en fonction de leur attraction ou de leur répulsion personnelles (j'aime ou je n'aime pas...), que par comparaison avec le prochain : quelle est la cote de cet objet à la Bourse de l'opinion publique ? — « pourquoi toujours moi ? » quand il s'agit d'un objet commun et « pourquoi pas moi ? » quand il s'agit d'un objet rare...

Cette combinaison entre l'instinct d'imitation, qui pousse les hommes à s'engager dans la même voie, et l'esprit de compétition, qui le porte à se disputer les premiers rangs, engendre et attise ces mille besoins factices, si souvent dénoncés par les moralistes, qui, en raison même de leur irréalité, ne connaissent ni limite ni satisfaction. Ne se sentir heureux que par comparaison, c'est se condamner à n'être jamais vraiment heureux, car il faut toujours se démener pour rejoindre ou pour dépasser quelqu'un.

Exemple : je viens de parcourir un article de publicité touristique concernant la Finlande. J'y trouve, après l'évocation des incontestables beautés de ce pays, l'étrange argument suivant : « L'an dernier, vous avez passé vos vacances sur la Côte d'Azur, ou en Espagne, ou en Italie, etc. — et vous êtes tombés sur les Dupont (ce mot désignant le tout-venant, " l'électeur moyen " en France, " l'uomo qualunque " en Italie...), venez cette année en Finlande et vous serez sûrs de n'y pas rencontrer les Dupont. » Donc voyage non seulement agréable, mais promotionnel, sélectif...

Attention ! Les Dupont peuvent très bien lire la même publicité et céder au même snobisme de la ségrégation, de sorte que vous risquez de les retrouver cette année auprès des lacs finlandais, comme vous les avez trouvés l'an dernier sur les plages de Provence ou d'Andalousie. Faudra-t-il donc, pour se distinguer, fuir vers des régions impossibles comme la Patagonie ou la toundra sibérienne ? Hélas ! on n'arrête pas le progrès et le temps n'est peut-être pas loin où les Dupont et les Durand se coudoieront sur la lune...

Pourquoi ne pas se distinguer en étant tout simplement soi-même ? En se laissant guider, dans ses goûts et ses préférences, par les qualités intrinsèques des choses (saveur, beauté etc.), et non par des critères extérieurs comme la rareté ou l'abondance, la distance ou la proximité, la cherté ou le bon marché, qui répondent aux préjugés et aux conventions du troupeau. Il est banal, aujourd'hui, d'aller en Espagne ou en Italie, mais la banalité du voyage rejaillit-elle sur la splendeur des sites et des monuments de ces deux pays ? S'il y a dans la forêt mille rossignols au lieu d'un seul, le chant de chacun en est-il moins pur ? Et que les œuvres de Shakespeare soient tirées à cent ou à un million d'exemplaires, cela ajoute-t-il ou enlève-t-il quelque chose au génie de leur auteur ?

La vraie rareté, c'est en nous plus que dans les choses qu'il faut la chercher. Un bon appétit, aiguisé par la sobriété, donne une saveur unique au mets le plus ordinaire. Un regard neuf ne cesse jamais de contempler pour la première fois le même paysage ou la même œuvre d'art. Et c'est trop souvent, hélas ! dans la mesure où nous sommes incapables de rendre précieuses les choses communes que nous trouvons précieuses les choses rares...

DEUXIÈME PARTIE

LA CONFUSION DES VALEURS

Toutes les époques ont leurs lacunes et leurs erreurs. Si l'on me demandait quel est le défaut majeur de la nôtre, je répondrais sans hésitation que c'est la confusion et le renversement des valeurs.

Voici un exemple frappant et un peu comique de cette mentalité :

Dans les domaines où la réussite exige la concentration de l'esprit et l'effort de la volonté, on cherche à introduire la facilité, la distraction, la passivité. Dans les études en particulier. « Apprendre en jouant », « La science par l'image », « Le latin par la joie », « Le grec sans larmes », « L'anglais sans effort et sans mémoire », « Si vous pouvez écrire, vous pouvez dessiner », etc. — tels sont les titres de méthodes scolaires ou les slogans publicitaires que nous avons chaque jour sous les yeux. A ce compte, nous ressemblerons bientôt à ces hommes de qualité dont parle Molière, « qui savent tout sans avoir jamais rien appris ».

Par contre, nous voyons fleurir l'étude, la méthode et le calcul dans des domaines où doivent régner normalement l'abandon, la détente et parfois même l'inconscience pure et simple.

J'ai devant moi trois petits ouvrages dont les titres me font rêver : *L'art de déguster les grands vins, Vingt recettes pour obtenir un bon sommeil,* et *Comment réaliser l'harmonie parfaite du couple ?.*

Je confesse mon scepticisme sur ces trois points. Là où il s'agit de fonctions naturelles et en grande partie biologiques, l'étude et l'effort non seulement ne peuvent pas apporter grand-chose, mais risquent plutôt de compromettre le but poursuivi.

On n'apprend pas à déguster les vins comme on apprend l'algèbre ou la chimie. Il y faut des dons innés, perfectionnés par une longue pratique. Les plaisirs des sens sont gratuits, et ils s'émoussent dans la mesure où on essaie de les provoquer par des artifices de l'intelligence ou des contorsions de la volonté. Une jeune femme me disait récemment qu'elle éprouvait, en se plongeant dans la mer, une volupté incomparable. Pour moi, le contact de l'eau, qu'elle soit douce ou salée, me cause une impression très pénible de froid et de dépaysement, et tout ce qu'on peut dire ou écrire sur les délices du bain n'arrivera jamais à transformer ce désagrément en plaisir.

Et que dire d'une fonction animale comme le sommeil ? Le moyen le plus sûr de ne pas fermer l'œil de la nuit consiste à se demander : comment arriverai-je à dormir ? et à mobiliser son attention pour retrouver les recettes du sommeil.

Quant à l'épanouissement du couple, je plaindrais de tout mon cœur l'amoureux qui, avant de rencontrer sa bien-aimée, chercherait son inspiration dans un manuel de sexologie...

Tout au plus — car il faut aussi tenir compte du dérèglement des instincts dû à notre vie artificielle et trépidante — de telles études peuvent-elles nous fournir les principes d'une hygiène physique et morale qui favorise le libre exercice de nos dispositions naturelles. C'est comme un système de canalisation qui, sans rien ajouter au débit ni à la qualité de la source, empêche l'eau de se perdre...

C'est là qu'éclate la différence entre les sciences qui requièrent une activité dirigée et méthodique de l'esprit et les fonctions vitales et intuitives qui se traduisent par une adaptation spontanée aux êtres et aux circonstances. L'apprentissage théorique — avec tout ce qu'il comporte de réflexion et d'application — est indispensable dans les premières et très souvent inefficace dans les secondes. Je connais une éminente doctoresse, spécialisée dans la solution des conflits conjugaux, qui en est personnellement à son troisième divorce (ce qui prouve qu'elle ignore en pratique ce qu'elle connaît si bien en théorie), alors que d'innombrables couples, qui n'ont jamais ouvert le moindre traité de sexologie, s'accordent à merveille. Mais je ne connais pas un seul professeur de mathématique ou de grec qui connaisse moins bien cette science ou cette langue qu'un élève de première année qui vint de s'inscrire à son cours.

Peut-être faut-il voir dans cette subversion des valeurs une des manifestations de l'instinct égalitaire qui domine notre époque. D'un côté, on dit à l'ignorant et au paresseux : ce que d'autres obtiennent au prix d'un long effort, tu l'auras sans travailler ; et de l'autre, on déclare aux êtres vitalement mal doués : ce que d'autres possèdent naturellement, tu l'obtiendras par la volonté. Mais ce sont là deux voies sans issue, car en se laissant glisser sur la première, on perd le sens de l'effort et, en essayant de gravir la seconde, on s'épuise en efforts inutiles. Et l'échec est le même dans les deux cas.

L'ÉQUILIBRE ET L'HARMONIE

J'ai souvent dénoncé ici la pernicieuse erreur qui consiste à chercher la justice sociale dans l'abolition — ou, tout au moins, dans la plus grande réduction possible — des différences entre les hommes.

Et voici qu'en relisant Victor Hugo, je tombe sur une phrase qui résume génialement ma pensée. Le poète imagine un dialogue entre deux réformateurs sociaux dont l'un ne voit de salut que dans l'égalitarisme et auquel l'autre répond : « Au-dessus de l'équilibre, il y a l'harmonie ; au-dessus de la balance, il y a la lyre. »

Tout est dit. Et chaque mot mérite d'être analysé et approfondi.

L'équilibre, nous dit le dictionnaire, est « l'état d'un corps sollicité par plusieurs forces dont les effets s'entre-détruisent ».

Quant à l'harmonie, elle est définie comme « l'agencement entre les parties d'un tout, de manière qu'elles concourent à une même fin ».

L'aiguille de la balance est l'indicatrice idéale de l'équilibre. Celui-ci, par définition, repose sur l'égalité. Dès que le poids augmente sur l'un des plateaux, l'équilibre est rompu. La balance n'enregistre que des rapports liés à la pesanteur.

L'harmonie, au contraire, exige l'inégalité. Chaque corde de la lyre émet un son différent, et c'est la juste proportion entre ces sons qui fait la beauté de la musique. Il ne s'agit plus de forces opposées qui s'annulent réciproquement, mais d'un accord interne, d'une convergence spontanée entre des éléments qui échappent à la pesanteur.

Les plus hautes valeurs humaines (le beau, le bien, l'amour, etc.) relèvent de l'harmonie plutôt que de l'équilibre. Un beau monument n'est pas seulement un édifice solidement construit par des maçons soucieux de l'équilibre, c'est surtout une œuvre d'art, conçue et réalisée par des architectes doués du sens de l'harmonie. De même un beau tableau : les couleurs et les formes n'ont pas besoin de se neutraliser les unes les autres ; chacune prend au contraire toute sa valeur et tout son sens dans sa relation avec l'ensemble.

Dans l'équilibre les *quantités* se font contrepoids ; dans l'harmonie les *qualités* se complètent.

Ici encore, le langage courant est riche d'enseignements précieux. On parle d'équilibre ou de contrepoids lorsqu'il s'agit de forces qui non seulement ne sont pas accordées entre elles, mais s'opposent les unes aux autres. On dit, par exemple, que la puissance des syndicats contrebalance l'autorité patronale ou que la paix relative dont nous jouissons tient à « l'équilibre de la terreur ». Mais qui oserait parler de l'harmonie de la terreur ?

La grande tare de notre vie politique, sociale et économique, c'est que tout y dépend de l'équilibre beaucoup plus que de l'harmonie : la rivalité sans merci qui sévit entre les classes, les races et les nations est là pour en témoigner. Dans un tel climat, l'inégalité — qui, par elle-même, est un facteur d'harmonie — engendre fatalement le déséquilibre. Car l'équilibre n'est qu'une discorde latente et contenue qui tourne au conflit ouvert dès qu'une des forces en jeu l'emporte sur l'autre. Alors la nation la mieux armée impose sa loi ; un patronat ou un syndicalisme trop puissants réagissent, soit par l'exploitation de la classe ouvrière, soit par des revendications excessives et des grèves qui désorganisent l'économie, etc.

Face à cette situation aberrante, les responsables de la politique et de l'économie sont obligés de se comporter, non en arbitres impartiaux du bien public, mais comme des *équilibristes* voués à la recherche d'une cote toujours mal taillée entre les exigences incompatibles de groupes de pression étrangers et opposés les uns aux autres.

C'est là qu'éclate la malfaisance des idéologies fondées sur la divergence des intérêts et les conflits qui en résultent. Les vrais chefs ne sont pas des équilibristes dont le rôle se borne à contenir le désordre, mais des « harmonisateurs » qui assurent la concorde, c'est-à-dire qui agissent sur les forces sociales comme un bon accordeur sur les cordes ou les touches d'un instrument de musique en les réglant de telle façon que chacune donne la note juste dans le déroulement de la mélodie.

Dans l'ordre social, l'équilibre ne suffit jamais à produire l'harmonie. Mais, par contre, l'harmonie suffit toujours à établir l'équilibre, car alors les individus et les groupes, au lieu de s'affronter dans un antagonisme stérile, conjuguent leurs forces dans la recherche et au service du bien commun.

LA CORRUPTION DU SENS DU RISQUE

12 000 morts et plus de 100 000 blessés, tel est le bilan annuel des accidents de la route en France. L'automobile fait plus de victimes que la tuberculose. Et les cris d'alarme se multiplient : comment enrayer cette hécatombe qui grandit d'année en année ?

Il y a certes une part de fatalité dans ce massacre. Tous les moyens de locomotion ont leurs dangers : aux temps où l'on voyageait à pied ou à cheval, on courait le risque de mourir de froid ou d'insolation, et les naufrages n'étaient pas rares à l'époque de la navigation à voile. Aujourd'hui, les accidents d'automobile sont la rançon du progrès technique.

Mais cette explication est insuffisante. La plupart des accidents sont dus à l'imprudence des conducteurs qui, comme on dit couramment, « prennent trop de risques ».

Chose étrange : les hommes n'hésitent pas à prendre des risques aussi graves dans un siècle qui se caractérise précisément par un refus généralisé du risque : nous vivons en effet à une époque où fleurissent dans tous les domaines la sécurité et l'assurance, et où les citoyens se déchargent de plus en plus de leurs responsabilités sur l'Etat-providence. — J'ai connu un jeune agriculteur qui abandonna ses terres pour devenir fonctionnaire. « Avec la terre, on n'est jamais sûr de rien, me disait-il ; employé de l'Etat, j'encaisse chaque mois mon traitement sans souci ». Il refusa aussi de se marier, afin de ne pas troubler sa chère tranquillité. Eh bien ! cet homme si timoré conduisait sa voiture comme un fou et finit par se tuer dans un accident.

Essayons d'analyser cet état d'esprit. En réalité, le risque est lié à la vie et à l'action. « Qui ne risque rien n'a rien », dit un vieux proverbe. Et le philosophe Bergson remarque que « pour les individus comme pour les collectivités, les plus grands succès ont toujours été obtenus par ceux qui ont su courir les plus grands risques ». Se marier, mettre un enfant au monde, fonder une entreprise, etc., c'est courir un risque. Et la sécurité absolue ne se trouve que dans la mort. Mais pour que le risque soit légitime, il faut que la valeur du bien poursuivi compense le danger couru. Tout le monde s'inclinera devant le courage du médecin en temps d'épidémie, ou du sauveteur qui ramène un noyé sur le rivage. Mais pour les fous du volant, où est le gain qui pourrait justifier l'immensité du risque affronté ? D'un côté, la mort pour soi ou pour les autres ; de l'autre quelques minutes d'avance sur l'arrivée, ou une vaine satisfaction d'amour-propre. La disproportion est flagrante entre un péril aussi grave et un résultat aussi mesquin.

Là est la clé de la contradiction que nous avons soulignée. Plus les hommes se dérobent aux risques naturels et féconds de l'existence (ceux du métier, de la famille, du dévouement, etc.), plus ils se précipitent dans des risques absurdes et stériles. La folie automobile est comme la revanche aveugle de l'instinct du risque détourné de sa fin normale. Le « bon à rien » dans la société se change en « risque-tout » sur la route. Le meilleur moyen de se prémunir contre cette tentation de braver stupidement la mort est d'accomplir tous les devoirs de la vie.

L'ÉROSION DES RESPONSABILITÉS

Rien n'est plus banal et rien n'est plus vrai que de dénoncer le déclin du sens de la responsabilité. Du haut en bas de l'échelle sociale, le souci majeur de la plupart de nos contemporains est d'écrémer les avantages de leur situation et d'en éliminer les risques. Le vieux slogan : « Surtout pas d'histoires ! » prend les proportions d'un impératif catégorique. A telle enseigne que lorsque, à propos d'un scandale quelconque, un homme politique prononce la menaçante et dérisoire formule : « Les responsables, quels qu'ils soient, seront recherchés et sanctionnés », chacun hausse les épaules, sachant très bien qu'on ne tardera pas à « noyer le poisson », c'est-à-dire à le rendre à ces eaux troubles où il évolue avec tant d'aisance...

Mais qu'est-ce que la responsabilité ? Le dictionnaire la définit comme « le caractère de celui qui peut être appelé à répondre des conséquences de ses actes ».

Quelles conséquences ? Il est très important de noter qu'on ne commence à parler de responsabilité que lorsque les choses tournent mal. On est responsable d'un échec, d'une erreur ou d'une faute, non d'un succès. C'est après un accident de la route ou l'échec d'une opération — et dans la mesure où ils n'ont pas fait tout ce qui était humainement possible pour éviter ces malheurs — qu'un automobiliste ou un chirurgien sont déclarés responsables. Etre responsable, c'est donc assumer les conséquences fâcheuses d'un acte libre. Ce qui implique, suivant la nature de cet acte, une série de sanctions morales et matérielles qui va du repentir pur et simple jusqu'à la réparation des dommages et à la condamnation pénale.

Quant à cette fuite généralisée devant les responsabilités, nous en trouvons la cause non seulement dans l'infirmité de la nature humaine, toujours portée à se détourner des situations inconfortables, mais dans certaines conditions inhérentes au monde moderne.

L'étymologie du mot fournie par l'excellent dictionnaire de Littré est déjà très éclairante. Responsabilité dérive de *res* (chose) et de *spondere,* de *sponsus* : époux, fiancé. Etre responsable d'une chose, c'est être attaché à cette chose par des liens analogues à ceux qui unissent l'époux à l'épouse. Ce qui entraîne aussitôt l'idée de choix, de promesse, de fidélité — en un mot, d'amour. Au-delà de toute obligation de type moral et juridique, on se sent spontanément responsable de ce qu'on aime. Exemple : un homme qui a vraiment la vocation médicale se comporte devant son art comme un époux devant son épouse : aussi est-ce parmi de tels hommes qu'on observe le sens le plus vif des responsabilités de la profession. Les joies qu'ils tirent du métier leur en fait accepter les charges...

A cela s'ajoute, dans certains milieux et certaines professions, le caractère immédiat et personnalisé des sanctions. Un paysan, propriétaire du sol qu'il cultive, est non seulement marié à la terre, mais il subit individuellement le contrecoup direct et précis de ses négligences et de ses erreurs. De même l'artisan, le commerçant ou les membres d'une entreprise à portée d'homme. Rien de meilleur pour l'éducation de la responsabilité. On a dit que la sagesse était une méditation sur les gaffes commises. Encore faut-il que les conséquences de ces gaffes retombent directement sur leur auteur...

Je pose maintenant la question : combien y a-t-il, dans la société actuelle, d'hommes qui se sentent liés à leur fonction comme un mari à sa femme ou un paysan à sa terre ? C'est un fait d'expérience que le sens des responsabilités décroît en fonction du gigantisme des entreprises : rouage dans une machine plutôt que membre d'un organisme, l'individu voit mal le lien entre son travail, trop souvent impersonnel et fragmentaire, et les résultats de ce travail : aussi ses manquements, dilués et résorbés dans cet immense complexe anonyme, lui paraissent-ils sans conséquence — mot admirable pour désigner l'insignifiance et par conséquent l'absence de responsabilité. De plus, là où ne règne pas une discipline de fer (comme c'est le cas dans nos sociétés occidentales où la concentration s'allie au relâchement) les sanctions restent incertaines et lointaines : pour tels organismes d'Etat ou paraétatiques, elles se limitent à un déficit chronique supporté par l'ensemble de la nation, de sorte qu'un fonctionnaire négligent arrive à garder sa place là où le chef d'une libre entreprise serait éliminé, à brève échéance, par la faillite.

En résumé, il se produit une coupure (mortelle pour le sens des responsabilités) entre nos actions — ou nos omissions — et leurs suites. L'expression courante : « Cela ne me touche pas » traduit parfaitement cette disjonction entre les effets et les causes. Pour être « touché » au sens figuré (ému, intéressé, « concerné » comme on dit aujourd'hui), il faut d'abord être touché au sens propre, c'est-à-dire en contact personnel et immédiat...

D'autres facteurs, qui tiennent au climat général de l'époque, entrent en jeu dans le même sens. En particulier le culte de la facilité et du confort (quoi de plus inconfortable que de prendre ses responsabilités ?), la faiblesse des parents et des éducateurs (l'enfant trop choyé dont on comble tous les désirs et dont on excuse toutes les fautes est mal préparé à supporter les conséquences de ses actes) — et aussi l'habitude de vivre au jour le jour dans une société en mutation où tous les investissements matériels et moraux risquent d'être anéantis à bref délai. A quoi bon se donner de la peine et prendre des responsabilités quand on ignore absolument de quoi demain sera fait ? On répugne d'autant plus à « se mouiller » que le flot du temps coule plus vite et dans une direction imprévisible. Aussi n'est-ce pas une des moindres contradictions de notre époque que cette coïncidence entre la religion de l'avenir (la « prospective » est devenue la science à la mode) et le règne de l'imprévoyance et de la politique « à la petite semaine »...

Mais, si incertain que soit l'avenir, ce sont ceux qui savent prendre des responsabilités qui ont le plus de chance de le modeler à leur image. « L'homme est un animal capable de faire des promesses », disait Nietzsche. Or, qu'est-ce qu'une promesse (pour le meilleur et pour le pire, suivant la vieille formule anglaise), sinon une ancre jetée sur le futur, c'est-à-dire la préfiguration de demain à travers l'engagement d'aujourd'hui ? L'avenir appartient de préférence non à ceux qui le rêvent dans le vide ou le planifient dans l'abstrait, mais à ceux qui, en tenant leurs promesses et en assumant leurs responsabilités, impriment déjà leur marque sur lui.

LE BIEN ET LES BIENS

J'ai reçu hier la visite d'un bon vigneron de ma région. Le hasard a voulu que j'aie sous la main une bouteille d'excellent Sauternes dont je me suis empressé de lui offrir un verre. « Qu'en dites-vous ? ai-je demandé. — Peuh... me répondit le brave homme après un instant de réflexion, il est presque aussi bon que mon vin blanc de l'année dernière. »

La vérité est que le dit vin, que je connaissais pour l'avoir goûté en son temps, ne supportait même pas la comparaison avec le Sauternes. Mais c'était son vin, le produit de sa vigne cultivée toute l'année avec amour. Et j'ai songé aussitôt aux vers qu'écrivait Joachim du Bellay en retrouvant, après un voyage à Rome, son vieux manoir angevin :

> « Plus me plaît le séjour qu'on bâti mes aïeux
> Que des palais romains le front audacieux. »

Car c'était la maison de son enfance et de ses ancêtres : une chose unique et irremplaçable à laquelle il se sentait lié comme l'enfant au père ou le mari à l'épouse. Celui qui aime vraiment une femme non seulement la trouve plus belle que les autres, mais ne songe même pas à la comparer.

Cela nous fait mesurer l'importance qu'a pour l'homme la possession d'un bien qui lui est propre et auquel il est attaché par les fibres les plus secrètes de son être. C'est d'ailleurs le sens étymologique du mot propriété : un avoir qui porte la marque de l'être, qui est comme le prolongement de notre corps et de notre âme. Que, comme mon vigneron de tout à l'heure, les possesseurs de tels biens mettent un orgueil naïf à les surestimer, nous avons le droit d'en sourire, mais cela n'en reste pas moins un puissant facteur d'épanouissement individuel et de stabilité sociale.

Par contre le déracinement et l'anonymat de la vie moderne ont largement contribué à faire de la propriété un bien impersonnel et interchangeable. Beaucoup d'hommes ont de l'argent, une voiture, ils louent un appartement dans un immeuble qui ne leur appartient pas, etc. ; mais aucun lien intime ne les attache à ces choses : les billets de banque leur glissent entre les doigts et ils peuvent changer sans regret de voiture ou de logement...

L'insatisfaction et la fièvre revendicatrice qui agitent notre époque procèdent en grande partie de cette dépersonnalisation du sens de la propriété. Au lieu de mettre sa joie et sa fierté dans ce qu'il a, l'homme est consumé par l'envie de ce qu'ont les autres. Il est normal, en effet, qu'on préfère les produits de son propre jardin aux meilleurs fruits exotiques qu'on trouve sur le marché ou la maison qu'on a fait bâtir à n'importe quelle habitation ; mais comment préférer un simple sandwich acheté au hasard dans une boutique à un repas fin dans un grand restaurant ou un « trois pièces-cuisine » dans une H.L.M. inesthétique à une belle villa dans un quartier résidentiel ?

Le socialisme propose l'abolition de la propriété privée. Je pense au contraire qu'il faudrait la multiplier et l'étendre au plus grand nombre d'hommes possible. La propriété d'une maison, d'un jardin, d'un métier — de n'importe quel bien qui exige un effort créateur et engage une responsabilité personnelle — est un facteur permanent d'équilibre et de plénitude.

Le capitalisme des trusts et des monopoles a ébranlé cet équilibre entre l'avoir et l'être et le capitalisme d'Etat qui fleurit aujourd'hui sous le nom de socialisme pousse jusqu'à ses dernières conséquences ce processus de déshumanisation. Le salut est dans l'évolution vers une forme de propriété où l'avoir et l'être de l'homme se complètent, se fécondent et se perfectionnent l'un par l'autre.

N'oublions pas que le mot *bien* a deux sens, dont l'un sert à désigner la possession d'un objet extérieur et l'autre la participation aux plus hautes valeurs de l'esprit. Le plus grand bienfait d'une vraie civilisation est de mettre le premier au service du second, autrement dit de faire en sorte que le bien (au sens de propriété matérielle) favorise l'épanouissement du bien au sens de vertu et de bonheur...

LES MAL-AIMÉS

J'extrais les lignes suivantes du compte rendu d'un congrès concernant la pathologie psychofonctionnelle qui a eu lieu récemment à Paris.

« Il n'y a pas de malades imaginaires, mais des angoissés, des traumatisés par la vie sociale ou familiale qui se servent abusivement de leurs organes pour crier leurs douleurs morales, leurs déceptions, leurs privations de tendresse et d'amour... Parmi ces organes, le foie et le cœur viennent en tête de liste... Les déceptions, la privation d'un plaisir peuvent perturber, parfois durablement, le rythme cardiaque... Chez la femme, l'insuffisance de tendresse, la brusquerie ou l'incompréhension d'un compagnon suffisent à bouleverser le fonctionnement normal des organes génitaux... »

J'ajoute que les médecins congressistes estiment à soixante pour cent le nombre des malades qui viennent les consulter sans présenter la moindre lésion décelable par l'examen clinique, biologique ou radiologique.

Tous ces gens-là souffrent de ce mal intérieur auquel la psychologie moderne a donné le nom de complexe de frustration. L'exemple classique est celui de l'enfant qui, à la naissance d'un petit frère, souffre de ne plus se sentir le concessionnaire exclusif de la tendresse maternelle. Mais il peut naître à l'occasion de n'importe quelle forme de privation ou d'échec : j'ai connu un brave homme qui fit une dépression nerveuse parce qu'il avait été recalé à l'examen du permis de conduire...

A quoi tient l'augmentation du nombre de ces accidentés psychologiques dont la blessure affective se prolonge en troubles organiques ?

Indépendamment des dispositions individuelles, je crois qu'il faut incriminer l'influence de l'éducation et du milieu ambiant. La morale d'autrefois reposait sur les notions d'effort et de devoir : que cela te plaise ou non, tu dois faire ceci et cela. La morale d'aujourd'hui — qui semble avoir suivi le passage de l'économie d'austérité à l'économie d'abondance — met surtout l'accent sur la facilité et sur l'agrément : tu as droit à ceci et à cela, tes besoins font loi. Dans cette perspective, le bonheur ne consiste pas à limiter ou à dominer ses désirs, mais à satisfaire le plus grand nombre de plaisirs possible. Et tout nous pousse dans cette voie, depuis certaines méthodes d'éducation qui confondent le jeu et l'étude, jusqu'au martellement publicitaire qui nous promet, dans tous les domaines, le maximum de jouissance avec le minimum d'effort. Passe encore pour les besoins matériels auxquels le dynamisme actuel de l'économie assure un éventail de satisfactions qui va s'élargissant chaque jour. Mais en ce qui concerne les désirs affectifs, nous n'avons pas encore trouvé de moyen pour augmenter la « productivité » du cœur humain de façon à élever l'offre au niveau de la demande...

Alors, dès que la rupture se produit, c'est-à-dire dès que la réalité cesse de se plier à ses vœux, l'homme entretenu dans l'illusion que tout lui est dû, réagit par la révolte et le désespoir, et des épreuves, qui font partie du déroulement normal de toute existence, lui apparaissent comme une intolérable injustice. Et la maladie, dite imaginaire, traduit au-dehors cette incapacité intérieure de s'adapter à l'événement.

C'est le cas de ces « sous-alimentés affectifs » dont, aux termes du rapport cité plus haut, les troubles psychosomatiques sont provoqués par la maladresse et l'incompréhension du conjoint. Je ne veux pas céder à ce travers masculin qui consiste à minimiser les torts des maris et les souffrances des femmes. Mais je ne pouvais m'empêcher, en lisant ce fameux rapport, de songer à ma vieille grand-mère qui fut tout au long de sa vie, non pas maltraitée, mais royalement négligée par son mari. Et à tant d'autres paysannes dont la situation conjugale était identique, sinon pire. Ces femmes avaient les meilleures raisons du monde de faire un complexe de frustration avec toutes ses suites. Je n'ai pourtant jamais observé rien de semblable. Pourquoi ? Parce que la pauvreté, les soins du ménage et surtout une obscure résignation devant les coups du destin que le milieu et l'éducation leur avaient inculquée dès l'enfance, ne leur laissaient ni le loisir ni le goût d'envenimer leurs déceptions et de s'offrir le luxe ruineux d'une névrose...

Contraste brutal : j'ai rencontré à peu de jours d'intervalle deux femmes également « traumatisées » par la vie conjugale. L'une se plaignait de ne pas être assez « entourée » par un mari surmené et en apparence indifférent. L'autre, à qui un époux spécialement amoureux consacrait le plus clair de son temps, protestait contre cette tendresse « gluante » (je cite sa propre expression) qui ne lui laissait pas un instant de solitude et d'indépendance. Ainsi la première se sentait frustrée dans son besoin d'affection et la seconde dans son désir de liberté. Mais où est le juste milieu entre la sous-alimentation et le gavage ? Il varie selon les personnes, mais où trouver l'époux idéal, miraculeusement adapté à chaque femme et qui ne péchera ni par défaut ni par excès d'attachement ?

Je ne juge aucun cas particulier. J'accuse plutôt un certain climat psychologique qui, en faisant du bonheur individuel une exigence absolue, non seulement nous laisse désarmés devant la moindre souffrance, mais nous pousse encore à nous complaire dans le malheur, à l'exagérer, à le prolonger en infirmité physique, de telle sorte que la blessure reçue du prochain se transforme en arme contre le prochain. Freud a mis le doigt sur la plaie en parlant de la « fuite dans la maladie ». La névrose est la forme ultime de la solution de facilité. Est-ce par hasard que, dans l'époque où l'on parle sans cesse du droit au bonheur, à l'amour, à l'épanouissement, etc., on voit fleurir la souffrance sous son pire aspect, je veux dire la souffrance artificielle, gratuite et superflue ? On ne veut plus des souffrances nécessaires : on a des souffrances de luxe ; on refuse la souffrance-remède ; on se distille à soi-même une souffrance-poison. Ce qui confirme l'admirable sentence de lord Acton : « La terre devient un enfer dans la mesure où l'on veut en faire un paradis ».

Sans doute avons-nous poussé trop loin la réaction contre la morale négative et contraignante issue du vieux jansénisme. On ne peut rendre aux hommes de plus mauvais service que de les inviter au bonheur sans leur enseigner en même temps qu'il n'est pas de bonheur authentique sans une part de victoire sur soi-même et de sacrifice. Les malades imaginaires — ou plutôt les malades de l'imagination — dont nous avons parlé ne se trompent pas lorsqu'ils attribuent leurs maux à la privation d'amour. Mais de quel amour ? Celui qu'ils reçoivent du prochain ou celui qu'ils éprouvent pour le prochain ? L'un et l'autre sont nécessaires au bonheur, mais le second plus encore que le premier, car l'âme est riche avant tout de ce qu'elle donne. D'où vient alors que ceux qui se plaignent de manquer d'amour entendent toujours ce mot dans le sens de ne pas être assez aimé et jamais dans celui de ne pas aimer assez ? Mauriac a parlé jadis des mal-aimés — et le mot a fait fortune. Mais il n'y a qu'une façon de réduire le nombre des mal-aimés, et c'est de multiplier le nombre des « bien-aimants », chacun en commençant par l'être qui le touche de plus près et sur lequel il a le plus grand pouvoir : lui-même.

CONSCIENCE MORALE ET LOI DU MOINDRE EFFORT

Je reçois un manifeste en quête de signatures dans lequel il est dit que l'homme moderne, immergé dans une civilisation de plus en plus matérialiste, a besoin d'une « réanimation » de la conscience morale.

L'intention est excellente, mais la formule appelle quelques précisions. La conscience morale — c'est-à-dire le sens du bien et du mal, du juste et de l'injuste — est un des attributs fondamentaux de l'être humain et on le retrouve, sous des modalités et à des occasions très diverses, chez tous les individus (sauf les idiots) et dans toutes les sociétés. Le plus abject des criminels, s'il est condamné pour un délit qu'il n'a pas commis, protestera avec une pathétique sincérité contre l'injustice dont il est victime. Les associations de malfaiteurs ont une morale « du milieu » fondée sur l'entraide, la loi du silence, la juste répartition des biens injustement acquis, etc. Et quant à l'opinion publique dans son ensemble, la conscience morale s'y manifeste chaque jour avec une virulence qui éloigne toute idée de coma ou de réanimation : on ne peut pas discuter avec l'homme de la rue ou déplier un journal sans qu'il soit question de dénoncer un abus ou de protester contre une injustice...

L'auteur du manifeste a cependant raison. Mais ce qui nous manque, ce n'est pas la conscience morale, c'est l'art d'user correctement de cet instrument.

Expliquons-nous. La conscience morale existe en chacun de nous, mais elle fonctionne suivant les lois qui tiennent à la physique plus qu'à la morale. Disons qu'un certain sens élémentaire du bien et du mal jaillit intarissablement du cœur de l'homme comme l'eau d'une source de montagne. Mais, comme l'eau, il tend à épouser les pentes, à contourner les obstacles, c'est-à-dire à couler dans la direction où il rencontre la moindre résistance. Ainsi le veut la loi de la pesanteur universelle ou, en termes psychologiques, la loi du moindre effort. Car, c'est la grandeur de l'homme de ne pouvoir étouffer la voix de sa conscience et c'est sa misère que de trouver instinctivement (ce qui ne veut pas dire innocemment) les détours les plus faciles pour apaiser cette conscience à peu de frais. L'intérêt et les passions, l'obéissance aux préjugés et aux modes jouent ici un rôle analogue à celui de la pente pour les cours d'eau...

On ne renonce pas à la distinction entre le bien et le mal, mais on détourne pudiquement ses regards du mal qu'on commet ou dont on profite ou bien des erreurs et des injustices que charrie le dernier flot de l'histoire pour mieux concentrer son indignation sur l'abus, si léger soit-il, dont on pâtit personnellement et surtout sur les vices et les imperfections inhérents à des courants d'opinion et de mœurs déjà disparus ou supposés en voie de disparition.

Sur ce dernier point, les exemples s'offrent en foule.

En politique. Au temps où triomphait le fascisme, ceux qui sympathisaient avec ce régime justifiaient leur conduite en dénonçant « la pourriture des démocraties ». Amère faculté que la mémoire ! Je me souviens des évêques italiens qui, dans un bel élan d'unanimité patriotique, vendirent leurs croix pectorales pour aider Mussolini à financer la guerre colonialiste contre l'Ethiopie. Disons à leur décharge que la condamnation de l'entreprise italienne par des pays comme la France et l'Angleterre qui s'étaient déjà adjugé les trois quarts de l'Afrique n'était pas exempte d'hypocrisie. Aujourd'hui, où Mussolini et sa dictature ne sont plus qu'un souvenir inoffensif, le mot de fasciste est devenu l'injure absolue. De même on voit de fougueux champions des libertés démocratiques dénoncer à cor et à cri la tyrannie policière de certains pays — régimes que je n'ai aucune raison de défendre, mais dont le moins qu'on puisse dire est qu'ils ne menacent en rien l'indépendance des autres pays — tandis qu'ils osent à peine élever quelques objections de principe sur les politiques de Moscou, de Pékin ou de La Havane qui, par leur volonté d'expansion et leur propagande, représentent un danger permanent pour l'ensemble de l'humanité. La fable des *Animaux malades de la peste* n'a rien perdu de son sel : on croit lutter pour la liberté et pour la justice et l'on se contente de frapper sur la forme d'oppression la moins redoutable et qu'on estime condamnée par le mouvement de l'histoire.

En matière sociale. A l'époque où le libéralisme économique battait son plein et se permettait tous les abus, que de « bien-pensants » déniaient aux ouvriers le droit de s'organiser en syndicats et brandissaient l'épouvantail du socialisme ! La situation s'est renversée : le collectivisme, le dirigisme triomphent sur toute la ligne — et les bien-pensants de la même espèce s'insurgent contre un libéralisme agonisant où ils voient la cause de tous nos maux ! J'ai sous les yeux la protestation d'un prélat français contre les entorses apportées par le pouvoir aux libertés syndicales. Le moment est bien choisi dans un pays comme la France où un syndicalisme politisé et oublieux des intérêts réels de la classe ouvrière est devenu le grand cheval de bataille de la révolution totalitaire !

Dans le domaine des mœurs. Quand sévissait la morale puritaine, le moindre essai de révolte contre les tabous sexuels était condamné comme le péché suprême et sans rémission et maintenant, alors que nous pataugeons dans l'érotisme et la pornographie, on insiste lourdement sur les inhibitions, les refoulements, les névroses — tout ce qu'on appelle les « maladies de la chasteté » — provoqués par une morale sexuelle trop rigide...

Et dans l'Eglise ! On souligne les erreurs et les excès du constantinisme, de l'Inquisition, du tridentisme, du jansénisme, du triomphalisme, etc. — et pendant qu'on lessive ces vieilles taches dues aux collusions avec les idoles du passé, on ne voit pas les redoutables éclaboussures qu'attire une ouverture imprudente aux idoles du présent...

Ainsi partout... On se donne bonne conscience en fustigeant le mal opposé au mal dominant. Un peu comme un médecin qui mettrait en garde contre les périls de l'obésité un malade dangereusement amaigri. Ou qui prescrirait des saignées à un anémique...

Conclusion. La conscience morale est un instrument aussi solide que difficile à régler : elle n'est jamais hors d'usage et presque toujours détraquée. C'est une montre dont les aiguilles ne cessent pas de tourner ; malheureusement l'heure qu'elle indique n'est pas celle du soleil : elle avance ou elle retarde au gré de nos passions et des influences du milieu de la foule. L'œuvre de la sagesse est de la soustraire à ces remous perturbateurs et de la régler sur le soleil, c'est-à-dire sur la conscience divine dont elle est en nous l'image obscurcie et mutilée.

LE MYTHE DE L'ÉVASION

C'est le jour de Pâques. Six heures du soir. Une nuit précoce commence à descendre sur un paysage noyé dans la pluie qui tombe sans interruption depuis la veille. Le téléphone sonne : ce sont des amis qui m'appellent des environs de Toulon : « Nous montons vers Paris : pouvons-nous nous arrêter chez vous pour dîner ? nous arriverons vers neuf heures ». — Je donne mon accord — et lesdits amis se présentent avec près de deux heures de retard. Excuses d'usage et parfaitement justifiées : embouteillages, routes glissantes, etc. — Ils mangent en hâte et repartent dans la nuit...

Voici maintenant l'ensemble des faits. Ces gens disposant du week-end de Pâques : trois jours, étaient partis de Paris le samedi à 5 h du matin pour arriver sur la Côte tard dans la soirée. Pas de chance : il pleuvait dans le Midi alors qu'il faisait beau temps dans le Nord. Journée vide et somnolente devant la mer grise ; redépart le dimanche soir, dîner dans la vallée du Rhône, coucher vers Lyon et nouvelle journée au volant le lundi. En tout, 2 000 kilomètres dévorés en hâte et sans le moindre profit pour l'esprit comme pour le corps. Trop heureux si la fatigue et la tension nerveuse n'allaient pas leur faire grossir le bilan pléthorique des accidents de la route...

« Vous êtes fous », ne puis-je m'empêcher de leur dire. Il y a cependant de beaux endroits à proximité de Paris, où vous auriez pu vous détendre en respirant l'air du ciel et en regardant pousser les premières feuilles. — Leur fatigue les incline à me donner raison, quand, subitement, la jeune femme s'écrie, avec un accent ambigu qui exprime à la fois l'excuse et la protestation : « Que voulez-vous, il faut bien s'évader ! »

S'évader de quoi ? J'admets volontiers qu'on tienne à se distraire de ses occupations journalières et à fuir un appartement en ville et des rues bruyantes et surpeuplées. Mais s'évader vers quoi ? Pour passer des journées dans une voiture plus exiguë que n'importe quel appartement citadin et sur des routes aussi encombrées, tapageuses et malodorantes que les artères parisiennes. En fait, on ne s'évade pas, on passe d'une prison immobile à une prison motorisée : le déplacement accéléré de la cage donne à l'oiseau l'illusion de la délivrance...

Il y a là un étrange phénomène d'intoxication collective qui nous fait chercher le remède dans la ligne même du mal que nous voulons fuir. Au lieu de se reposer, on change d'agitation et de surmenage... Et ce que nous cherchons, dans cette frénésie du déplacement, c'est moins la découverte d'un monde nouveau que la fuite hors de notre monde habituel, dont nous n'apprécions plus la saveur et la richesse, et surtout la fuite hors de nous-mêmes ; c'est moins de remplir le temps que de le tuer.

C'est constater une évidence que d'affirmer qu'il n'y a plus de distance ! Jamais les hommes n'avaient disposé de moyens de communication aussi nombreux et aussi puissants. Nous pouvons nous rendre en quelques heures dans n'importe quel lieu de la planète, et nous sommes informés instantanément par la presse et la télévision de tout ce qui se passe dans l'univers. D'où vient donc que, possédant de tels moyens d'échapper à la solitude et à l'ennui, les hommes se sentent plus que jamais isolés et dépaysés dans leur milieu naturel (métier, famille, entourage immédiat) et surtout dès qu'ils se trouvent en face d'eux-mêmes ! Paul Valéry attirait déjà notre attention sur ce phénomène de la « multiplication des seuls » au cœur même d'une civilisation où les possibilités d'échanges entre les hommes sont devenues illimitées.

Cela tient à ce que, par l'usage déréglé que nous en faisons, nous transformons ces merveilleux moyens de communication en isolants, par rapport aux êtres et aux choses qui nous touchent de plus près. En nous rapprochant du plus lointain, nous nous éloignons de ce qui nous est le plus voisin et le plus intérieur. Ainsi, les facilités de déplacement aboutissent à une consommation indigeste de bornes kilométriques plutôt qu'à la joie de contempler la nature, la fascination du petit écran nous détourne de la méditation personnelle et des conversations avec les membres de notre famille et nos amis, etc. Ce qui provoque, par défaut d'exercice des fonctions élémentaires, cette impression de vide intérieur et ce besoin perpétuel de « fuite en avant » dont nous avons montré les absurdes conséquences.

Il ne s'agit pas de repousser en bloc toutes les facilités qui nous sont offertes, mais de veiller sur nos sources, c'est-à-dire de ne pas sacrifier l'essentiel à l'accessoire ni le nécessaire au superflu, car si loin que puissent s'étendre nos rapports avec le monde, nous n'aurons de vraie communication avec rien si nous perdons contact avec les réalités premières où notre pensée, notre amour et notre action trouvent leur aliment naturel et quotidien.

N'oublions pas que ce n'est pas le nombre et la longueur de ses branches, mais la profondeur et la santé de ses racines qui font la vigueur d'un arbre.

LES CRÉDITS FRAUDULEUX

La formule est du grand philosophe français Gabriel Marcel. Elle désigne un travers psychologique extrêmement répandu qui nous incline à approuver ou à traiter avec un excès d'indulgence les maux ou les abus contraires à ceux dont nous avons à souffrir dans notre milieu ou notre situation.

Quelques exemples :

« Vivent les pouponnières et les maisons d'éducation de l'Assistance publique ! » me disait hier une assistante sociale qui, travaillant dans une région particulièrement affectée par l'alcoolisme, avait vu trop d'enfants outrageusement négligés ou maltraités par leurs parents. « Je serais tenté de penser comme vous », ai-je répondu, tant je vois fleurir autour de moi un abus au moins aussi redoutable : la fabrication en série d'enfants gâtés...

J'ai cité naguère la réaction d'un chef d'entreprise qui, aux prises avec l'étroitesse d'esprit, la sécheresse de cœur et l'égoïsme myope de certains milieux patronaux, s'écriait furieux : « Ces gens-là vous convertiraient au marxisme malgré vous ! »

De même, on se sent d'une « compréhension » débordante pour les filles de joie devant ces « dragons de vertu » que sont certaines honnêtes femmes, pour le joyeux ivrogne devant un funèbre abstinent, pour l'incroyant dans les milieux où règne la bigoterie, etc.

Tous ces crédits sont frauduleux dans ce sens qu'ils sont inspirés presque uniquement par la passion, sans égard à la réalité objective. Et qu'il suffit d'un simple changement de circonstances pour que nos sentiments virent en sens contraire. Témoin ce personnage d'un vieux vaudeville : un homme du monde qui, dégoûté de l'hypocrisie de son milieu, se mit à fraterniser avec la canaille et se suicida lorsqu'il s'aperçut que les filles de joie ne valaient pas mieux que les honnêtes femmes ! Ou ces farouches démocrates français qui, vers les années 1880, soupiraient devant les scandales qui souillaient cette chère République pour laquelle ils avaient si longtemps combattu : « Qu'elle était belle sous l'Empire » ! — De même, il est certain qu'un séjour de quelques mois derrière le rideau de fer ou la muraille de Chine suffirait à dissiper l'image idéale que nos jeunes bourgeois gauchisants se font des régimes issus de Lénine ou de Mao...

Encore une fois, l'ouverture de ces crédits frauduleux constitue un transfert passionnel aussi ancien que l'humanité et qui durera autant qu'elle. Ce qui me paraît spécial à notre époque et particulièrement grave, c'est l'exploitation de ce phénomène psychologique à des fins sociales et politiques subversives. Le procédé est très simple : on tire parti des lacunes et des impuretés de l'ordre établi pour contester et pour renverser les fondements mêmes de cet ordre, c'est-à-dire toutes les valeurs traditionnelles de notre civilisation : la famille, la propriété privée et les communautés naturelles, la patrie, la religion, etc. Et pour mettre quoi à la place ? Soit l'anarchie, désordre effervescent, soit la tyrannie totalitaire, désordre gelé. Deux aberrations qui, comme tous les extrêmes, ne s'opposent en apparence que pour mieux s'unir en réalité : est-ce par hasard que tant de jeunes gauchistes allient dans le même culte l'hédonisme marcusien à l'ascèse maoïste ?

Il faut savoir réagir en distinguant la substance de l'accident : l'irritation causée par la maladie ne doit pas entraîner la condamnation de l'organe.

La médiocrité ou l'échec de tant de vies conjugales n'empêche pas que le mariage soit le climat normal de la sexualité.

Il est déplorable qu'il y ait quelques enfants martyrs et un nombre incalculable d'enfants gâtés : la famille n'en reste pas moins le milieu le plus favorable à l'éducation.

Et quels que soient les abus auxquels ait donné lieu la liberté du marché, c'est encore elle qui fournit le terrain le plus propice à l'expansion économique et à la justice sociale.

Et défions-nous des illuminés ou des charlatans qui nous proposent de si merveilleux appareils de prothèse en remplacement de ces pauvres membres vivants qui sont le siège de tant de maux et qui nous causent tant de tracas. Car, c'est bien de prothèse qu'il s'agit depuis les stériles mécanismes de l'érotisme qui se substituent à l'amour jusqu'à la technocratie totalitaire — préventif infaillible contre tous les abus, toutes les maladies de la liberté, par l'ablation de la liberté elle-même ! Plus d'entorses ni de varices pour une jambe artificielle...

Ce qui ne signifie pas que nous ayons le droit de nous endormir sur ce qui nous reste de nature et de liberté. Bien au contraire : nous devons lutter plus que jamais non seulement pour défendre, mais pour assainir et fortifier les liens sociaux organiques. C'est la seule façon efficace de neutraliser la propagande des apologistes de l'amputation et de la prothèse...

JUSQU'OÙ SOMMES-NOUS RESPONSABLES ?

L'autre jour, en essayant de réparer le désordre chronique de ma bibliothèque, j'ai découvert une série de vieux livres poussiéreux dont j'avais oublié jusqu'à l'existence : c'était un traité de théologie morale en usage dans les séminaires il y a plus de cent ans et qui avaient appartenu à un grand-oncle, curé d'une paroisse voisine.

J'ai feuilleté au hasard un des tomes de cet ouvrage, rédigé dans un latin ecclésiastique qui se déchiffre sans effort et je suis tombé sur le chapitre consacré à l'analyse du péché appelé *acedia,* terme difficile à traduire et qui correspond en gros à : tristesse invétérée, mélancolie, dégoût de la vie, ou *spleen* en anglais.

Cet état d'âme était qualifié de péché pour cette raison que le dégoût d'un bien aussi précieux que l'existence constituait un acte d'ingratitude et par conséquent une offense envers Dieu qui nous a créés et mis au monde.

Ce qui m'a frappé dans cette lecture, c'est de retrouver, dans la description des effets de l'*acedia,* la plupart des symptômes de l'affection qu'on nomme aujourd'hui dépression nerveuse. Curieux changement d'optique : ce dégoût de la vie qu'on condamnait comme un péché, on le soigne comme une maladie ; ce qui relevait de la morale tombe sous le coup de la médecine ; ce dont on s'accusait devant le prêtre, on va le confier au psychiatre...

On observe la même évolution — ou plutôt la même révolution — dans des domaines très différents, par exemple en ce qui concerne l'éducation des enfants et la justice pénale.

Mille problèmes qui se résolvaient autrefois par une fessée bien appliquée ou une privation de dessert appellent maintenant l'intervention de techniciens spécialisés dans la physiologie, la diététique et la psychologie de l'enfance. Traiter un bambin comme un être relativement libre et le corriger en conséquence, c'est se comporter comme une brute incompréhensive et vouer ce malheureux petit aux pires refoulements. Nous sommes loin du temps où le bon roi Henri IV écrivait au précepteur de son fils, le futur Louis XIII : « Vous haïssez mon fils si vous lui épargnez le fouet. »

Quant aux délinquants, loin de voir en eux des coupables, on les considère de plus en plus comme des victimes. Victimes de l'hérédité, de la mauvaise éducation, de la société surtout dont on fait la principale, sinon l'unique responsable des délits commis dans son sein — ce qui d'ailleurs ne gêne personne, car aucun des membres de cette société ne se sent personnellement visé par cette condamnation.

Chose étrange : c'est dans une époque où l'on n'avait jamais tant proclamé et exalté les idées de liberté et de responsabilité qu'on voit se dissoudre la notion de culpabilité — laquelle dérive pourtant en droite ligne des deux premières, car déclarer un homme coupable, c'est le croire libre et responsable du mal qu'il fait. Dans cette perspective, toutes les fautes et tous les délits s'expliquent par le mauvais état du corps, les remous ténébreux de l'inconscient, l'oppression et la corruption qui émanent de l'environnement social : plus de coupables, mais des inadaptés, des refoulés, des complexés, etc.

Je ne conteste pas le bien-fondé relatif de cette réaction. La pensée moderne n'a fait en cela qu'expliciter et préciser le domaine de ce que les anciens philosophes appelaient la causalité matérielle, c'est-à-dire la part de conditionnement et de déterminisme impliquée dans nos actes conscients et libres. Car aucun homme n'est absolument libre et totalement responsable : nous dépendons tous plus ou moins de notre tempérament et de notre caractère et des influences que la société exerce sur nous. Le péché mortel doit être très rare si, comme l'enseigne la théologie catholique, il désigne le mal accompli dans la pleine lumière de l'intelligence et le plein consentement de la volonté. Et je ne regrette pas inconditionnellement les époques où le déprimé était considéré comme un malade imaginaire, le délinquant comme un monstre de perversité consciente et l'enfant difficile comme justiciable du fouet.

Ce dont je suis sûr, c'est que nous versons dans l'excès inverse. On a trop gonflé jadis la notion de culpabilité, on la réduit trop aujourd'hui. Et le danger d'amoindrissement et de corruption de l'homme n'est certainement pas moindre. A force de déclarer les hommes irresponsables, on finit par les rendre tels. Je sais qu'il y a des malades psychiques ou des délinquants qui sont victimes de fatalités sur lesquelles ils ne peuvent rien. Mais, par contre, combien de déprimés renchérissent sur leurs maux réels et s'installent dans la maladie pour échapper aux devoirs et aux soucis d'une vie normale et pour se faire dorloter par leur entourage ! Et combien de délinquants puisent dans la « compréhension » et dans la mansuétude des juges un encouragement à persévérer dans le mal : la statistique des récidives après remise de peine est très éclairante à cet égard...

Un climat plus rigoureux favorise davantage la guérison des malades et l'amendement des coupables. Un seul exemple : j'ai connu un certain nombre de déprimés qui, depuis des années, gâchaient leur propre vie et empoisonnaient celle de leurs proches par les fantômes issus de leur imagination et dont l'état s'est étrangement amélioré au cours de l'occupation allemande. Les inquiétudes dues à la guerre et aux difficultés de ravitaillement avaient créé autour d'eux un réseau de soucis réels qui laissaient peu de place à l'entretien minutieux de leur dépression : celle-ci était devenue un luxe qu'ils n'avaient plus les moyens de s'offrir ! De même, la sévérité de la loi pénale contribue à retenir le prédélinquant sur la pente. Sans parler de ces enfants incorrigibles aussi longtemps qu'ils sont gâtés par leurs parents et dont une discipline sévère — par exemple celle de certains collèges — suffit à redresser le comportement...

On se prend à regretter les vieilles philosophies — celles de Platon, d'Aristote ou de Descartes — qui mettaient avant tout l'accent sur les sommets lumineux de l'être humain : la conscience qui nous fait distinguer le bien du mal et la volonté qui nous fait choisir entre l'un et l'autre. Même si elles exagéraient la part de la liberté, elles avaient au moins l'avantage de stimuler celle-ci au maximum. L'homme en effet est d'autant plus libre qu'il se sent plus responsable et qu'il est traité comme tel par ses semblables. Le sentiment de la responsabilité réveille en lui des énergies latentes qui l'aident à dominer le mal sous toutes ses formes. Car, sauf dans les cas d'épuisement physique absolu ou d'abjection morale irrémédiable, l'âme peut toujours quelque chose sur le corps, la conscience sur l'inconscient et l'individu sur les influences qu'il reçoit de son milieu social.

Autrefois, on exigeait trop de l'homme, aujourd'hui on ne lui demande pas assez. Ces deux attitudes entraînent des erreurs et des abus dans leurs applications concrètes. Mais, à tout prendre, je crois que c'est la première qui comporte le plus de promesses et le moins de risques. Et le témoignage de l'histoire nous apprend que ce sont les morales les plus exigeantes — celles qui font appel à nos facultés les plus nobles et qui nous désignent comme les artisans libres et responsables de notre destin — qui ont toujours contribué le plus efficacement à élever le niveau général de l'humanité.

INFLATION ET DÉVALUATION DE LA RESPONSABILITÉ

J'ai traversé récemment Paris. Les murs étaient couverts d'affiches multicolores dénonçant les horreurs de la guerre du Viêt-nam, de la tyrannie policière et capitaliste au Brésil, etc., et invitant la population à participer à des meetings et à des défilés de protestation. Et sur quelques-unes de ces affiches s'étalait cet argument : nous sommes tous responsables.

Responsable ? J'aimerais bien qu'on m'expliquât le sens et la portée qu'on donne à ce mot. Toute responsabilité implique une compétence et des moyens d'action. Je me sens responsable comme père de famille de l'éducation de mes enfants, comme écrivain des conséquences de mes paroles (à condition qu'elles soient bien interprétées, ce qui n'est pas toujours le cas...), comme citoyen de l'élection du député auquel j'ai donné ma voix, etc. Mais que sais-je et que puis-je sur les affaires du Vietnam, ou du Brésil ? Comment me croirais-je responsable dans un domaine où je suis sans lumière et sans pouvoir ?

La lumière, va-t-on me répondre, c'est l'information, cette reine du monde moderne, qui nous la fournit. Lisez les journaux, écoutez la radio, et vous serez instruit chaque jour de tout ce qui se passe dans le monde. Et quant au pouvoir, il dépend de vous de grossir par votre adhésion un de ces mouvements d'opinion dont l'irrésistible puissance contribuera à limiter les ravages et à précipiter la chute des tyrannies.

J'avoue mon immense scepticisme sur ces deux points.

Je ne nie pas la puissance de nos moyens d'information. Mais où trouverai-je la garantie d'une information honnête et objective ? Sera-ce dans ces affiches qui émanent toutes de partis politiques dont la partialité forcenée éclate à tous les regards ? Et comment choisir, dans nos pays encore libres où l'on malaxe l'opinion dans tous les sens, entre des sources d'information qui ne cessent pas de se contredire, autant dans l'exposé que dans l'interprétation des faits ? Que dois-je penser de l'intervention américaine au Viêtnam ? Dernier rempart de la liberté en Extrême-Orient me disent les uns. Accès monstrueux d'impérialisme, répondent les autres. Du régime des colonels en Grèce ? Deux diplomates français, qui connaissent bien ce pays, m'ont affirmé, le premier que la nation hellène était livrée, pieds et poings liés, à une bande de gangsters et le second que le coup d'Etat militaire avait été la seule parade possible à la révolution communiste, laquelle aurait amené de bien plus terribles excès. Qui vais-je croire ? Ai-je le droit de m'engager ainsi dans le noir, sur la seule foi de telle ou telle propagande ? Ou bien dois-je négliger mon devoir d'état — auquel j'ai déjà peine à suffire — pour me livrer à une enquête personnelle et approfondie sur ce qui se passe au bout du monde ?

Je ne conteste pas davantage l'influence que peut exercer la mobilisation de l'opinion publique contre n'importe quel abus de pouvoir. Mais une telle mobilisation n'est possible que dans les pays relativement libres et elle risque, en créant une situation révolutionnaire, de préparer l'avènement d'un nouveau pouvoir encore plus abusif. On peut organiser à Washington des manifestations contre la politique de Nixon, mais non à Moscou contre la politique de Kossyguine et encore moins à Pékin contre celle de Mao. Et les dictatures communistes, après avoir, au nom de la liberté d'opinion, ébranlé l'autorité des régimes libéraux, s'empressent, dès qu'un pays tombe en leur pouvoir, d'étouffer cette liberté comme on rejette, après usage, un instrument devenu inutile. De sorte qu'en s'engageant inconsidérément dans une croisade contre les excès de l'impérialisme modéré, on court le risque d'ouvrir la voie au despotisme absolu.

Je ne prends pas parti : je montre les difficultés du problème.

Mieux encore. Ces appels délirants à je ne sais quelle responsabilité planétaire coïncident avec un effritement généralisé du sens des responsabilités élémentaires.

Chacun sait combien il est malaisé de trouver un vrai responsable — c'est-à-dire un homme qui décide et qui prend sur lui — dans une entreprise géante ou dans un organisme d'Etat. Survient-il, comme nous l'avons vu récemment en France, une catastrophe quelconque (incendie dû à un mauvais dispositif de sécurité, rupture d'un barrage, scandale financier, etc.), tout le monde, à tort ou à raison, plaide l'irresponsabilité et finit généralement par tirer son épingle du jeu. A telle enseigne que le slogan gouvernemental : «les responsables, quels qu'ils soient, seront recherchés et sanctionnés » ne suscite depuis longtemps qu'un haussement d'épaules désabusé.

On va plus loin : c'est la notion même de responsabilité qui est mise en question. Face à tous les problèmes posés par la délinquance, les conflits familiaux, les divorces, l'enfance inadaptée, etc., une armée de psychologues s'acharne à réduire au minimum la part de la liberté et de la responsabilité personnelles : tout s'explique par l'hérédité, le milieu, les pulsions de l'inconscient, etc., et, à la limite, il n'y a plus de coupables, mais seulement des victimes.

Si l'on va jusqu'au bout de cette tendance, on aboutit à ce paradoxe que tout le monde est déclaré responsable de ce qui ne le concerne en rien et irresponsable de ce qui le touche directement. Ce qui d'ailleurs s'accorde très bien : mettre la responsabilité partout, c'est encore le plus sûr moyen de ne l'assumer nulle part. L'inflation et la dévaluation se répondent : la responsabilité collective dispense de la responsabilité individuelle.

Je ne prêche pas l'indifférence à l'égard des grandes questions de la politique internationale. Je dis seulement que le problème de la responsabilité a besoin d'être repris par la base avant d'être poussé jusqu'à ses ultimes conséquences. Et cette base, c'est l'exercice quotidien de nos responsabilités immédiates. C'est là qu'est le premier mal et que doit s'appliquer le premier remède. A vouloir brûler les étapes, on n'arrive nulle part — sinon, comme c'est trop souvent le cas aujourd'hui, à faire fleurir des responsabilités imaginaires sur le tombeau des responsabilités réelles.

CONCENTRATION ET ISOLEMENT

Je tombe, en parcourant mon journal, sur l'entrefilet suivant : « Une femme de trente-sept ans, Madame X... a été trouvée morte, hier dans l'après-midi, dans le logement qu'elle occupait à Mulhouse. Selon les premiers éléments de l'enquête, la mort remontait à trois mois... C'est le propriétaire qui, voulant se faire régler son terme, a forcé la porte et a trouvé Madame X... gisant sur son lit, le seul meuble du logement. »

J'avoue que ce fait divers, perdu au milieu d'un fleuve d'informations et de commentaires sur la campagne électorale, m'émeut plus profondément que tous les remous de la politique, car il met en cause, au-delà des affrontements idéologiques, un aspect tragique de notre civilisation, commun hélas ! à tous les pays qu'on appelle « développés », sans préciser dans quel sens et à quel prix...

Trois mois ! Qui était cette jeune femme ? Pas un parent, pas un ami, pas un voisin pour s'inquiéter de sa disparition. Et, dernière grimace du destin, seul un propriétaire, soucieux de sa créance, s'est souvenu de son existence. Est-il une preuve plus éclatante et plus sinistre du primat de l'économique sur l'humain ?

A ce degré, la malheureuse ne perdait plus rien en mourant, L'isolement et l'oubli avaient déjà tissé son linceul.

Et cela dans une époque où l'on ne parle que d'ouverture, de dialogue, d'engagement, de participation, où des prêtres même, oubliant l'origine et la fin divines de l'homme, poussent l'idolâtrie du social jusqu'à déclarer que l'individu n'existe réellement que par son rapport avec ses semblables ! Il est plus que probable que, pendant que cette pauvre femme agonisait sans présence humaine et sans secours, ses voisins de rue, d'immeuble et peut-être de palier contemplaient devant leur télévision des images venues des extrémités du monde et se passionnaient pour ou contre la « nouvelle société » promise par les politiciens, ou la guerre du Viêt-nam — ces débauches de passions idéologiques ayant pour rançon l'oubli du prochain immédiat qui souffre et qui meurt.

N'est-ce pas un signe des temps que de voir se développer ces œuvres de S.O.S. qui permettent aux victimes de la solitude de se confier par téléphone à un inconnu et d'entendre au bout du fil une voix humaine qui — enfin ! — s'adresse à elles. On m'a affirmé que de nombreux suicides avaient été ainsi prévenus. Il est bon, certes, que cela existe, mais n'est-ce pas une honte que, pour beaucoup, il n'existe que cela ?

L'histoire de l'humanité regorge de conflits, d'injustices et de crimes. Mais nous nous trouvons là devant un phénomène encore inédit dans l'histoire : le cloisonnement des individus, l'ignorance et l'indifférence massives à l'égard du prochain — quelque chose de pire en un sens que la haine et que la guerre, car dans celles-ci, il reste encore un lien entre les hommes (on s'intéresse à son ennemi et la haine peut se convertir en amour), tandis qu'ici il n'y a ni sympathie ni hostilité, aucune solidarité positive ou négative — rien que le néant qui est en deçà du bien et du mal.

A quoi tient ce processus d'érosion sociale que Paul Valéry appelait « la multiplication des seuls » ?

D'abord, à l'avènement des masses, à la croissance monstrueuse et inorganique des grandes concentrations urbaines. Des hommes rassemblés par des nécessités étrangères à leur nature se coudoient sans se connaître et sans avoir vraiment besoin les uns des autres. Les échanges professionnels (souvent d'ailleurs superficiels) mis à part, leurs rapports ne sont guère plus vivants que ceux qui lient les matériaux des immeubles impersonnels où ils habitent. D'où l'isolement dans la promiscuité, une solitude quasi minérale...

Ensuite, à ce grand facteur de désagrégation qu'est la socialisation croissante de l'humanité. Sous prétexte de justice et d'égalité, on dissout la famille, le groupe, l'entreprise, on bouleverse les communautés naturelles et l'entraide qu'elles impliquent et on leur substitue un système de redistribution et d'assurance à l'échelle nationale qui désolidarise l'individu de son prochain. A la limite, tous les liens organiques sont abolis : chacun pour soi et l'Etat pour tous...

Une double leçon se dégage de ces faits. En premier lieu, enrayer ce processus de « massification », c'est-à-dire aérer la société en sauvant et en multipliant les communautés vivantes où la présence d'un intérêt et d'un but communs attache l'homme à son semblable. Et ensuite, réagir contre ce socialisme antisocial dont le rouleau égalitaire écrase les différences et les hiérarchies, qui sont la condition de tout échange authentique, et nous achemine vers un monde abstrait et glacé où les hommes, à force de se ressembler, finissent par ne plus se reconnaître.

LA PROMISCUITÉ ISOLANTE

Lamartine — précurseur à son insu de la politique de décentralisation — donne, dans *Le Livre primitif*, le conseil suivant aux gardiens de la cité :

« Gardez qu'en ses chemins l'homme ne se coudoie,
Que le visage humain soit pour l'homme une joie.
La foule, en le heurtant, pervertit ses penchants
Et les hommes, trop près des hommes, sont méchants. »

Ces paroles prennent tout leur poids dans l'âge des foules où nous vivons. La promiscuité crée l'isolement et celui-ci se traduit par une indifférence à l'égard du prochain qui tourne très vite à l'irritation.

C'est là une loi psychologique que n'importe qui peut vérifier chaque jour.

Deux promeneurs qui se croisent dans un sentier solitaire se regardent, se cèdent volontiers le pas si le chemin est trop étroit, parfois se saluent (j'ai connu l'époque antérieure aux grandes migrations touristiques où les paysans saluaient tous les inconnus qu'ils rencontraient) ou lient conversation. En va-t-il de même dans une foule à l'assaut d'un train ou d'une rame de métro aux heures de pointe ? On se croise, on se suit, on se dépasse, on ne se rencontre pas (sauf sous la forme brutale de la collision) et l'aimable coup de chapeau fait place au furieux coup de klaxon. Ce chauffeur qui, sur une route sinueuse, roule trop lentement devant nous, ce n'est plus notre prochain mais un obstacle ambulant, une cause d'embouteillage, un mangeur de moyenne, etc. — tout sauf un être humain auquel on concède le droit d'admirer le paysage...

J'ai fait allusion au métro, moyen de locomotion suprêmement anonyme. Et cependant, aux moments d'accalmie, il y subsiste quelques vestiges d'attention au prochain : la plupart des voyageurs s'arrêtent deux ou trois secondes pour empêcher les portillons de retomber brutalement sur les suivants. Aux heures de presse, chaque individu n'est plus qu'une vague dans un torrent aveugle et irréversible...

La généralisation du tourisme a produit une dégradation analogue des rapports humains. On a maintes fois observé que les plus solides traditions d'hospitalité s'effondrent en fonction de l'afflux des visiteurs. Je pense ici à mon premier séjour dans une bourgade isolée d'un pays méditerranéen. Je fus, dès mon arrivée, un objet de surprise et de curiosité ; chacun voulait voir l'homme qui venait de si loin et je devins, au bout de peu de jours, l'hôte non seulement de l'auberge (fort inconfortable il est vrai, où cependant la qualité de l'accueil compensait les déficiences de l'équipement), mais du village tout entier. Je suis retourné récemment dans le même lieu devenu entre-temps centre touristique : j'y ai trouvé des hôtels, des terrains de camping, un folklore éventé à l'usage des étrangers, mais personne ne s'intéressait plus à ces derniers, sinon à la manière du chasseur devant le gibier.

On dira que l'immersion dans la même foule peut aussi rapprocher les individus et on donnera pour preuve la magnifique unanimité qui règne dans des mouvements de masse comme les assemblées, meetings, manifestations, etc. Mais cette unanimité concerne-t-elle vraiment les âmes, c'est-à-dire la conscience et la liberté des individus ? Ne s'agit-il pas plutôt d'une espèce de courant qui agite la multitude à la façon des ondes physiques et réduit tous ses éléments à leur commun dénominateur le plus bas : quelques slogans qui se prolongent en réflexes sans passer par la réflexion. Je me souviens d'avoir assisté, entre les deux guerres, à un meeting colossal organisé par un parti politique. Le chef de ce parti — un homme éminent par ailleurs — avait commencé son discours quand je pénétrai dans la salle. Il se livrait à une analyse très subtile de la conjoncture internationale. La foule écoutait dans un silence courtois qui frisait déjà l'ennui. Tout à coup, changeant de registre, l'illustre leader s'écria : « Cette canaille de X... ! » (il s'agissait évidemment du chef du parti opposé) : hurlements d'enthousiasme, applaudissements délirants. Je gagnai aussitôt la sortie, à jamais guéri des « bains de foule »...

De cet ensemble d'observations concrètes, on peut déduire la loi générale suivante : la société dégénère dans la mesure où s'abolit le sentiment de la différence et de la complémentarité entre les hommes, c'est-à-dire où le nombre, donnée abstraite et impersonnelle, l'emporte sur la qualité des éléments dénombrés. Il y a un point critique au-delà duquel la concentration transforme les hommes en choses et les rapports humains en phénomènes régis presque uniquement par la pesanteur matérielle.

Vérité éclatante qui, au-dessus de tous les jeux de la politique, doit présider à la construction de la fameuse « société future » dont on parle tant aujourd'hui. La nature du mal nous indique le remède. Il faut avant tout retrouver la présence et le sens du prochain et, pour cela, dissoudre les masses avec leur promiscuité isolante, au profit des groupes vivants, des communautés organiques, des entreprises à l'échelle humaine — de toutes les structures où la qualité domine et rachète la quantité — en un mot, aérer la société afin de rapprocher les individus.

PORES OU POUMON D'ACIER ?

On parle beaucoup aujourd'hui, sans trop savoir ce qu'on entend par ce terme, de la « nouvelle société ».

A ce propos, deux événements mineurs, mais symptomatiques, où j'ai été acteur et témoin, me reviennent à l'esprit.

Le premier se situe, il y a plus de vingt ans — époque où l'Espagne ignorait encore les grandes marées touristiques —, dans un coin perdu de la province des Asturies. Je voyageais en voiture avec deux membres de ma famille. Survint une panne sérieuse qui nous immobilisa dans la rocaille et sous le soleil. La route était déserte et nous commencions à nous inquiéter lorsque apparut un camionneur qui arrêta sa machine, examina la nôtre et, se voyant impuissant à nous dépanner, nous remorqua jusqu'au bourg voisin, nous conduisit dans un garage où il prit part à la réparation, nous trouva un gîte par l'intermédiaire de l'Alcalde, etc. — et, après avoir perdu une ample demi-journée à notre service, refusa avec une cordialité hautaine le dédommagement que je lui offrais. Je le vois encore, au milieu du petit groupe de curieux attirés par l'incident, repoussant le billet offert et commentant ainsi son refus : « Non, monsieur, nous avons ici un proverbe qui dit qu'il vaut mieux se faire un ami qu'un *douro.* »

Ma seconde histoire est toute récente. C'était dans le hall d'un hôtel de Genève et, tandis que je causais avec le portier, un petit homme de type asiatique s'approcha de celui-ci en disant : « J'ai une communication à faire en français et, comme je ne possède pas à fond cette langue, n'auriez-vous personne, parmi vos employés, qui puisse revoir et corriger mon texte ? » A quoi le portier répondit : « Ce sera difficile car tout le monde est occupé en ce moment. » Alors, plein d'une naïve obligeance un peu analogue à celle de mon chauffeur espagnol, je dis à ce fils de l'Extrême-Orient : « J'ai une course urgente à faire, mais si vous pouvez attendre une heure, je serai heureux de vous rendre ce petit service. » L'homme se confondit en remerciements, mais, quand je revins à l'heure indiquée, je trouvai un être embarrassé et fuyant qui, au lieu de me confier ses papiers, bredouilla : « Je vous remercie, monsieur, c'est déjà fait », et s'esquiva aussitôt.

Pourquoi cette méfiance subite ? Le document en question contenait-il des secrets diplomatiques ou financiers et l'homme, d'abord mis en confiance par mon amabilité, avait-il flairé ensuite, sous cette obligeance, quelque manœuvre suspecte ? Redoutait-il une indiscrétion ou peut-être un espionnage ? Je ne sais, mais je me suis souvenu de mon camionneur asturien et je n'ai pu m'empêcher de faire un pénible parallèle entre ces deux hommes dont l'un rendait un service non sollicité et l'autre refusait un service offert.

Je n'étais pas au bout de mes surprises. Le lendemain, à l'aéroport où je m'embarque pour Bruxelles, après une fouille minutieuse de mes bagages, je me vois installé sur la plateforme d'un détecteur électronique et je dois exhiber, pour rassurer la police, les innocents ustensiles métalliques (une clef et un canif) signalés par l'appareil. Et je me demande : ne suffit-il pas de me regarder pour écarter tout soupçon de détournement d'avion ? Comme je me disais hier : ai-je donc l'air d'un espion ?

Je comprends très bien l'attitude de mon diplomate (?) et encore mieux celle de la police helvétique dont la fonction est de veiller sur la sécurité des voyageurs. Ce qui me déprime, c'est le climat social qui rend cette méfiance nécessaire.

Je reprends mon parallèle. Dans ce village isolé au fond des montagnes, replié sur lui-même depuis des siècles et ignorant presque tout du vaste monde, un rapport humain s'est établi spontanément entre la population et moi : l'étranger que j'étais a été traité comme un prochain et comme un hôte. Et à Genève, carrefour mondial où se coudoient des hommes de toute race, de toute nation et de toute langue, où pullulent les organisations internationales, le préjugé favorable vire au négatif : l'étranger est accueilli par le soupçon ou, au mieux, par l'indifférence.

Tout le problème est de savoir dans quel sens évoluera la « nouvelle société ». Vers un conglomérat de plus en plus abstrait et anonyme où, à mesure que s'effaceront les frontières entre les peuples et les Etats, on les retrouvera, invisibles et infranchissables, entre les individus déracinés et isolés ? Ou bien vers une déconcentration qui rendra à l'homme le contact et les échanges directs avec son prochain ?

Il n'est pas question, bien entendu, de construire la société moderne sur le modèle précis du village d'autrefois. Mais il faut retrouver, à un autre niveau et sous d'autres formes, les valeurs vitales qui font l'harmonie des petits groupes. Car l'unité, qui ne s'appuie pas sur la diversité, est chose factice et aliénante. Même s'il devient citoyen du monde, l'homme de demain ne respirera librement qu'à travers les pores de ces microcosmes que sont les communautés naturelles. C'est le seul moyen d'éviter l'usage grandissant du poumon d'acier — froid et dur comme le métal dont il est fait — d'une administration exclusivement technocratique.

L'ÉTRANGER ET L'ENNEMI

Vous déplorez, m'a dit ce jeune sociologue, la disparition progressive des communautés naturelles. Mais celles-ci — en raison même de leur structure de type biologique dont l'archétype est la société familiale — ne présentent-elles pas, à côté d'incontestables avantages (tels que l'interdépendance vécue et la solidarité spontanée entre leurs membres) de très graves imperfections dont la principale est le repliement de la communauté sur elle-même, avec tout ce qu'il comporte d'indifférence, de refus, voire d'hostilité à l'égard des autres groupes humains ? Bref, quelque chose d'analogue à ce qu'on appelle en physiologie les phénomènes de rejet.

Regardez la cité antique où le mot *barbare* signifiait à la fois étranger et non civilisé. Ce qui veut dire que le monde helléno-romain ne concevait pas d'autre civilisation que la sienne. Dans certaines langues, il n'y avait même qu'un seul mot pour désigner l'étranger et l'ennemi. La xénophobie était le cruel revers de l'attachement au groupe et à la patrie. Et c'est cette méfiance instinctive, presque viscérale vis-à-vis de l'étranger, qui a forgé cette longue chaîne de discordes et de guerres dont le déroulement emplit l'histoire...

Aujourd'hui, grâce à nos facilités inouïes de communication et d'échanges et grâce aussi au progrès des idées démocratiques et égalitaires, les vieilles sociétés organiques sont en voie de disparition et, avec elles, tombent ces réactions de défense et d'agressivité qui séparaient et opposaient les collectivités humaines. Les racismes, les nationalismes sont dépassés ; déjà, pour chacun de nous, il n'y a pratiquement plus d'étrangers, et demain il n'y aura plus d'ennemis.

J'ai répondu que l'effacement des communautés naturelles n'entraîne pas fatalement une régression corrélative de la xénophobie. Que celle-ci donne actuellement (entre Israël et les pays arabes, la Chine et la Russie, les deux Irlandes, etc.) des signes de virulence qui n'ont rien à envier aux pires époques du passé. Et qu'au surplus ces fameux progrès vers la compréhension et l'harmonie universelles sont d'autant plus spectaculaires qu'ils restent sur le plan idéologique et sentimental, autrement dit qu'ils n'engagent et ne gênent en rien. Mais il arrive que tout se gâte dès que l'étranger manifeste sa présence en chair et en os. J'ai vu récemment un commerçant, admirateur fraternel des lointains exploits des « tupamaros », rabrouer en ces termes un malheureux ouvrier portugais : « Si vous n'êtes pas content, vous n'avez qu'à retourner dans votre pays. »

Retours offensifs d'un passé difficile à éliminer, a rétorqué mon jeune homme, mais l'avenir me semble préfiguré par certains milieux de jeunes, qualifiés de « gauchistes », où je vous assure que les différences de race, de nation, de religion, etc., ne comptent absolument pas et qui sont prêts à accueillir sans réserve n'importe quel étranger.

Réponse : je l'accorde, mais ne craignez-vous pas que, là aussi, ne se reproduise ce phénomène de compensation et de transfert, qui est un des signes les plus inquiétants de la mutation actuelle de l'humanité, à savoir que *le prochain et le familier ne s'éloignent dans la mesure où le lointain et l'étranger se rapprochent ?*

Quelques exemples : l'usage immodéré de la télévision (par définition la vision de ce qui est loin) qui nous fait oublier la conversation et jusqu'à la présence des êtres qui nous entourent ; ou l'abus du tourisme exotique qui détourne notre attention des beautés de notre propre pays : tel de mes voisins m'a fait, en rentrant de vacances, un cours détaillé sur les églises de Cappadoce, alors qu'il ne s'est jamais donné la peine de visiter trois merveilleuses chapelles romanes situées dans un rayon de vingt-cinq kilomètres autour de son domicile !

De même dans nos rapports sociaux : tout se passe comme si nos vieux instincts de méfiance et d'agressivité, ne s'exerçant plus sur l'étranger traditionnel ou l' « ennemi héréditaire », se fabriquaient de nouveaux étrangers et de nouveaux ennemis parmi les êtres qui nous touchent de plus près. Témoin les deux xénophobies endogènes qui rongent notre société : la lutte des classes et le conflit des générations. Ces chers « gauchisants » à la conscience planétaire (pourquoi pas cosmique — ou galaxique ?), prêts à assimiler sans difficulté n'importe quel habitant des antipodes ou même un Martien, s'il en existait, rejettent en bloc l'héritage intellectuel et moral de leurs parents et présentent l'affreux bourgeois, père de tous les maux, sous des traits semblables à ceux que les sculpteurs de cathédrales donnaient au démon. Etrange refus qui porte sur le prochain le plus immédiat : les êtres dont ils ont reçu la vie et ceux avec lesquels ils sont nécessairement appelés à collaborer...

Ainsi l'incompréhension et l'agressivité se déplacent de plus en plus de l'extérieur vers l'intérieur ; en d'autres termes, la guerre, à tous les niveaux, dégénère en révolution. Avec cette différence que l'exutoire guerrier respecte et souvent renforce la cohérence interne des groupes belligérants (la magnifique unité de l'Etat d'Israël ne tient-elle pas en grande partie aux menaces qui pèsent sur lui ?), tandis que le poison révolutionnaire mine la substance, l'âme des sociétés. Le pape Paul VI a parlé récemment du processus d'autodestruction qui affecte l'Eglise catholique (comme par hasard, le phénomène coïncide avec une intense fièvre œcuménique : plus d'ennemis au-dehors et la pagaille au-dedans...), mais on peut en dire autant aujourd'hui de toutes les formes de collectivités, depuis les familles jusqu'aux nations.

Qu'on m'entende bien : je ne veux ni faire l'apologie des anciennes guerres ni décourager les efforts vers l'unité planétaire. Je dis seulement que cette unité ne serait qu'un leurre malfaisant si l'intégration du plus lointain devait avoir pour rançon la rupture et le conflit avec le prochain. Que vaudrait en effet cet immense assemblage dont chaque pièce serait divisée contre elle-même ? Est-ce un idéal pour l'ensemble du genre humain (et cette sinistre vision digne de Kafka semble déjà se réaliser dans certains éléments de la société actuelle) que de ressembler à un corps sans identité, docile à toutes les greffes étrangères, mais dont les organes primitifs se rejetteraient les uns les autres ?

CONCENTRATION ET DISSOLUTION

Le raz de marée démographique qui déferle actuellement sur la planète préoccupe tous les esprits soucieux de l'avenir de notre espèce.

Ce qui est plus inquiétant encore, c'est que cet accroissement de la population se localise en très grande partie sur des villes dont les dimensions dépassent déjà largement la mesure humaine. On prévoit, d'ici la fin du siècle, des chiffres exorbitants.

Des personnalités aussi différentes que l'économiste Taylor et le pape Paul VI émettent des vues très semblables sur les dangers mortels que fait courir à l'humanité cette croissance désordonnée des centres urbains.

On n'en finit pas d'énumérer ces périls : pollution de l'air et de l'eau, alimentation frelatée, bruits traumatisants, promiscuité isolante, climat social propice à la délinquance et aux mauvaises mœurs, discrimination scandaleuse entre les niveaux de vie, etc.

J'habite un village qui compte un millier d'habitants, en majorité agriculteurs. J'en connais trop bien l'endroit et l'envers, le dessus et les dessous pour en brosser un tableau idyllique. J'avouerai même, tant j'y sens fermenter les égoïsmes et les rancunes, tant j'y devine le fiel ravalé sous certains sourires, qu'il m'est arrivé souvent de soupirer vers l'anonymat rafraîchissant des grands ensembles. Je n'en suis pas moins obligé de constater que les carences et les excès cités plus haut n'y existent pas, *ne peuvent pas* y exister au même degré que dans les villes — et cela non en vertu d'une supériorité morale quelconque des villageois, mais par la force même des choses, par la structure du petit groupe et l'ambiance qui s'en dégage.

Revenons à nos signaux d'alarme. Il est évident que la contamination de l'atmosphère, de l'eau et des aliments est réduite ici au minimum. Que le bruit des tracteurs disséminés dans les champs est loin d'épuiser les réserves de silence. Que l'individu anonyme n'existe pas (je dirai même que les gens se connaissent peut-être trop bien...). Et quant aux deux derniers points, un court parallèle entre la petite et la grande communauté suffit à dissiper tous les doutes.

Premier point : l'influence du climat social sur la dégradation des mœurs. Chacun sait que la prostitution (avec son corollaire : le proxénétisme) pose, dans les grandes villes, un problème pratiquement insoluble. De même le gangstérisme dont la courbe ascendante épouse et dépasse celle de la démographie. Mais tout change à l'échelle du petit groupe. Témoin l'exemple suivant d'un fils du pays, émigré très jeune à Marseille où il tourna mal, fut contraint de retourner au village à la suite d'une interdiction de séjour dans les grands centres. Là, il essaya de continuer sur sa lancée, c'est-à-dire à vivre, comme il le faisait à Marseille, de proxénétisme et de vol. A cet effet, il fit venir une de ses anciennes « protégées » des bas quartiers phocéens et ouvrit un rudiment de lieu de débauche. Il eut sans doute quelques clients honteux et furtifs, mais il s'éleva autour de lui un tel mur de réprobation et de mépris qu'il dut renoncer à son entreprise. Il commit ensuite quelques larcins, mais, dans cette maison de verre qu'est le village, il fut très vite repéré et neutralisé, de sorte qu'il n'eut bientôt plus d'autre issue que de s'embaucher comme ouvrier agricole. Et je me disais parfois en le regardant travailler : voilà l'honnête homme malgré lui.

Second point : le cloisonnement entre les classes et les milieux. Dans une ville comme Paris, il n'y a aucune commune mesure entre la vie d'un habitant des « beaux quartiers » et celle d'un immigré, terré dans un bidonville de la banlieue. Ces deux êtres sont presque aussi séparés par leur façon de se loger, de se vêtir, de se distraire, de penser et de sentir que s'ils habitaient deux planètes différentes. Rien d'étonnant, dans ces conditions, à ce que l'idéologie de la lutte des classes — qui repose sur la séparation — trouve là un terrain merveilleusement préparé. Ici, au contraire, le plus humble ouvrier agricole et le plus riche propriétaire font partie du même monde. Ils respirent le même air du ciel et ils se nourrissent des mêmes fruits de la terre ; participant aux mêmes travaux, ils ont l'occasion de se rencontrer tous les jours, et leurs expériences, leurs préoccupations communes leur offrent un inépuisable terrain d'échanges. Des frictions, des conflits peuvent, certes, surgir entre eux, mais ces tensions ont alors leur origine dans leur caractère, leurs passions ou leurs intérêts personnels, et non dans des idéologies véhiculées par des propagandes. Bref, s'il leur arrive d'être ennemis, ils ne sont jamais étrangers.

De tels exemples nous montrent la direction à suivre. Il n'est pas question, bien entendu, de reconvertir les grandes agglomérations urbaines sur le modèle des communautés rurales d'hier et même d'aujourd'hui. Mais il faut — par tous les moyens connus ou à découvrir — s'attaquer à ce processus congestif en recréant et en multipliant des communautés humaines dont les membres soient présents les uns aux autres et les chefs visibles et responsables.

Pure utopie ! diront les dévots du sens de l'histoire. Et ils ressortiront les slogans habituels : « On n'arrête pas le progrès », ou encore : « On ne revient pas en arrière ». Réponse : de quel progrès et de quel retour en arrière voulez-vous parler ? Les sociétés n'ont-elles pas leurs maladies, au même titre que les individus ? Et le rôle d'un bon médecin n'est-il pas précisément d'arrêter les progrès de la maladie et de ramener le malade « en arrière », c'est-à-dire à un état analogue à celui qui précédait la maladie, et qu'on appelle tout bonnement la santé ?

Entendons-nous bien. La vie étant mouvement, il ne s'agit pas d'arrêter le progrès, mais de l'orienter, par l'approfondissement de nos connaissances sur la nature et sur l'homme et par une conduite conforme à cette prise de conscience, vers le traitement et la guérison des maladies engendrées par le progrès. Ce combat se livre sur un double front : la sauvegarde de la nature et la création de liens sociaux vivants, de telle sorte que l'air ambiant soit respirable aux corps et aux âmes. Et c'est seulement à ce prix que l'homme prométhéen, enfin dégrisé, pourra conjurer ce « choc du futur » qui l'attend à l'horizon comme la récapitulation explosive de ses erreurs et de ses fautes.

LES BRUITS ET LES VOIX

La campagne contre le bruit bat son plein. Pas un jour où l'on ne dénonce ses méfaits et où l'on ne nous invite à réagir contre ce fléau des temps modernes. L'autre soir, me promenant aux bords d'une rivière tranquille, j'ai été brutalement arraché à ma méditation par le vacarme radiophonique émanant d'une tente de campeurs : c'était le discours d'un illustre biologiste qui prêchait à grand fracas la croisade contre le bruit...

J'aime à me pencher sur le sens des mots. Qu'est-ce exactement que le bruit ? Le dictionnaire de Littré donne : *mélange confus de sons,* et celui de Larousse : *ensemble de sons sans harmonie.*

Ces définitions éclairent le fond du problème. Le bruit, ce n'est pas seulement le contraire du silence, c'est aussi le contraire du rythme, de la musique, du chant. Il est, dans l'ordre des sons, l'équivalent du laid dans l'ordre des formes et des couleurs. Il blesse l'ouïe comme le laid blesse la vue. Et sa nocivité tient peut-être plus à sa discordance qu'à son intensité. On parle couramment « du bruit qui rend fou » et, corrélativement, dans certains établissements psychiatriques, on traite les malades mentaux par la musicothérapie...

Je n'insisterai pas (la question ayant été explorée dans tous les sens par d'éminents spécialistes) sur les ravages physiologiques causés par le bruit (irritation et usure nerveuses, sommeil perturbé, insomnie, etc.), avec leurs incidences sur le caractère, la vie familiale et professionnelle. Je voudrais plutôt attirer l'attention sur un danger plus secret et plus subtil qui, même là où l'on ne constate aucun dommage apparent, menace l'homme dans ses attributs essentiels : sa vie intérieure et sa liberté.

Le bruit nous appelle sans cesse à la surface de nous-mêmes et, par la répétition indéfinie de ce mouvement centrifuge, il nous désaccorde d'avec ces rythmes profonds qui rendent notre existence semblable à un chant. La névrose d'ennui — symptôme majeur de cette carence de vie intérieure — qui sévit dans les pays les plus riches (et les plus bruyants) s'explique en partie par là. Ce qui compromet également la qualité de nos échanges avec le prochain, car tout dialogue authentique se nourrit de la communion entre deux silences et deux solitudes. L'homme qui ne sait pas se taire est incapable d'une vraie conversation et là où il n'y a plus de solitaires, il ne reste que des isolés.

Et la liberté ? Il n'est pas de libre choix sans recueillement et sans réflexion. Or le bruit, par le fait même qu'on ne peut le supporter que passivement, qu'on l'entend sans l'écouter, est l'ennemi par excellence de l'attention. Aussi l'imprégnation de l'inconscient par le bruit entre-t-elle pour une immense part dans le conditionnement des foules. Ce n'est pas par hasard que le mot bruit s'emploie au sens figuré pour désigner toute espèce de communication et d'influence qui présente les mêmes facilités de propagation anonyme que le bruit physique : le bruit court que..., cet homme ou ce livre fait beaucoup de bruit..., etc. Ici, le succès est d'autant plus grand que l'homme, incapable de liberté et de choix, se laisse emporter comme une épave par le flot des ondes sonores. Il lira par exemple le livre qui fait du bruit en fonction, non de la valeur intrinsèque de cet ouvrage, mais de l'ampleur de sa résonance dans la foule. Et de même pour ses options trop spontanées — c'est-à-dire dégradées en automatismes — en matière sociale, politique ou religieuse...

Cela dit, nous sommes prêts à nous associer à la « croisade » contre le bruit. Mais à condition de bien préciser quel en est l'enjeu. Au Moyen Age, c'était la délivrance du tombeau du Christ. Aujourd'hui, il s'agit de sauver notre silence intérieur et toutes les voix secrètes qu'on ne peut entendre que dans ce silence : la voix de la conscience, la voix de la sagesse, et, au centre le plus intime, la voix de Dieu. Le langage courant, dont la précision est sans égale, se garde bien d'employer le mot bruit pour désigner ces appels issus des profondeurs de notre être.

La lutte contre le bruit extérieur ne suffit pas. Il faut l'étendre à toutes les influences, à toutes les pressions qui reproduisent, dans l'ordre psychologique, tout ce que le bruit matériel a d'impersonnel, de chaotique, d'obsédant et d'aliénant. C'est sans doute dans ce sens que saint François de Sales disait que le bien ne fait pas de bruit et que le bruit ne fait pas de bien...

C'est en faisant taire tous les bruits qui nous assaillent du dehors, c'est-à-dire en refusant d'entendre ce qui ne mérite pas d'être écouté, que nous retrouverons la clef de l'harmonie avec nous-mêmes, avec le prochain et avec Dieu, et que nous éviterons le triste destin de réagir comme une touche désaccordée dans le grand concert de la création.

LE MANQUE ET L'ABUS

Le père de Simone Weil, qui fut un médecin éclairé, me racontait que, s'étant arrêté un jour dans un hameau perdu des Hautes-Alpes, il eut l'occasion de s'entretenir avec une vieille paysanne qui ne cessa pas de se lamenter sur son triste sort et de parler, avec un accent d'envie rageuse, de l'injuste bonheur des gens fortunés. Et comme il lui posait cette question : « Mais que feriez-vous si vous étiez riche ? », elle répondit sans une trace d'hésitation : « Si j'étais riche, monsieur ? Eh bien ! je ferais venir le médecin tous les jours. » Le docteur Weil, qui connaissait mieux que personne les limites de son art, réprima un éclat de rire et s'en alla songeur devant cette foi du charbonnier en la toute-puissance de la médecine...

Cela se passait il y a quelque cinquante ans. Depuis, grâce à la Sécurité sociale, le rêve impossible de la vieille femme a été partiellement réalisé et les bienfaits de la médecine s'étendent à toutes les couches de la société.

Mais cette « solution » pose à son tour des problèmes.

Sans émettre de loi générale, je me bornerai à citer deux

exemples, pris l'un et l'autre dans mon village natal, et qui représentent les deux termes extrêmes de cette évolution.

Je me souviens en particulier — et ce sont là de ces images navrantes que le temps n'efface pas — d'un ouvrier maçon qui, mal relevé d'une pneumonie grave, abrégea sa convalescence parce que ses enfants manquaient de pain, ce qui entraîna une rechute dont il mourut.

Et voici l'autre volant du diptyque. Je me trouvais récemment auprès d'un petit artisan local qui n'arrivait pas à se remettre d'une banale grippe contractée au début de l'été. L'homme geignait dans son fauteuil, le médecin venait de lui faire sa énième visite, la table était encombrée de remèdes de tout format et de toute espèce : pilules, ampoules, suppositoires, etc. Je ne pus m'empêcher de lui faire remarquer que toutes ses médications énergiques dont les effets se contrariaient peut-être les uns les autres, risquaient de transformer son organisme en champ de bataille et d'y causer des dégâts beaucoup plus graves que ceux de la grippe — et j'obtins cette réponse : « Vous avez peut-être raison, et j'ai bien envie d'envoyer tout cela à la poubelle. Après tout, c'est l'assurance qui paye »...

Un tel risque n'est pas illusoire, si j'en crois les aveux de tant d'éminents médecins, concernant la fréquence et la gravité des maladies thérapeutiques. Et loin de moi la pensée d'incriminer uniquement les médecins : très souvent, c'est le malade lui-même qui réclame les traitements les plus compliqués et les plus coûteux. On a parfois l'impression que les membres des classes jusqu'ici les plus déshéritées essaient, là aussi, de rattraper leur retard sur les classes dirigeantes et que cette intempérance médicamenteuse — qui pourrait avoir pour devise : « aux petits maux, les grands remèdes » — est pour eux le signe d'une espèce de promotion sociale. Là encore joue ce « pourquoi pas moi ? » irraisonné qui est le levain de la fausse démocratie. Encore quelques pas dans cette voie et le fameux « droit à la santé » dont s'inspire l'organisation de la Sécurité sociale risque de tourner au droit à la maladie artificiellement entretenue et aggravée.

On passe ainsi de la privation à l'abus, du mal par carence au mal par excès, du manque des soins nécessaires à la prolifération des soins superflus, sinon nocifs...

Qu'on m'entende bien. Je ne conteste pas le principe de la Sécurité sociale, mais ses modalités d'application. On reconnaît l'arbre à ses fruits. Malgré les sommes énormes prélevées sur le revenu des salariés et sur le budget des entreprises, les caisses de la Sécurité sociale souffrent d'un déficit chronique dû en partie à un réseau administratif trop dense et trop compliqué et en partie au gaspillage des soins et des remèdes. Ce qui provoque un affaissement de la conscience professionnelle, le système favorisant les paresseux, les tricheurs et les parasites au détriment des vrais travailleurs qui, comme on dit, ne « s'écoutent pas » et savent « prendre sur eux » au lieu de profiter du moindre malaise pour se décharger de leur responsabilité personnelle sur la collectivité anonyme.

Les méfaits de la centralisation étatique éclatent ici aux regards les moins prévenus. Le risque maladie pourrait être couvert à moindres frais et d'une façon infiniment plus efficace à l'échelle de l'entreprise ou de n'importe quelle communauté naturelle où, par la force des choses, règne le sens de la responsabilité personnelle et de la solidarité avec le prochain. L'assurance s'insérerait alors dans le prolongement de l'esprit d'équipe, ce qui offrirait le double avantage de supprimer une bureaucratie pesante et ruineuse et de faciliter le dépistage et l'élimination des tricheurs et des parasites, au profit des vrais malades qui, dans le système actuel, manquent trop souvent de soins à cause de l'encombrement inutile des services de santé. Cette élimination se ferait d'ailleurs en partie d'elle-même, car l'homme est moins enclin à la paresse et à la fraude dans un climat où il est stimulé par des échanges directs avec son prochain et où il sait que ses défaillances retomberont sur des êtres dont il connaît le nom et le visage...

J'ai d'ailleurs tort de parler au conditionnel. De tels organismes fonctionnaient naguère, à la satisfaction de tous, dans certains groupes ou entreprises. Mais la législation ultérieure les a résorbés dans les lourds monopoles paraétatiques que nous connaissons aujourd'hui.

Dans ce domaine comme dans tous les autres, je ne me berce d'aucune illusion sur les chances d'une décentralisation prochaine. Il n'en reste pas moins que c'est dans ce sens que nous devons orienter nos regards et notre action. Sinon les idées les plus « avancées » risquent de se traduire par un recul dans les faits et les réformes théoriquement les plus sociales d'aboutir pratiquement à la déformation des mœurs, c'est-à-dire, à la ruine du sens social.

GAVAGE ET DÉNUTRITION

J'extrais les lignes suivantes d'un article paru récemment dans la revue *Entreprise,* sous la signature de M. Jacques Burko. L'auteur y parle de la recherche scientifique et des publications qui en résultent :

« Notre société ne peut digérer ce qu'elle apprend ni s'en servir efficacement. Il est frappant de constater que sur tous les livres et publications qui entrent chaque jour sur les rayonnages d'une bibliothèque scientifique, la moitié ne sera jamais lue de personne... Quant à l'autre moitié, elle se partage en deux parts égales : la première n'aura qu'un seul lecteur, l'autre sera lue par plusieurs lecteurs. Pratiquement aujourd'hui, un quart seulement des publications scientifiques sert effectivement à d'autres savants ou à des techniciens... On peut en conclure que tout le reste a été publié en pure perte et que la recherche qui s'y trouve décrite ne servira à rien... »

L'auteur insiste ensuite sur les frais qu'entraîne la recherche scientifique et sur la charge écrasante que fait peser sur l'économie le gonflement croissant de ce secteur en grande partie parasitaire.

Transposons ce fait dans les réalités matérielles. Que diriez-vous, par exemple, d'une entreprise industrielle ou agricole dont plus de la moitié de la production, ne trouvant pas d'acheteurs, serait d'année en année jetée au rebut ?

Ce déséquilibre entre la production et la consommation ne se limite pas aux publications scientifiques : on la retrouve dans toutes les branches de la littérature et de l'information : œuvres d'imagination, livres d'histoire, de philosophie, d'exégèse, etc., sans parler de la prolifération des publications périodiques, depuis le quotidien à grand tirage jusqu'à la revue spécialisée. Personnellement, j'éprouve chaque matin une espèce de vertige devant le monceau de papier imprimé que m'apporte le facteur et dont je n'aurai le temps de parcourir qu'une très mince partie. Et j'enrage d'autant plus que je sais qu'il y a dans cette masse des informations précieuses et des réflexions excellentes, mais elles sont si nombreuses et elles se succèdent à un rythme si rapide qu'elles finissent par s'annuler les unes les autres. Ma réaction est celle d'un convive devant un repas démesurément copieux et servi à toute allure...

On se plaint que la culture générale baisse de niveau — et cela malgré un foisonnement inédit de tous les moyens de l'acquérir et de la développer. Faut-il dire *malgré* ou *à cause de* ? L'excès des moyens compromet la fin. La mémoire surchargée réagit par l'oubli : la tête encombrée rejoint la tête vide. Nous souffrons de dénutrition par gavage.

Cette inflation intellectuelle me fait parfois rêver de je ne sais quelle catastrophe, analogue à l'incendie de la bibliothèque d'Alexandrie, qui ne laisserait subsister qu'une très faible partie de la production écrite qui s'entasse depuis plusieurs siècles et s'accroît exponentiellement chaque année. A condition, bien entendu, que le feu soit intelligent et choisisse judicieusement les livres qu'il doit épargner.

Je plaisante — ou plutôt je veux dire qu'il dépend de chacun de nous de provoquer et de manœuvrer pour son propre compte cet incendie intelligent. C'est-à-dire de nous résigner à ignorer beaucoup de choses pour nous concentrer sur quelques-unes dont, par une patiente méditation, nous exprimerons et assimilerons tous les sucs. Nietzsche disait que toute culture profonde est œuvre de ruminant. Nous en sommes loin. Il suffit d'évoquer la plupart des propos qui s'échangent dans une réunion quelconque, depuis le salon aristocratique jusqu'au « café du peuple », pour s'apercevoir, à leur caractère superficiel et stéréotypé, que si les moutons de Panurge ont touché du bout des dents à toutes les herbes, ils n'en ont jamais ruminé aucune.

« Je crains l'homme d'un seul livre », dit un vieil adage latin — c'est-à-dire l'homme qui va jusqu'au fond de ce qu'il lit, qui se l'incorpore et qui en tire une raison de vivre et des règles de conduite. C'est par cette assimilation que, quel que soit le livre lu et médité, le savoir se prolonge en force agissante. Les Grecs, pendant plusieurs siècles, vécurent de l'*Iliade*. Les Arabes du *Coran*. Et, dans la Chine d'aujourd'hui, un seul passage des livres de Mao mobilise plus de lecteurs — et plus d'attention chez chacun d'eux — que l'ensemble d'une bibliothèque publique dans nos villes d'Occident.

Je ne propose pas cela en exemple : je montre plutôt l'excès contraire à celui dont nous souffrons. Une culture trop restreinte a cet avantage qu'elle favorise la concentration et le dynamisme et cet inconvénient que, le premier élan épuisé, elle aboutit assez vite, faute de ventilation, à la stagnation et à l'asphyxie. Le déclin rapide de la civilisation islamique s'explique en partie par là. Mais une culture trop étendue et faite d'éléments non intégrés, produit les mêmes effets : la suralimentation affaiblit autant que le jeûne, on étouffe dans un cyclone comme dans un air trop raréfié...

Où est le juste milieu ? Il varie en fonction des capacités individuelles et chacun doit être assez clairvoyant pour découvrir le régime qui lui convient et assez sage pour s'y conformer. Les lois de la nutrition exigent la même discipline pour l'esprit que pour le corps. Ceux qui, cédant à la gourmandise plus qu'à la faim, picorent sans discernement n'importe quoi à n'importe quelle occasion aboutissent à ce paradoxe d'être d'autant moins nourris qu'ils sont plus repus. La règle d'or consiste à toujours subordonner la *quantité* des aliments à la *qualité* de la digestion.

LA VERTU DES IDÉES SIMPLES

L'Académie française renonce, paraît-il, au discours d'usage dont s'accompagnait jusqu'ici la distribution solennelle de ses « prix de vertu ». Est-ce par crainte du discrédit qui s'attache aujourd'hui au mot de vertu ? C'est un fait que lorsqu'on rappelle à nos contemporains la bienfaisante nécessité des valeurs morales élémentaires (contrôle de soi, subordination du plaisir au devoir, dévouement au prochain et à la collectivité, etc.), on s'expose à passer pour un naïf, un attardé, voire un hypocrite. Dire, par exemple, d'une œuvre d'imagination quelconque — roman ou pièce de théâtre — qu'elle est « moralisante » ou « édifiante », c'est lui dénier du même coup toute qualité intrinsèque. Les termes courants d'écriture « à l'eau de rose » ou de « littérature de patronage » traduisent très bien cet état d'esprit.

« Il faut être un fossile d'extrême droite, m'a dit un jour un jeune interlocuteur chevelu, pour croire — ou faire semblant de croire — à la morale. »

Je veux bien. Mais voici que je m'aperçois, en lisant une remarquable étude sur le héros maoïste, parue récemment dans la *Revue française de science politique* sous la signature de M. Philippe Ardant, que l'extrême droite et l'extrême gauche se rejoignent, autrement dit que les précurseurs d'Extrême-Orient ressemblent étrangement sur ce point aux fossiles occidentaux. Car la Chine est un pays où l'on croit à la vertu et où l'on moralise à outrance.

M. Ardant démonte sous nos yeux les mécanismes très simples de la « nouvelle morale » : tout s'y ramène à la condamnation de l'égoïsme, à l'exhortation au don total de soi-même au bénéfice d'un idéal au sein duquel l'individu se dépasse et s'engloutit. « La lutte contre l'égoïsme, dit M. Ardant, prend la tournure d'une campagne nationale, comme en Occident la prévention du cancer. »

En deux mots, nous sommes en présence d'un nouvel

ascétisme, couronné et vivifié par une nouvelle mystique — l'un et l'autre prolongeant en droite ligne une tradition religieuse aussi ancienne que l'humanité, avec cette unique différence que l'adoration d'un Dieu transcendant y est remplacée par le culte de Mao et l'horreur du diable par la haine de l'oppression capitaliste.

Tout cela concrétisé et illustré, à l'usage des fidèles, par d'innombrables « vies de saints » — personnages monolithiques, psychologiquement aussi irréels que les héros de la *Légende dorée* dont s'enchantait le Moyen Age — qui ont incarné, sans l'ombre d'une défaillance, toutes les vertus prolétariennes : abnégation, désintéressement, accomplissement rigoureux du devoir d'Etat, dévouement inconditionnel au parti, etc.

Avec encore cette différence que le Moyen Age a vu fleurir, à côté de l'hagiographie et des légendes héroïques, une abondante littérature préromantique exaltant l'amour humain. Rien de pareil en Chine : « C'est en vain, constate M. Ardant, qu'on chercherait dans la biographie du héros, la trace d'une idylle, la moindre manifestation d'une attirance pour quelqu'un du sexe opposé. Les héros vivent dans une ambiance monacale d'où tous les problèmes sentimentaux qui risqueraient de les divertir de leurs tâches sont bannis. » Les Tristan et les Iseut, avec leurs extases et leurs tourments, n'ont pas de place dans la construction du monde socialiste : l'amour s'y réduit aux mécanismes de la reproduction encadrés et contrôlés par l'Etat...

Et pendant ce temps, que fait l'Occident ? Dans l'ordre intellectuel, il se livre à des débauches d'analyses psychologiques qui aboutissent à la négation de l'âme et de la liberté et, dans l'ordre de l'action, il vogue sans gouvernail, agité par les vents contradictoires de l'intérêt et du plaisir individuels. Scepticisme dans la pensée et émiettement des mœurs...

Il est permis de rire — aussi longtemps que l'accélération de l'histoire nous en laissera le loisir — du simplisme de la morale et de la religion chinoises. Mais il ne faut pas oublier que ce sont des idées simples qui ont de tout temps mené le monde. Vraies ou erronées, elles ont toutes un commun dénominateur : l'efficacité. C'est avec des idées simples que les Romains ont subjugué les Grecs raffinés et décadents, que les Turcs ont mis fin aux subtilités byzantines et que Hitler, après avoir séduit l'Allemagne, a failli conquérir l'Europe. « Un ramassis de lieux communs, m'a dit un intellectuel distingué, après avoir lu le petit livre rouge de Mao. Noircir tant de pages pour nous apprendre cette vérité première que l'union fait la force ! » — « Je suis bien de votre avis, ai-je répondu. Mais le jour où la force réalisée par cette union s'abattra sur nous, je crains fort que votre sourire de mépris ne se change en grimace de terreur. »

Des lieux communs ? Ce sont les lieux communs qui rassemblent les hommes et qui créent les *communautés*. Et le premier de tous, c'est qu'il n'y a pas de lien social durable et fécond sans une constante victoire sur l'égoïsme et le dévouement au bien public.

L'alternative est très claire : ou bien nous retrouverons par nous-mêmes ces vertus élémentaires, ou bien ceux qui les pratiquent nous les imposeront par la force. Et c'est peut-être cet obscur pressentiment qui explique l'attitude paradoxale de tant de nos jeunes intellectuels qui, d'une part, prêchent l'anarchie, la subversion, la liberté sexuelle absolue, etc., et de l'autre, s'affirment les disciples et les apôtres de Mao. Intoxiqués par une liberté et des facilités dont ils ne savent que faire, ils sentent au fond d'eux-mêmes le besoin d'une discipline et d'un ordre, mais incapables d'y revenir par leurs seules forces, ils attendent le fouet du dompteur pour rentrer dans le droit chemin. Leur maoïsme est la revanche souterraine de la morale bafouée.

Cet état d'esprit est d'autant plus dérisoire que notre tradition occidentale et chrétienne nous offre tous les éléments du salut des individus et de l'harmonie des sociétés. Il suffit d'opposer au *simplisme* de la morale maoïste la *simplicité* de la morale évangélique. L'une et l'autre nous invitent également à dominer notre égoïsme, mais la première au profit de l'esclavage totalitaire et la seconde en vue de construire la cité fraternelle où fleurissent solidairement l'amour et la liberté.

L'EMBARRAS DU CHOIX

L'immense supériorité de notre économie libérale sur celle des pays totalitaires est d'offrir au consommateur un très large éventail de choix. Ici, le marché nous présente de quoi satisfaire tous les goûts ; là-bas, pour la plus grande partie des biens de consommation, l'Etat choisit à la place des individus.

Un tel privilège devrait normalement favoriser l'exercice de notre liberté et contribuer à notre bonheur. Pourquoi faut-il — et c'est là un des symptômes les plus graves de la crise de notre civilisation — que, dans tant de cas, il provoque un surcroît d'aliénation ?

Un seul exemple. Je rends visite à un ami et je le trouve en contemplation devant une multitude de dépliants somptueusement illustrés, émanant de diverses agences de voyages. « Quel casse-tête ! » me dit-il. Tous ces programmes sont plus alléchants les uns que les autres et je n'arrive pas à décider où je passerai mes vacances. Au fond, rien ne me fait spécialement envie et j'ai l'impression qu'après m'être bien fatigué à peser tous les pour et tous les contre, je choisirai au hasard.

J'ai répondu : « Ayant la chance d'habiter à la campagne, je suis bien résolu à ne plus bouger de tout l'été. Je trouve que j'ai déjà assez de tracas toute l'année pour organiser mon travail et je ne veux rien ajouter à ce surmenage en ce qui concerne mes loisirs. »

Je parle des voyages. Mais n'observe-t-on pas la même perplexité obsédante à propos de mille autres objets d'utilité ou de distraction ? Quelle voiture achèterons-nous cette année ? A quel spectacle irons-nous ce soir ? Etc. Ce mélange d'avidité en surface et d'indifférence en profondeur est le signe infaillible de la décadence spirituelle due à la mauvaise assimilation de l'abondance matérielle. Nous voyons se multiplier sous nos yeux un type d'humanité qui souffre à la fois de satiété et de prurit (deux choses qui vont très bien ensemble : les irritations de la peau procèdent en général d'un fonctionnement défectueux des entrailles), c'est-à-dire qui n'a de vrai appétit pour rien et qui se démange à propos de n'importe quoi.

Ce mal — dénoncé de tout temps par les moralistes : Sénèque écrivait, il y a 2 000 ans, de pages admirables sur le vide créé par l'encombrement — a pris aujourd'hui des proportions telles que — chose impensable il y a seulement une dizaine d'années — les technocrates eux-mêmes commencent à tenir les mêmes propos que les sages et à manœuvrer les mêmes signaux d'alarme. Témoin les déclarations récentes de M. Mansholt, grand manitou du Marché commun et de M. Giscard d'Estaing, ministre français des Finances, sur les dangers d'une expansion incontrôlée et sur l'abîme qui sépare le niveau de vie du niveau de bonheur. La poésie mise à part, je croyais relire certains passages du *Petit Prince* de Saint-Exupéry sur les impasses de la civilisation quantitative !

On redécouvre ainsi, au niveau de la froide analyse sociologique, cette évidence immémoriale que l'homme a besoin d'une structure intérieure plus solide pour supporter l'abondance que la pénurie, l'embarras du choix que l'absence de choix. Notre société, qui oscille de plus en plus entre l'ennui et la révolte, la consommation sans frein et la révolution sans but, ressemble un peu à une cheminée encrassée par d'épais dépôts de suie, qui d'une part tire mal, et de l'autre, est menacée à chaque instant d'incendie.

Le remède ? J'avoue que je me défie des technocrates qui, après avoir exalté sans restriction ni discernement le progrès matériel, tendraient à nous imposer je ne sais quel dirigisme inverse en vue de freiner l'expansion et de limiter nos possibilités de choix. Il ne s'agit pas de condamner l'abondance — qui est un bien par elle-même — mais de l'orienter et de l'intégrer en fonction du bonheur de l'homme. C'est-à-dire de racheter la quantité par la qualité, le plus par le mieux, l'avoir par l'être, de façon que la victoire de l'homme sur la matière s'achève en victoire de l'homme sur lui-même.

C'est de ce choix fondamental que dépend l'avenir de la civilisation technique et même de la civilisation tout court. Car à force de nous disperser en choix superficiels et éphémères, nous perdons peu à peu la capacité de nous choisir nous-mêmes, je veux dire de distinguer entre le bien et le mal, l'essentiel et l'accessoire, le vrai bonheur qui est intérieur et les passe-temps qui nous rendent esclaves des choses. Jusqu'au jour où la tyrannie, terme fatal de toutes les décadences, vient nous enlever une fois pour toutes l'embarras du choix.

LA SÉGRÉGATION CHRONOLOGIQUE

Je lis, sous la plume d'un grand psychologue américain, une étude très documentée sur l' « incomplétude » psychique des enfants que les conditions de la vie moderne privent de contacts habituels avec des vieillards. « Il manque à ces enfants quelque chose d'irremplaçable, conclut notre auteur, et cette carence affective risque de marquer leur comportement pour tout le reste de leur vie. »

Par ailleurs, on entend chaque jour des plaintes sur la triste situation des vieillards qui, isolés et entassés dans des maisons de retraite ou des hôpitaux, n'ont plus d'échanges avec les jeunes générations.

Mais voici un autre son de cloche. Je trouve, dans un journal parisien, la reproduction d'une lettre écrite par une femme de quatre-vingt-cinq ans, où il est affirmé que la présence d'un vieillard (en l'espèce le père ou la mère de l'un des conjoints) dans un foyer n'est pas plus souhaitable pour les enfants et les petits-enfants que pour le vieillard lui-même.

Je cite : « La vie commune de deux générations fait le malheur des deux... La paix est déjà difficile dans un ménage quand le foyer comprend seulement les époux et les enfants. La présence constante d'une personne âgée rend cette paix à peu près impossible... D'autre part, chez ses enfants un vieillard peut bien rarement être heureux. Le fossé est actuellement trop profond entre les générations. Entendre constamment émettre des idées qu'on ne comprend pas ou voir des comportements qui nous déplaisent est bien pénible... Je n'hésite pas une seconde pour conclure : il faut multiplier les maisons de retraite. »

« Ayant cohabité jusqu'à l'âge de trente ans avec mes grands-parents (l'idée de s'en séparer ne venait même pas à l'esprit dans notre civilisation rurale) et sachant ce que j'ai reçu d'eux durant et bien après mon enfance, j'avoue que de tels propos me déconcertent. Je ne cache pas qu'il y avait une part de friction et de support mutuel parfois pénible entre mes parents et mes grands-parents, mais ces inévitables misères de la vie commune n'étaient que la faible rançon d'un très large éventail d'échanges positifs. Et encore ne concernaient-elles que les deux générations d'adultes et ne troublaient-elles en rien la limpidité spontanée de mes rapports avec mes grands-parents. Plus j'avance dans la vie, plus je découvre combien la qualité de leur tendresse et de leurs enseignements — si différente de celle qui vient des parents — m'a pénétrée jusque dans les fibres les plus secrètes de mon être.

« La vieillesse et l'enfance ont de secrets accords », disait le poète. Va-t-on vers un monde où ces deux pôles de l'existence humaine, qui se vivifient l'un par l'autre, seront définitivement séparés ?

Je sais que les maisons de retraite répondent aux dures nécessités de la vie moderne. L'exiguïté des logements urbains, le travail des femmes, la tension nerveuse ambiante rendent difficile l'intégration du vieillard dans la famille. A cela s'ajoute la fameuse accélération de l'histoire qui accroît le décalage entre les générations. Mieux vaut, pour le vieillard, le repos parmi ses pareils dans l'anonymat d'une maison de retraite que le malaise suscité dans un foyer par son indésirable présence.

Je n'en vois pas moins, dans la généralisation de ce processus d'isolement des vieillards dans des établissements spécialisés, une des plus graves contradictions internes de notre époque. On prêche partout l'avènement d'une conscience et d'une fraternité planétaires qui abattra toutes les cloisons et tous les ghettos à l'intérieur de la grande communauté humaine et l'on voit en même temps se dissoudre la famille, base et modèle de toutes les autres communautés. On jette l'anathème sur tous les *apartheids* (l'exclusion de la Rhodésie des jeux Olympiques nous en offre l'exemple le plus récent) et on fait la ségrégation entre les fils et les pères. On se rapproche du plus lointain et on s'éloigne du prochain le plus immédiat, j'allais dire le plus intérieur : celui dont le sang coule dans nos veines. J'ai rencontré un homme qu'indignait « l'ignoble racisme » d'un Américain refusant la main de sa fille à un *coloured man* et qui avouait froidement ne pas pouvoir supporter plus de quarante-huit heures la présence de sa vieille mère dans son foyer. L'extension de la fraternité aurait-elle donc pour rançon la négation de la paternité ? On le croirait à voir ainsi se reconstruire dans le temps les barrières qu'on abolit dans l'espace...

Et par une sinistre ironie du sort, ce phénomène de rejet à l'égard des vieillards coïncide avec les progrès de la gérontologie qui nous promet d'ici peu la fabrication en série des centenaires. Ce qui entraînerait automatiquement la prolifération démesurée des maisons de retraite, c'est-à-dire la scission de l'espèce humaine en deux blocs hétérogènes. Mais on peut se demander quel sens garderait ce prolongement de l'existence pour des êtres ainsi mis en marge de la vraie vie. Car je crains fort que la maison de retraite la mieux équipée et la plus confortable, mais où manquent la chaleur du foyer et le sourire de l'enfant, ne ressemble trop, pour des vieillards qui ne verront autour d'eux que d'autres vieillards ou des techniciens de la vieillesse, à je ne sais quelle antichambre glacée du cimetière.

TROISIÈME PARTIE

LES SÉPULCRES NOIRCIS

On dit que la littérature d'imagination (romans et pièces de théâtre) reflète les mœurs et la mentalité d'une époque. Je veux croire cette opinion exagérée : sinon, nous vivrions dans la période la plus désolante de l'histoire. Car voici au moins un quart de siècle que la majorité des œuvres littéraires se présentent sous le signe de l'asphyxie et de la nausée...

J'achève la lecture de deux ou trois récents best-sellers. On s'y englue à chaque page dans le pessimisme le plus ténébreux. L'un d'eux — rédigé sous la forme autobiographique — nous raconte les minables expériences d'un individu, dégoûté de tout et de lui-même, qui décrit sa bouche — vue dans le miroir en se rasant — comme une ouverture grotesque et malodorante, bonne tout au plus à y introduire le canon d'un revolver. Et tout le reste à l'avenant...

Soyons sans inquiétude. L'auteur prendra congé de ce désespoir en refermant son stylo : mieux encore, il le monnayera en succès et en argent. Et les journaux parleront longtemps de ses livres et publieront sa photographie — celle d'un visage aux traits reposés et souriants — avant d'annoncer son suicide.

On s'est beaucoup moqué de la littérature dite « édifiante », avec sa vision unilatérale et préfabriquée de l'existence, où ne fleurissent que les bons sentiments et où la vertu est toujours récompensée. On retrouve le même parti pris et les mêmes conventions dans la littérature dissolvante, à cette seule différence près qu'elle remplace la vision rose par la vision noire et le sirop par le vinaigre. Mais le vinaigre est aussi artificiel, aussi chimiquement élaboré que le sirop...

On dirait que tous ces auteurs se sont donné le mot pour nous persuader que la vie n'est qu'un tissu de platitudes et d'impuretés. Je songe à la vieille méthode Coué, en vogue au début du siècle, qui consistait à se répéter du matin au soir, pour retrouver santé et bonheur : tout va bien, tout va très bien, tout va de mieux en mieux. Nos « desperados » littéraires semblent pratiquer, en sens inverse, la même auto-suggestion : tout va mal, tout va très mal, tout va de mal en pis. — Comme si, la vie ne comportant pas assez d'épreuves réelles, nous avions besoin d'entraîneurs sur la pente de l'amertume et du découragement !

Mais, je le répète, tout ce pessimisme n'est que pacotille verbale, réservée à l'étalage et à l'exportation. L'hypocrisie consistait autrefois à paraître meilleur qu'on n'est ; elle consiste aujourd'hui à paraître pire. Le Christ traitait de « sépulcres blanchis » les pharisiens qui affichaient de fausses vertus. Devant l'affectation et la surenchère qui sévissent actuellement dans l'exhibition des bas-fonds de l'être humain, c'est le mot de sépulcre noirci qui vient à l'esprit.

On me dira que je confonds morale et littérature, qu'un écrivain, même s'il présente son œuvre sous la forme de la confession personnelle, n'est pas tenu d'éprouver les sentiments qu'il exprime et que tout ce qu'on lui demande, exactement comme au comédien sur la scène, c'est de bien jouer le rôle qu'il a choisi, c'est-à-dire de donner l'illusion de la vérité. Et que cette constatation élémentaire doit suffire à immuniser ses lecteurs contre un désespoir si complaisamment étalé, car une maladie simulée ne saurait être contagieuse.

C'est ce dernier argument que je conteste. S'il est trop évident que, sur le plan matériel, on ne peut communiquer que ce qu'on possède réellement (si par exemple, je fais semblant d'avoir le choléra, je ne le donnerai à personne), dans l'ordre spirituel au contraire, la fiction peut engendrer la réalité. Et dans n'importe quel sens : on cite le cas de ce prédicateur célèbre qui, de son propre aveu, ne fit jamais autant de conversions qu'après avoir perdu la foi. Le désespoir littéraire a parfois les mêmes effets. A force de *pousser au noir* le tableau de l'existence, on peut aussi *pousser dans le noir,* c'est-à-dire achever de démoraliser des êtres faibles ou trop réceptifs, en particulier les jeunes gens que l'épreuve du réel n'a pas encore vaccinés contre les sortilèges de la littérature. Je pourrais citer quelques cas de suicide provoqués par la lecture d'ouvrages dont les auteurs mourront certainement dans leur lit après une longue et brillante carrière d'illusionnistes. C'est sur ce terrain que les simulateurs arrivent à déclencher des épidémies véritables.

Je ne dénie pas aux écrivains le droit de peindre le côté sombre de la destinée. Je constate seulement qu'ils abusent de ce droit. La vie étant un mélange à proportions variables de bien et de mal, où s'entremêlent les motifs d'espérance et de désespoir, c'est une offense au réel que de la réduire à son aspect négatif. Hugo écrivait à l'adresse des pessimistes de son époque :

> « Vous voyez l'ombre, et moi je contemple les astres ;
> Chacun a sa façon de regarder la nuit... »

Pour mon compte, je trouve que la nuit où nous marchons est déjà assez épaisse sans qu'il soit besoin d'y ajouter le brouillard d'un pessimisme factice qui, en ôtant aux ténèbres leur limpidité, nous empêche de voir les astres et de nous guider sur leur lumière.

LE MYTHE DE LA SINCÉRITÉ

Un des traits les plus saillants de notre époque est la mise en question et la subversion de toutes les valeurs traditionnelles. Essayez de parler, dans certains milieux, de vérité, de sagesse, de vertu, etc. et votre anachronisme fera sourire. La sincérité, seule, échappe à ce naufrage universel : c'est la dernière valeur admise — celle qui dispense et qui tient lieu de toutes les autres. Combien de fois ai-je entendu dire, à propos de l'auteur d'un ouvrage bassement pornographique ou d'un apologiste de la violence : mais il est sincère ! avec un accent plein d'une indulgence qui frisait l'approbation.

Première remarque : je ne suis pas sûr que tous ces champions de la sincérité soient sincères. Dans un siècle où l'inconvenance est entrée dans les conventions, où l'exhibitionnisme sexuel comme les actes ou les récits de violence provoquent l'admiration et assurent le succès, l'hypocrisie peut très bien consister à feindre les pires audaces, comme elle consistait jadis à sauver les apparences de la moralité et du « bon ton ». Qui donc a dit — et le mot va très loin — que « la seule vertu, pour certains hommes, est de faire semblant de n'être pas hypocrites » ?

Serrons la question de près. Qu'est-ce que la sincérité ? L'homme sincère, dit le dictionnaire, est celui qui exprime avec vérité ce qu'il sent et ce qu'il pense.

Cette définition suffit à prouver que la sincérité absolue ne peut pas exister. Si chacun se mettait à extérioriser, en paroles et en actes, *tout* ce qu'il sent et tout ce qu'il pense, aucune vie humaine ne serait possible. Les exemples abondent dans notre vie quotidienne.

Etais-je insincère lorsque, pris en 1944 sous un bombardement aérien et tremblant de tous mes membres, je m'efforçais de ne rien laisser paraître de mon émotion et de rassurer mes voisins ?

Suis-je insincère lorsque je me mets au travail à heure fixe alors que j'ai une envie folle de me promener dans la nature ?

Ou bien si, discutant avec une perruche mondaine qui me tient des propos absurdes, je maîtrise mon agacement qui me pousse à lui crier : vous n'êtes qu'une écervelée, et à rompre l'entretien, pour continuer à causer avec calme et à sourire aimablement ?

Seuls les animaux et les tout petits enfants sont totalement et continuellement « sincères » : ils braillent, cognent, mangent ou refusent la nourriture au gré de leur impulsion du moment. « Quand je veux savoir ce que c'est que la sincérité, disait Gide, je regarde un chien ronger un os. » Mais est-ce un idéal pour l'homme ?

Et, de fait, ce sont les émotions et les mobiles les plus élémentaires, les plus voisins de l'instinct animal (pulsions sexuelles, réflexes d'agressivité, de peur, de paresse, etc.) qui sont en nous les plus spontanés et qui, lorsque nous les traduisons extérieurement, donnent la plus forte impression de sincérité.

Ce qu'on oublie trop facilement, c'est que la réalité humaine comporte plusieurs étages (depuis le réflexe uniquement biologique jusqu'à l'idéal purement spirituel, en passant par l'imagination et les passions) et, à chaque étage, une forme de sincérité correspondante. Et qu'il y a souvent rivalité et conflit entre ces étages, de sorte que l'obéissance aux mobiles les plus élevés implique l'inhibition et par conséquent la dissimulation des mobiles inférieurs.

Reprenons les exemples cités plus haut. Quand la peur s'abat sur moi, où est « ma vérité » la plus profonde : dans mon corps qui tremble ou dans mon esprit qui refuse de céder à ce tremblement ? Ou quand je travaille au lieu de me promener : dans ma paresse ou dans ma fidélité au devoir d'état ? Ou enfin quand je prends sur moi pour supporter patiemment le « jacassin » de cette écervelée : dans mon irritation spontanée ou dans mon désir réfléchi de bienveillance envers tous les êtres ? Disons que, dans tous ces cas, je choisis entre deux sincérités, de qualité très inégale, dont l'une consiste à m'abandonner à mes humeurs et l'autre à obéir à ma volonté. En d'autres termes, je suis peut-être moins sincère par rapport à mes émotions, mais je suis plus vrai par rapport à mes devoirs. Je montre moins ce que je suis, mais je me rapproche davantage de ce que je dois être.

Si l'on fait de la sincérité, à n'importe quel niveau et à n'importe quel prix, une valeur absolue, on sape du même coup toutes les vertus sur lesquelles repose l'édifice individuel et social : domination de soi, discipline intérieure et extérieure, pudeur, politesse, etc. Et la seule vérité qui demeure est celle du chaos...

La confession catholique n'accorde l'absolution que si l'aveu de la faute s'accompagne du ferme propos d'éviter les rechutes. De même, sur un tout autre plan — celui de la stratégie politique — l'autocritique marxiste. Mais pour les « inconditionnels » de la sincérité, l'aveu seul emporte l'absolution et l'étalage du pire dispense de la recherche du meilleur...

Idéal de *décomposition,* dans tous les sens du mot. Au fait, quoi de plus « sincère » qu'une maison qui s'écroule ? Elle découvre avec une admirable franchise tous les matériaux qui la composaient et dont l'harmonie de l'édifice exigeait que certains demeurent cachés, mais cette vérité dans chaque détail s'obtient aux dépens de la vérité de l'ensemble, car précisément *il n'y a plus de maison.* De même pour l'homme. Faut-il lui proposer comme suprême valeur la construction de lui-même — avec tout ce qu'elle comporte de choix, d'élimination et de *parties voilées* — ou bien le déballage sans discernement de tous les éléments de son être, au terme duquel il n'y a plus d'homme ? Et doit-on, sous prétexte de sincérité, préférer la pioche du démolisseur à la truelle du maçon ? Réaction contre l'hypocrisie des générations précédentes, dira-t-on. C'est vrai en partie. Mais une réaction excessive est souvent un remède pire que le mal. Est-ce rendre service à un aveugle, qui frôle le fossé de droite, que de le pousser si fort qu'il tombe dans le fossé de gauche ? Le seul moyen de sauver la vertu de sincérité est de l'exercer dans le sens que nous avons indiqué : comme la fidélité à ce qu'il y a de meilleur, de plus vrai en nous, et à égale distance de l'hypocrisie qui est son contraire et de l'exhibitionnisme qui est sa caricature.

LA PROFONDEUR ET LES BAS-FONDS

La psychanalyse — science qui consiste à chercher la cause secrète des comportements humains dans des mobiles inconscients, d'origine généralement sexuelle — jouit depuis quelques années d'une vogue démesurée. A telle enseigne que son vocabulaire technique, jadis réservé aux spécialistes, a fait tache d'huile dans le langage courant. Un seul exemple : pour désigner un homme inhibé dans ses relations avec le prochain on dit de moins en moins : « c'est un timide », et de plus en plus : « c'est un refoulé » ou : « il a des complexes »...

Plus que cela : l'interprétation psychanalytique s'infiltre progressivement dans les domaines qui relevaient autrefois de la morale, de la religion ou de l'esthétique.

Tel enfant se montre exagérément paresseux, agressif ou insociable. Il n'est plus question de le traiter par la réprimande (assortie au besoin d'une vigoureuse fessée) ou par l'exhortation : il faut le conduire au plus tôt chez un psychologue qui démontera le mécanisme de ses « frustrations ». — J'ai rencontré récemment un jeune prêtre qui venait d'abandonner son ministère pour se marier : il m'a expliqué que sa vocation sacerdotale avait été une erreur d'aiguillage, due à un attachement infantile au sein maternel. — Mieux encore : je lis un savant ouvrage où il est démontré que les plus beaux vers de Victor Hugo sont la transposition symbolique des pulsions sexuelles de leur auteur.

Qu'il y ait dans tout cela une part de vérité (très variable suivant les cas, tantôt immense et tantôt presque nulle), il faudrait ne rien savoir de l'homme pour le nier. Ce qui m'inquiète, c'est la généralisation d'une mentalité pseudo-scientifique qui tend à voir le fond *(der Grund)*, la réalité dernière de l'être humain dans ce grouillement obscur de pulsions et d'inhibitions et à faire de la conscience (et de toutes les valeurs qui s'y rattachent) une espèce de phosphorescence ou de feu follet, flottant à la surface de cet océan de ténèbres et manœuvré par ses vagues. Ce qui, à la limite, dissout les notions de liberté et de responsabilité, suivant le mot célèbre de Freud : « Nous ne vivons pas, nous sommes vécus par des forces inconnues. »

Cela s'appelle la « psychologie des profondeurs » *(Tiefenpsychologie).* Ce qui m'amène à poser cette question essentielle : que signifie le mot profondeur ? Doit-il s'appliquer uniquement à notre vie irrationnelle et inconsciente, ou bien peut-il aussi désigner une qualité spirituelle ? Quand nous disons d'un homme qu'il « a du fond » ou que nous parlons d'une pensée ou d'un sentiment « profonds », est-ce à cette plèbe qui s'agite dans l'inconscient que nous faisons allusion ? En d'autres termes, la vraie profondeur de l'homme est-elle dans la bête ou dans l'âme ?

Nous savons combien les valeurs spirituelles sont superficielles et fragiles dans l'immense majorité des hommes et quels instincts sauvages se dissimulent sous le vernis de la civilisation. « Grattez le Russe, vous trouverez le Cosaque, grattez le Cosaque, vous trouverez l'ours », dit un vieil adage dont le seul tort est de n'attribuer qu'aux Russes ce fonds de barbarie qui est commun à tous les hommes.

Mais depuis quand la fragilité est-elle un indice de moindre réalité ? Un homme supérieur est plus délicat qu'une brute, un animal plus qu'une plante et celle-ci plus que la matière inanimée. A ce compte, c'est au minéral qu'il faudrait décerner le plus haut coefficient d'existence. — Rien n'est plus débile en nous que l'esprit, sans cesse éclipsé par le sommeil, voilé par la fatigue ou mis en échec par nos passions. Mais rien aussi n'est plus précieux. Le vrai, le beau et le bien, dont il est la faculté, n'ont-ils pas aussi leurs abîmes et n'est-ce pas en répondant à l'appel d'en haut que nous retrouvons nos vraies sources ? Le latin n'a qu'un seul mot : *altitudo* pour désigner l'élévation et la profondeur. Et c'est dans ce sens que saint Paul parle des « profondeurs de Dieu ».

On répondra que les investigations du psychanalyste ne

visent pas à détrôner l'esprit, mais à débloquer, en les amenant à la lumière de la conscience, certains mécanismes affectifs dont le mauvais fonctionnement trouble l'exercice de nos facultés supérieures. C'est exact, mais à condition que la psychanalyse reste sur son terrain et ne dépasse pas ses limites — ce dont, je me plais à le reconnaître, certains psychanalystes sont parfaitement conscients. Mais c'est trop souvent le contraire qui se produit, et nous voyons proliférer chaque jour ces interprétations dégradantes qui expliquent le plus haut par le plus bas — disons, pour faire image, le vin par la lie, l'eau par la vase ou la rose par le fumier. Comme s'il n'y avait pas d'autres profondeurs en nous que ces épaisseurs nocturnes et s'il fallait y chercher la clef de notre équilibre intérieur !

Il y a là une dangereuse confusion entre la *profondeur* et les *bas-fonds*. Où est l'âme, le vrai visage d'une ville comme Gand ? Dans ces « superstructures » constituées par les trois tours et les vieilles rues avoisinantes qui en font une chose unique au monde ou bien dans son système d'égouts qui ressemble à celui de n'importe quelle autre ville ? L'un n'exclut pas l'autre, je le sais. Mais s'il faut choisir, je préfère concentrer mon attention sur le premier de ces aspects plutôt que sur le second.

Face à cette psychologie d'égoutier, il apparaît nécessaire et urgent d'affirmer la primauté de la conscience, au double sens du mot : faculté de connaître le vrai et voix intérieure qui nous incline à faire le bien. C'est à elle qu'il appartient de coordonner et d'orienter tous les éléments et toutes les énergies de notre être en fonction d'un choix éclairé et libre. Et si elle ne réussit pas toujours à imposer silence à la bête, du moins nous propose-t-elle un but assez haut pour nous rendre sourds à ses grognements.

« Dieu premier servi » — telle était la devise de Jeanne d'Arc. On peut en dire autant de la conscience qui est le reflet de Dieu en nous. Je n'ignore rien des abus d'une philosophie exclusivement spiritualiste et d'une morale désincarnée qui refusaient de tenir compte des zones inférieures de notre psychisme. Le terme freudien de refoulement correspond à une réalité psychologique incontestable. Mais l'excès inverse — je veux dire le déchaînement des instincts jadis trop étroitement enchaînés — n'est-il pas infiniment plus redoutable ? Encore une fois, je n'incrimine pas la psychanalyse en tant que méthode scientifique, mais le climat confus et malsain qui s'est créé autour d'elle et dont le déferlement actuel de l'érotisme et de la violence dans les mœurs, la littérature et les arts traduit l'influence dégradante.

Conclusion : sauf dans certains cas pathologiques bien délimités, il est plus important et plus salutaire de former la conscience, c'est-à-dire d'éduquer la liberté et la responsabilité, que d'explorer sans fin l'inconscient, de purifier la source que de remuer la vase, d'orienter l'homme vers ce qu'il doit être que de s'appesantir sur ce qu'il y a de moins humain en lui. La meilleure façon d'échapper aux miasmes du marécage, ce n'est pas de fouiller celui-ci dans tous les sens, mais de prendre de l'altitude — et c'est à ce prix que nous préserverons nos vraies profondeurs de la contagion des bas-fonds.

L'HISTOIRE ET « LES HISTOIRES »

La récente lecture de quelques livres d'histoire (?) m'a rappelé, par contraste, cet admirable texte d'Alain sur les grands hommes défunts : « Ils ne sont plus en situation de se démentir, de se diminuer ni de vieillir, il ne reste d'eux que ce qui mérite respect ; aussi leurs maximes valent mieux qu'eux-mêmes... Aucun mort ne fut digne de ses œuvres, et c'est pourquoi les publications de lettres intimes et de médiocres aventures sont proprement impies... Il faut laisser mort ce qui a mérité de mourir... »

Cette impiété est devenue l'exercice quotidien d'une foule d'historiens de bas étage qui travaillent dans la biographie comme les vers dans le fromage. Pas un grand homme dont on n'explore la vie privée jusque dans ses recoins les plus secrets, avec une préférence marquée pour les plus sordides. L'histoire, à ce niveau, n'est plus qu'un ramassis incohérent de détails, d'anecdotes et de ragots, livrés en pâture à des curiosités de concierge. Ce n'est plus l'histoire, ce sont « des histoires » qu'on nous raconte...

Et là où les documents font défaut, l'imagination du biographe vient à la rescousse. J'ai lu récemment un ouvrage sur César (publié dans une collection de livres d'histoire et non de romans à trame historique comme par exemple *les Trois Mousquetaires*) dans lequel étaient relatés, avec une précision déconcertante, les propos échangés entre le général romain et Cléopâtre, après leur première nuit d'amour. Il faut supposer que le narrateur avait inventé une machine à explorer le temps et y avait dissimulé un magnétophone !

Résultat-limite : l'œuvre du grand personnage, le fruit immortel du génie par lequel il se distingue de la masse des mortels, finit par être éclipsée et oubliée sous ce flot de commérages dont le piment éventé ne rachète pas la platitude. Telle biographie de Verlaine (aliment de choix pour la chronique scandaleuse) a connu de plus forts tirages — et donc touché un plus large public — que l'œuvre lyrique du même Verlaine. De sorte qu'il existe des gens très bien renseignés sur les misères et les turpitudes de l'homme — « épave éparse à tous les flots du vice », comme il disait de lui-même — et qui seraient incapables de citer un seul vers du grand, du très grand poète...

A ce degré, l'histoire n'est plus un enseignement, mais un divertissement. C'est d'ailleurs ce qui explique le succès de ces biographies qui tiennent le milieu entre le roman policier et la littérature érotique. Le récit d'aventures, d'intrigues et de coucheries est plus alléchant pour le grand public et plus payant pour l'historien que l'analyse des grands événements du passé avec leur cause et leurs conséquences. Un livre sur les amours des rois de France est assuré automatiquement d'une plus ample diffusion qu'une étude sur la politique des rois de France.

Pire encore : on sent nettement chez certains biographes,

le besoin sournois de dénigrer, de rapetisser, qui est un des traits essentiels de l'envie. Etaler les petits côtés d'un grand homme, insister sur les scories et les retombées du génie, c'est offrir un baume à l'irritation causée par la grandeur. L'homme de la rue se sent comme absous de la médiocrité en apprenant dans combien de domaines tel personnage illustre pataugeait au même niveau que lui, sinon au-dessous. Quoi de plus rassurant pour sa petite vanité personnelle que de se trouver en si bonne compagnie ? L'admiration et l'envie ont ceci de commun qu'elles rétablissent l'égalité entre nous et l'être qui nous dépasse : la première en nous élevant jusqu'à lui et la seconde en le rabaissant jusqu'à nous.

On dira que l'œuvre s'éclaire par l'homme et qu'on la comprend d'autant mieux qu'on peut la rattacher davantage aux circonstances de la vie privée de son auteur. C'est vrai en partie, mais dans cet ordre des vérités inférieures qu'il est bon parfois d'ignorer. Notre émerveillement devant le Parthénon serait-il plus profond si nous connaissions tous les détails de la vie de Phidias ? De l'homme privé que fut Shakespeare, nous ne savons pratiquement rien. Cela enlève-t-il quelque chose au rayonnement intemporel de son génie ? Et des figures idéales comme Ophélie, Desdémone ou Cordélia nous captiveraient-elles davantage si nous pouvions raccorder ces créations immortelles à quelque mortelle ayant traversé la vie de Shakespeare ?

Inversement est-il important de savoir que tel poème d'amour de Victor Hugo, qui compte parmi les plus beaux de la littérature française, a été inspiré par les ardeurs crépusculaires du grand homme pour une jeune femme de chambre ? J'avoue que je préférerais l'ignorer, tant la disproportion est immense entre l'effet et la cause, entre la fleur et l'humus sur lequel elle a poussé...

On insistera : tout ce qui concerne un personnage historique appartient *ipso facto* à l'histoire. Je répondrai que ce qui appartient à l'histoire, c'est ce par quoi il a mérité d'y entrer : le don unique, irremplaçable et exemplaire qu'il a fait à ses semblables. C'est à cause de cela — et uniquement de cela — qu'on lui élève, sur les places *publiques,* des statues qui sont le symbole de sa présence immortelle parmi les hommes. Le reste — ce qui faisait de lui un mortel parmi les mortels — est mort avec lui et nous n'avons pas à l'exhumer. Elever des statues n'autorise pas à profaner des tombeaux.

CONSCIENCE PROFESSIONNELLE ET SENS MORAL

Les journaux nous racontent les exploits d'un « caïd de la drogue » récemment arrêté et qui, jugeant sa carrière définitivement brisée, vient de se suicider dans sa prison.

Un des aspects de cette criminelle odyssée a particulièrement retenu mon attention. L'individu en question, prodigieux autodidacte de la chimie, était parvenu à transformer la morphine-base en héroïne avec une perfection technique qui a fait l'admiration des meilleurs spécialistes. Interrogé là-dessus par le juge d'instruction qui lui disait : « Réalisez-vous que vous étiez en train d'empoisonner des milliers de jeunes gens ? », il a eu cette incroyable réponse : « Non, je n'ai jamais vu les choses sous ce jour ; pour moi, une seule chose comptait : le travail bien fait. »

Voilà de quoi méditer. Si notre homme eût répondu : je pensais uniquement à l'argent, ce propos cynique n'aurait étonné personne, car l'absence de scrupules fait partie de la mentalité de tout malfaiteur. Et certes, il devait y penser, puisque son trafic lui rapportait des sommes énormes, mais au-delà du bien mal acquis, il songeait aussi au travail bien fait : il éprouvait l'intime satisfaction, la douce euphorie qui résultent de l'accomplissement d'un devoir.

Un journaliste qualifie cet empoisonneur public de « dangereux perfectionniste ». La formule est excellente. Elle nous montre jusqu'à quelles aberrations peut conduire le besoin de perfection, inné dans l'espèce humaine, lorsqu'il se manifeste en dehors de tout principe moral ou religieux.

Le travail bien fait ! On ne voit rien au-delà. La maîtrise technique se suffit à elle-même ; la réussite de l'œuvre dispense de réfléchir sur l'utilité ou la nocivité de ses conséquences ; la difficulté vaincue, la perfection atteinte confèrent au travailleur je ne sais quelle absolution anticipée...

On trouve des exemples de cette disjonction entre la conscience professionnelle et la conscience morale dans toutes les branches de l'activité humaine.

Un grand chirurgien me disait un jour : nous devons toujours veiller à ce que la passion de notre art, le goût de la « belle opération » n'altèrent pas en nous le sens de l'indication opératoire, en d'autres termes, à tenir la balance égale entre les avantages de la chirurgie et ceux de la médecine.

Les fabricants de spiritueux les plus compétents se posent-ils beaucoup de questions sur les ravages de l'alcoolisme ?

De même, un général en train de gagner une bataille suivant les règles d'une impeccable stratégie ne songe guère à s'interroger sur les horreurs de la guerre ni sur la justice de la cause qu'il défend. Et mieux vaut sans doute qu'il n'y pense pas, sous peine d'être troublé dans l'exercice de sa redoutable spécialité.

On me dira que ces exemples sont mal choisis, car la chirurgie, très souvent bénéfique, ne devient nuisible que par ses abus. Et, de même, dans une moindre mesure, pour l'alcool dont on peut user modérément sans danger — ou encore pour la guerre qui se présente parfois comme l'ultime ressource d'un peuple menacé ou opprimé. Pouvait-on, par exemple, abattre un Hitler autrement que par les armes ?

J'en conviens sans peine. Aussi ai-je voulu seulement montrer les dangers que court n'importe quel technicien dont l'unique idéal est d'atteindre la perfection dans sa spécialité. Et il n'est pas difficile de trouver des cas où, comme pour notre fabricant d'héroïne, le goût du travail bien fait s'allie au mépris de toutes les autres valeurs humaines.

Que penser du littérateur dont l'œuvre distille un poison aussi pernicieux que l'héroïne et qui se retranche derrière le mur infranchissable de « l'art pour l'art » ? « Que mes livres fassent du bien ou du mal, disait un écrivain célèbre, question sans intérêt, préjugé de petit-bourgeois. Une seule chose importe : sont-ils bien ou mal écrits ? »

A l'extrême limite, nous trouvons les techniciens du « crime parfait ». Tels ces bourreaux des camps de mort qui mettaient toute leur conscience professionnelle à perfectionner les moyens d'exterminer les malheureux, confiés à leur sinistre sollicitude. Ou ces médecins hitlériens qui se livraient à d'atroces expériences sur des cobayes humains et qui, traduits plus tard en justice, répondirent à leurs accusateurs : j'ai fait mon travail, j'ai servi la science...

Cette tendance à l'isolationnisme dans une science ou dans un art est aussi ancienne que l'humanité. Mais le développement actuel de nos ressources techniques, avec les possibilités inédites qu'il offre aux spécialistes, contribue puissamment à favoriser ce sens dévoyé et mutilé de la perfection. La technocratie universelle, cette forme raffinée de la barbarie dont nous sommes menacés, serait l'aboutissement normal de cette évolution régressive...

La fin justifie les moyens : cette vieille formule, qui a toujours servi d'alibi aux hommes d'action sans scrupules, tend aujourd'hui à se renverser, les moyens se justifiant par eux-mêmes et tenant lieu de fin.

D'où la nécessité et l'urgence d'élargir les principes de la morale éternelle à la mesure des nouveaux problèmes posés par l'essor foudroyant des techniques et la prolifération des spécialités. C'est par là seulement que le devoir professionnel pourra s'articuler au devoir humain et que nous échapperons à l'envoûtement d'un pseudo-progrès qui, suivant l'admirable formule d'un de nos jeunes écrivains, consisterait uniquement à « mettre la fin dans le perfectionnement des moyens ».

MORALE ET LITTÉRATURE

Un grand débat s'était élevé, juste avant la dernière guerre, sur le problème des rapports entre la morale et la littérature. Les moralistes prétendaient que les gardiens de la cité avaient un droit de regard et de contrôle sur les productions littéraires et les intellectuels, brandissant l'étendard sacré de « l'art pour l'art », revendiquaient pour l'écrivain une liberté d'expression absolue. Et ces derniers, qui comptaient dans leurs rangs les plus brillantes intelligences françaises, traitaient volontiers leurs adversaires d'imbéciles — ce qui n'était pas toujours faux, étant donné l'étroitesse hargneuse de certains défenseurs de la moralité.

Mais Simone Weil — cet esprit souverain — ne craignit pas d'affirmer que, dans ce débat, « c'étaient les imbéciles qui, dans une large mesure, avaient raison ».

Le même problème se pose aujourd'hui en termes infiniment plus aigus.

Je viens de lire un roman signé d'un nom très célèbre (que je m'abstiens de citer pour éviter une publicité aussi gratuite que pernicieuse) où sont décrites, avec un luxe incroyable de détails, les plus répugnantes turpitudes sexuelles. La puissance évocatrice du style donne à ces misères une intensité, un coloris qu'elles n'ont jamais en réalité. Car, comme dit très bien Huxley, la description d'un acte obscène est toujours plus obscène que l'acte lui-même. Et c'est là précisément qu'est le danger de la littérature...

Je feuillette d'autres ouvrages. L'un vante les délices de la drogue, l'autre proclame la légitimité de l'avortement, un troisième exalte les « casseurs » et invite au chambardement universel, etc.

Je pourrais citer des cas très précis où cette littérature a poussé des êtres à la débauche, à l'avortement, à l'usage de la drogue, à la violence révolutionnaire, parfois au suicide.

La responsabilité des écrivains est évidente dans ce sens que leurs œuvres ont exercé sur un certain nombre de leurs lecteurs une influence déterminante. Mais qu'est-ce qu'une responsabilité non assortie de sanctions matérielles ou morales ? Le mot n'a de sens que dans la mesure où l'individu paie, d'une manière ou d'une autre, les pots cassés, c'est-à-dire où il subit personnellement les conséquences de ses actes.

Ainsi, l'industriel ou l'agriculteur incompétents vont à la ruine, l'ouvrier qui travaille mal est renvoyé, le chirurgien négligent ou maladroit perd sa réputation et sa clientèle, etc. Rien de pareil pour l'intellectuel : il peut déshonorer sa profession en propageant les pires erreurs et les pires vices, sans que sa situation matérielle et son prestige social en souffrent le moins du monde. Bien au contraire : c'est par ce chemin fangeux qu'il arrive souvent le mieux à la fortune et aux honneurs : les vents impurs qu'il déchaîne ne font tomber les tuiles que sur la tête des autres...

Quoi de plus scandaleux en effet que le contraste entre le sort du malfaiteur et celui de ses victimes ?

Le plus mince attentat à la pudeur vaut la prison à son auteur. Multipliez cet attentat à l'infini dans un livre à grand tirage : on s'extasiera sur votre audace et peut-être (le cas s'est déjà produit) le prix Nobel viendra-t-il couronner votre carrière.

Un soldat qui insulte un officier ou refuse d'obéir est traduit en conseil de guerre. Mais on a représenté à la Comédie-Française — théâtre subventionné par l'Etat ! — une pièce où les chefs militaires sont traînés d'un bout à l'autre dans la boue.

On traque et on condamne les trafiquants et les usagers de la drogue. Mais il est permis d'en exalter les fausses ivresses.

Inutile de prolonger cette litanie. Tout se résume en ceci : alors qu'on châtie partout les pourris, on laisse en paix ou l'on récompense les pourrisseurs. Les temps sont loin où le marquis de Sade (vénéré aujourd'hui comme un génial précurseur) ayant osé dédier ses œuvres obscènes à Napoléon, celui-ci le fit enfermer dans un asile de fous pour le reste de sa vie...

Et toute cette littérature, qui semble émaner d'un charnier ou d'une distillerie de poisons, se débite sans contrôle au nom de la sacro-sainte liberté de pensée et d'expression. Le mot de censure fait peur. Mais les lois contre l'alcoolisme, la débauche, le proxénétisme — sans parler des récentes mesures contre la pollution de la nature — sont-elles autre chose que des censures, c'est-à-dire des restrictions imposées à un certain genre de libertés ? En vertu de quel principe les écrivains seraient-ils les seuls à jouir de l'exorbitant privilège de l'impunité dans la malfaisance ? Comme si le mal, pensé et exprimé, n'avait pas plus de consistance qu'un rêve et ne s'incarnait jamais dans la matérialité des faits !

Il faudra sortir, tôt ou tard, de cette situation absurde. Je n'ignore rien des dangers que comporte une censure placée entre les mains de l'Etat. Peut-être, comme le suggérait Simone Weil, faudrait-il souhaiter un contrôle exercé par une instance moins élevée : quelque chose d'analogue, par exemple, au Conseil de l'ordre pour les médecins et les avocats. Tout est encore à faire dans ce domaine. Mais tout doit s'organiser autour de ce principe central : la nécessité d'une autorité qui rappellerait aux intellectuels qu'il est trop facile de s'arroger tous les droits sans se reconnaître aucun devoir et sans encourir la moindre sanction, et que, selon l'admirable formule de Victor Hugo « toute idée exprimée implique une responsabilité acceptée ».

MORALE ET PSYCHOLOGIE

Un fait divers entre mille. Cette femme, qui trompait depuis longtemps son mari, vient de quitter le foyer conjugal en abandonnant par surcroît ses deux enfants. Je parle de ce lamentable événement avec un jeune universitaire tout imprégné de psychanalyse qui me fait le commentaire suivant : « Je comprends très bien cette femme ; il n'y avait aucune entente sexuelle entre elle et son époux et, en le quittant, elle n'a fait qu'obéir à sa vraie nature. Vous la condamnez au nom de la morale, mais psychologiquement, elle a eu raison. »

Ce banal incident m'amène à méditer sur le divorce actuel entre la psychologie et la morale.

La morale est par essence *normative* : elle nous propose un système et une hiérarchie de valeurs et elle nous impose des règles de conduite en vue de réaliser ces valeurs, c'est-à-dire d'assurer le maximum d'harmonie individuelle et sociale. Elle proscrit, par exemple, le vol, le meurtre, l'anarchie sexuelle, etc., comme contraires à la dignité de l'être humain et à l'équilibre de la cité.

La psychologie est *descriptive*. Elle constate des faits (sensations, pulsions, affects, motivations, etc.) et déduit des lois à partir de l'observation des faits, mais elle s'interdit tout jugement de valeur et par conséquent toute exhortation dans un sens ou dans un autre. Si elle étudie, par exemple, les pulsions sexuelles, elle ne fait aucune différence entre celles qui se produisent dans le mariage et celles qui conduisent à l'adultère ou à la débauche.

Ainsi, tandis que la psychologie se borne à nous dire : *tu es* ceci ou cela, la morale nous enjoint : *tu dois* faire ceci plutôt que cela. Braquée sur la règle à observer et le but à atteindre, elle accorde peu d'attention aux dispositions intérieures, aux états d'âme, aux remous de la sensibilité de chaque sujet. Sois honnête : que ce soit par peur du gendarme, par routine sociale, par détachement à l'égard des biens matériels ou par amour du prochain, peu importe : seul compte l'accomplissement de la loi. Et de même pour les autres vertus...

Cette morale, dans la mesure où elle s'hypnotise sur le comportement extérieur, sans égard pour les motivations secrètes de l'individu, a été considérée — et souvent à juste titre — comme tyrannique et hypocrite. Un livre récent intitulé *Les Maladies de la vertu*, analyse très bien les ravages causés par ce désaccord entre l'apparence sociale et la réalité intime. Le « bourgeois » de l'époque victorienne, avec ses vertus plaquées et contrefaites que n'irriguait aucune vie intérieure, représente le produit typique de ce totalitarisme moral.

Hélas ! à ce moralisme qui ignorait et repoussait la psychologie, nous voyons succéder un psychologisme qui ignore et rejette la morale. Qu'il s'agisse de n'importe quel comportement aberrant ou antisocial (homosexualité, délinquance, usage irraisonné de la violence, etc.), on trouve toujours un psychologue pour tout expliquer et, à la limite, tout justifier. Dans cette perspective, les notions de bien et de mal s'effacent et l'analyse des mobiles finit par tenir lieu d'absolution, sinon d'encouragement. Votre hérédité, votre enfance, votre milieu vous ont fait ainsi — et vous ne pouviez agir autrement...

A cela vient s'ajouter un étrange renversement de la sensibilité qui porte l'homme moderne à s'attendrir électivement sur les tarés et les malfaiteurs. En ce qui concerne les criminels par exemple, toute une littérature tend à nous les présenter comme plus purs et plus à plaindre que leurs victimes. Qui donc a dit que « les larmes sont réservées aujourd'hui à ceux qui les font couler » ?

Il faut combler ce fossé absurde qui s'est creusé entre une morale sans psychologie et une psychologie sans morale. La morale authentique n'est pas antipsychologique : elle fait appel au contraire à ce qu'il y a de plus profond dans l'âme humaine : le désir du vrai bien et du vrai bonheur. On lui reproche d'être inhibitrice et aliénante. Mais l'apprentissage de toutes les valeurs de la civilisation n'implique-t-il pas toujours un élément de contrainte ? Le meilleur arbre n'a-t-il pas besoin d'être taillé pour produire les meilleurs fruits ? L'enfant apprend-il à lire, à se tenir à table, à être poli sans que soient réprimées mille pulsions en sens inverse ? Et n'en va-t-il pas de même pour la fidélité conjugale ou pour l'exercice de n'importe quelle profession ? Peut-on vivre en accord avec soi-même et avec ses semblables sans opérer une sélection parmi les innombrables motivations qui s'entrecroisent en nous ?

Plus encore. Alors que la psychologie livrée à elle-même reste incapable de nous dicter une règle de vie, la morale, bien entendue et bien appliquée, influe sur la psychologie. Car en montrant à l'homme ce qu'il doit être au lieu d'analyser sans fin ce qu'il est, en l'orientant vers des objectifs précis et indiscutables et en le déclarant responsable de la réussite ou de l'échec, elle opère en lui un regroupement, une polarisation des énergies qui transforment peu à peu sa vie intérieure. C'est le cas par excellence de la morale religieuse qui ne repose que sur l'amour et qui ne s'adresse qu'à la liberté. Le Christ ne s'est pas attardé à faire de la psychologie en nous proposant, comme unique règle de vie, l'imitation de la perfection divine. Ni saint Paul à démonter les complexes et les pulsions du vieil homme pour nous inviter à revêtir l'homme nouveau. La révélation et l'attraction de l'altitude sont plus efficaces, pour élever et perfectionner les hommes, que le travail des psychologues qui se limite trop souvent à l'exploration des bas-fonds.

Je ne nie pas que la morale — surtout en matière éducative et dans les cas plus ou moins pathologiques — doive tenir compte des données de la psychologie. Mais comme d'un point de départ ou d'un matériau de construction. En faisant appel à la liberté créatrice de l'homme et non en s'arrêtant à ses déterminismes. Tandis qu'une certaine psychologie (je pense ici en particulier aux abus d'un freudisme mal digéré et mal appliqué), en faisant de l'homme le jouet de ces déterminismes aveugles, en effaçant les notions de péché et de vertu, de culpabilité et de mérite, c'est-à-dire en refusant d'admettre l'existence de la liberté, attribut essentiel de l'être humain, aboutit à ce chef-d'œuvre négatif : une soi-disant science de l'âme qui repose sur la négation de l'âme.

LE RÊVE ET LE CRIME

La Belgique a été horrifiée par l'acte monstrueux de ces quatre adolescents qui ont attiré dans un traquenard, puis abattu sans pitié un malheureux garde-champêtre qu'ils ne connaissaient pas et contre lequel ils n'avaient aucun grief personnel.

On a parlé « d'acte gratuit » au sens qu'André Gide donnait à ce mot : un acte commis sans intérêt, sans passion, donc sans raison. Mais il y a toujours une raison — j'entends un mobile — aux actes les plus déraisonnables, ne serait-ce que le désir d'agir sans raison.

Ce mobile, les journaux nous l'indiquent : ces jeunes gens avaient décidé d'abattre non pas n'importe quel homme, mais un « flic ». Or un flic, c'est, au plus humble degré de l'appareil administratif, le représentant et le gardien de l'ordre. Ce qui implique déjà une certaine polarisation du crime : le refus anarchique des lois et des règlements, rejaillissant sur ceux qui sont chargés de les faire appliquer — état d'âme assez répandu dans la société (le spectacle de Guignol rossant le gendarme enchante toujours le public...) et particulièrement chez les jeunes dont l'effervescence passionnelle s'accommode mal des règles et des contraintes.

Il y a plus. On sait que l'adolescence est l'âge du rêve éveillé. Et aussi, dans la mesure où elle prolonge l'enfance, l'âge du jeu. Or l'activité onirique et l'activité ludique ont un point commun : le règne absolu de la fantaisie, l'évasion hors du réel et de ses limites. On joue pour jouer (l'apprentissage des règles du jeu ne vient que plus tard...) et le rêve n'a pas de lois, dans ce sens que tout y est possible et que rien n'y tire à conséquence. Pas de responsabilité et pas de sanction puisque le réveil efface tout...

Je suis persuadé que ces adolescents ont tué comme on joue et comme on rêve et qu'ils n'ont pas *réalisé* (c'est vraiment le cas de le dire) l'horreur de leur geste. On leur reproche d'avoir tué sans pitié. Mais, pour avoir pitié d'un être, il faut lui reconnaître une existence indépendante de la nôtre et aussi précieuse que la nôtre. Or, dans le rêve, il n'y a ni monde extérieur, ni prochain en chair et en os ; le rêveur y tire tout de son propre fonds et y joue à sa guise avec les fantômes qu'il a créés. Fera-t-on grief à un romancier de faire vivre et mourir ses personnages comme il lui plaît ?

Le rêve qui se prolonge dans l'action obéit à la même loi ou plutôt à la même absence de loi. Ce prochain qu'on massacre sans scrupule, on ne voit, on n'abat en lui que le simulacre qu'on lui substitue. Simone Weil, témoin des atrocités de la guerre civile espagnole, disait que les crimes étaient bien réels, mais qu'ils étaient commis dans un état second très voisin du rêve.

Question capitale : par quels mécanismes passe-t-on du rêve à l'action ? Il faut tenir compte des facteurs individuels (violence des impulsions, manque de contrôle, atrophie de la sensibilité, etc), mais le climat social joue un rôle immense. Combien d'hommes qui, en temps normal, rêvent de tuer mais sont retenus par les mœurs et par les lois, deviennent de vrais assassins dans des périodes troublées où le déchaînement collectif des passions et l'impunité assurée donnent aux phantasmes du rêve le moyen de s'incarner dans les faits !

Nous ne sommes ni en guerre ni en révolution. Mais nous vivons dans une atmosphère d'insatisfaction et de révolte qui donne aux mauvais rêves une virulence insolite. Et — phénomène connexe — notre époque est celle de l'onirisme cultivé et dirigé. Les mass media de toute espèce (livres, journaux, publicités, cinéma, télévision, etc.) sont les instruments de cette mise en condition de l'imagination des foules. Or, dans quel sens s'exercent-ils ? Je suis effaré par la prolifération pathologique des récits et des images où s'étalent l'érotisme le plus bas et la violence la plus gratuite — et souvent la combinaison de l'un et de l'autre sous la forme abjecte du sadisme. Devant cette pullulation de l'obscénité et de l'horreur, comment s'étonner que des âmes encore enfantines, qui discernent mal les frontières entre la réalité et la fiction, prolongent dans leur conduite les visions et les émotions dont on a souillé leur rêve ?

On corrompt ainsi cette faculté essentielle qui est l'imagination. Car le rêve éveillé a un aspect positif et un pouvoir créateur. Les plus belles vocations — celles des artistes, des savants ou des héros — ont été souvent des rêves d'enfance et d'adolescence, incarnés ensuite au long des jours par l'effort patient de la volonté. Est-ce par hasard que, dans le langage courant, le mot rêve est à la fois synonyme d'illusion et d'idéal ?

Le meilleur et le pire peuvent sortir du rêve. On mesure là l'écrasante responsabilité des technocrates de l'information et du divertissement. Salir, envenimer l'imagination des hommes est un crime invisible, toujours impuni et souvent récompensé, mais gros de crimes réels. Si les gardiens de la cité n'y prennent garde, s'ils continuent à tolérer qu'on nourrisse le rêve de poisons, ils ne devront accuser qu'eux-mêmes si le rêve tourne en cauchemar et si celui-ci se traduit de plus en plus fréquemment par des actes aussi horribles que lui.

LA RELIGION DE LA SCIENCE

« Pendant 594 jours, le monde a été trompé sur les résultats de la greffe du cœur opérée sur mon mari, a déclaré récemment Mme Blaiberg dans une interview accordée à un journal italien. En fait, mon mari avait une double vie : officiellement il était en bonne santé, mangeait de bon appétit, jouait au rugby et au tennis. Mais la vérité m'oblige à dire que sur 594 jours de survie, le Dr Blaiberg en a passé 248 à l'hôpital à lutter contre la mort. Quant aux jours passés à la maison, 95 l'ont été entièrement au lit. Certes, il trinquait avec les journalistes devant les photographes, mais c'était un calvaire et il ne tenait debout que grâce aux pilules qu'il prenait à raison de trente à cent par jour. »

Je ne connais pas Mme Blaiberg et je n'ai aucune opinion sur le degré de crédibilité de son témoignage. Ce qui m'incline à l'accepter, c'est que j'ai reçu des confidences analogues d'un autre illustre opéré du cœur, le R.P. Boulogne.

Il y aurait donc en cette matière deux « vérités » : la vérité officielle et la vérité tout court. Exactement comme en temps de guerre où le contenu du communiqué officiel, instrument de propagande destiné à soutenir le moral des populations, n'a que des rapports bien lointains avec ce qui se passe effectivement sur les champs de bataille...

Pourquoi a-t-on ainsi trompé le public et pourquoi le Dr Blaiberg, qui savait mieux que personne à quoi s'en tenir, s'est-il prêté à ce jeu ?

Cela s'explique par une espèce de transposition sur le plan profane de la foi et de l'espérance religieuses.

L'homme religieux en effet est celui qui croit et qui espère en son Dieu au-delà des apparences sensibles et de tous les démentis qu'elles semblent infliger à l'existence et à l'action de la Providence : l'indifférence de la nature à nos vœux et à nos prières, les fléaux, le mal sous toutes ses formes, le triomphe des méchants, etc. « Bienheureux ceux qui n'ont pas vu et qui ont cru », dit l'Evangile. Les voies du Seigneur sont impénétrables : il faut s'incliner les yeux fermés devant un mystère qui dépasse toutes nos facultés d'observer et de comprendre. « Le juste vit de la foi... »

Rien de pareil pour la science. Ici, les notions de mystère et de foi n'ont aucun emploi. On ne croit pas que la chaleur dilate les métaux ni que les piqûres d'insuline atténuent les effets du diabète : on le constate. *Le vrai et le vérifiable s'identifient.* La seule vérité scientifique est celle du résultat observable et communicable à n'importe quel homme placé dans les mêmes conditions d'observation et d'expérimentation.

« Croire ou vérifier » : telle est l'alternative proposée par le philosophe rationaliste Brunschvicg qui rejetait, au nom de la vérité scientifique, les hypothèses invérifiables élaborées par la foi religieuse.

Or, par une étrange contradiction, voici que cette même science, dont on s'est tant servi pour combattre la religion, exige à son tour des actes de foi, c'est-à-dire ce qu'il y a de plus contraire à la mentalité scientifique. Et nous voyons se développer une espèce de religion de la science sur les ruines de la religion divine...

Ce sont les adeptes de cette nouvelle religion qui ont tissé cette légende dorée autour des opérations de transplantation du cœur. Les faits passaient à l'arrière-plan : *il fallait* que l'opération eût réussi et que le patient se comportât en conséquence à travers tous les démentis de l'épuisement et de la douleur et jusqu'à la mort incluse : tout va bien et finalement je meurs guéri. Peut-on rêver un acte de foi plus aveugle — une immolation plus héroïque de la vérité scientifique sur l'autel de la science divinisée ?

Dans ce sens, le Dr Blaiberg s'est comporté en martyr, au double sens du mot : victime et témoin. Victime par ses souffrances et témoin par son refus de les avouer, car cette révélation de l'échec relatif de l'opération aurait ébranlé sa foi — et surtout celle de l'innombrable public qui avait les yeux fixés sur lui — en la toute-puissance de la science. Donc, faux témoin par rapport à la vérité scientifique qui exige un compte rendu exact et complet des faits, mais vrai témoin par rapport à la religion de la science qui, comme toutes les religions, réclame une confiance inconditionnelle.

Qu'on m'entende bien : je n'attaque pas ici la science en tant que telle et je n'impose aucune limite à ses possibilités futures ; c'est au contraire par respect de la vraie science, dont la première loi est l'objectivité et l'impartialité absolues, que je proteste contre ces falsifications passionnelles et publicitaires de la vérité scientifique.

Le même état d'esprit se retrouve en d'autres domaines — en politique, par exemple. Voici déjà près d'un siècle que les apôtres de la religion collectiviste promettent à leurs fidèles un épanouissement merveilleux de la liberté et du bien-être et que, dans les pays où ils exercent l'autorité, ils n'ont apporté que la servitude et la pénurie. Qu'importe ? Ils font appel à la foi et, quand on les accuse d'avoir provoqué tant de maux présents et réels, ils répondent par l'évocation de biens futurs et imaginaires : les mythes du grand soir, de la cité future, des lendemains qui chantent... Autrement dit, ils se forgent un alibi que le vent de l'histoire chasse invariablement vers l'avenir comme une nuée et qui a cet inestimable avantage d'être d'autant plus inébranlable qu'il est impossible à vérifier...

La conclusion à tirer de tout cela, c'est que l'homme est un animal incurablement religieux. Il faut le rendre à la vraie foi, au vrai mystère, au vrai Dieu. Sinon, son besoin de perfection et d'absolu ne meurt pas, mais il s'égare dans les domaines du relatif et du contingent. Et la foi, dégradée en crédulité et en idolâtrie, empoisonne l'âme au lieu de la nourrir. « Quand on ne croit pas en Dieu, disait Chesterton, ce n'est pas pour ne croire en rien, c'est pour croire en n'importe quoi. »

LES VEDETTES DU SCANDALE

J'ai sous les yeux le compte rendu d'une interview accordée à un grand journal parisien par l'abbé X..., dont le récent mariage civil a suscité de bruyantes réactions dans l'opinion publique.

L'ex-abbé s'explique d'abord sur les raisons qui l'ont amené à cette rupture avec l'Eglise officielle. Il affirme que son mariage l'a confirmé dans la vocation sacerdotale en lui apportant une plénitude spirituelle qu'il ignorait jusque-là : « J'ai une femme que j'aime et qui m'aime... je me sens dans la joie... Je suis plus proche aujourd'hui de l'Evangile... »

Ne lisant pas dans les cœurs, je m'abstiendrai de tout jugement sur la qualité des mobiles qui ont dicté la conduite de ce personnage. Tout au plus pourrait-on faire remarquer que le reniement d'une promesse antérieure ne fournit pas une base très solide pour l'avenir d'un nouvel engagement. « Celui qui est infidèle à Dieu ne sera pas longtemps fidèle au diable », dit un proverbe espagnol : je me garderai toutefois de l'appliquer au cas en question, ne voulant faire à la jeune et charmante épouse de notre abbé ni l'injure cruelle, ni l'honneur excessif de la comparer au Prince des ténèbres...

Je m'attacherai à un seul passage du long plaidoyer *pro domo* de l'abbé X... : celui où il prétend avoir pris de vrais risques en renonçant au célibat ecclésiastique. Ecoutons-le : « Je suis maintenant un homme engagé dans la vie quotidienne... Pendant douze ans, j'avais évolué dans un univers où l'on est déchargé des réalités de la vie, c'est-à-dire où l'on n'a pas de soucis d'argent, de logement, d'emploi, où l'on est dans une sécurité totale... La pauvreté ne coûte rien quand on est logé, nourri et qu'on n'a de charges d'aucune sorte... Je me sens maintenant inséré dans la réalité humaine... »

Inséré. Le rituel de l'ordination dit exactement le contraire en enjoignant au prêtre d'être l'homme *segregatus in Evangelium,* c'est-à-dire mis à part au service de l'Evangile. Mis à part, mais non étranger : présent au contraire au plus intime de la création, à la jointure de Dieu et de l'homme. La solitude, la prière, le souci des âmes en perdition, seraient-ce donc là réalités humaines moins importantes que les problèmes d'argent, de logement et d'emploi ? L'abbé assure que son mariage l'a rapproché de l'Evangile. Mais le Christ, modèle absolu du prêtre, a-t-il jugé bon d'assumer les charges d'un foyer pour parfaire son incarnation ?

Mais revenons aux risques courus par notre héros. J'ignore évidemment les problèmes matériels auxquels il doit faire face, mais je le soupçonne — terrible disgrâce pour un progressiste ! — d'être fortement en retard sur son époque.

Il fut un temps où le fait de défroquer et de se marier représentait pour un prêtre une redoutable aventure. Car, non seulement il devait subvenir aux besoins de son foyer, mais il encourait la réprobation unanime de son milieu social. Sans parler de la mauvaise conscience qui hante presque infailliblement l'homme méprisé et rejeté par ses semblables. Dans son livre : *Un prêtre marié,* paru vers le milieu du siècle dernier, Barbey d'Aurevilly décrit sous des couleurs infernales les épreuves extérieures et les tourments secrets de l'homme consacré qui a trahi Dieu et l'Eglise...

« Fais ce que tu veux, paie le prix, et Dieu sera content », dit un autre proverbe espagnol. Ce qui signifie que la sanction, choc en retour de l'ordre violé, rétablit l'équilibre entre la justice et la faute.

Tout a bien changé aujourd'hui. Plus d'odeur de soufre, mais une curiosité sympathique et une publicité à l'avenant. Au lieu de payer, on est payé. Le scandale ne ruine plus, il fait recette. Et l'abbé X... le reconnaît naïvement lorsqu'il dit que « depuis son mariage, il a une audience beaucoup plus grande et qu'il a été frappé par le nombre de fois où il a été invité par des gens de tous les milieux ».

Mais alors qu'on ne parle pas de risque. Car celui qu'on repoussait autrefois comme un déserteur apparaît aujourd'hui, dans une large fraction de l'opinion, comme un éclaireur et un guide. Et s'il est encore condamné dans certains milieux, il trouve par ailleurs assez de compréhension et d'encouragement pour être rassuré (sécurisé, comme on dit aujourd'hui) sur les suites de son équipée révolutionnaire. Au fond, le seul risque qu'a couru l'abbé X..., c'était de figurer en bonne place dans la constellation des hommes du jour. L'auteur de son interview ne mâche d'ailleurs pas ses mots : « En quelques jours, il se transforma en vedette de l'actualité et son visage à la Gérard Philipe devint célèbre dans toute la France par la grâce de la télévision et des journaux... »

Je prends acte, mais qu'on ne me demande pas d'admirer l'audace d'un parieur qui gagne à coup sûr. Je préfère réserver ma sympathie (au sens étymologique du mot : souffrir avec) à tous ces prêtres obscurs qui courent un risque autrement sérieux que d'épouser une belle fille : celui de renoncer au monde pour rester fidèles à un Dieu dont on annonce partout la mort et à cette Eglise que notre ex-abbé juge « sclérosée, moraliste et ennuyeuse » — vieille mère dont ils sentent, sous les rides temporelles, battre le cœur éternel...

Ces propos concernent la crise qui sévit actuellement à l'intérieur de l'Eglise, mais ils peuvent s'appliquer à la civilisation occidentale dans son ensemble. Les sociétés d'autrefois avaient un instinct très sûr pour neutraliser et éliminer les éléments subversifs qui menaçaient leur existence. Ce qui les rendait souvent cruelles ou même injustes à l'égard des individus, mais c'est à ce prix qu'elles sauvaient leur intégrité. Aujourd'hui, le vent souffle en sens inverse : la société, en proie à ce vertige d'autodestruction dénoncé par Paul VI, distribue des récompenses et tresse des couronnes à celui qui sape ses fondements. Honneur à celui par qui le scandale arrive... Et les toxines, les microbes pathogènes ont le champ libre dans cet organisme dont les mécanismes d'autodéfense et de rejet dégénèrent en centres d'accueil...

LE SURNATUREL ET L'ANTINATUREL

Les hommes de ma génération se souviennent du climat d'angélisme et de puritanisme qui régnait, au début du siècle, dans les milieux catholiques. On flairait je ne sais quel relent de péché dans tout ce qui se rapportait aux choses de la chair et de la matière, et il semblait que le plus sûr moyen de plaire à Dieu était de se détourner de la nature. Cette « morosité » de la religion a largement contribué à miner son influence dans les esprits et c'est également une des causes du trop long retard qu'ont apporté les hommes d'Eglise à s'occuper des problèmes moraux et sociaux posés par le brusque passage de l'économie de pénurie à l'économie d'abondance.

Aujourd'hui, c'est l'abus inverse qui prédomine : la nature n'est pas seulement réhabilitée, mais exaltée jusqu'à l'apothéose et les vieilles notions de péché, de pénitence et de sacrifice sont remplacées par celles de dilatation, d'ouverture, d'épanouissement, etc. On trouve même des théologiens qui, interprétant l'Evangile à travers Freud ou Marx, osent nous dire que la libération de la sexualité et le combat révolutionnaire constituent des moyens privilégiés pour aller à Dieu...

Un seul exemple : la virulence des controverses actuelles autour du célibat ecclésiastique. Je sais que ce n'est ni un blasphème ni une hérésie que de le mettre en question, *au sens d'en peser le pour et le contre*. Ce qui m'inquiète, ce n'est pas que le problème soit posé, c'est l'atmosphère passionnelle — c'est-à-dire troublée et troublante — où se déroulent les discussions. On n'y pèse pas le pour et le contre : on met les arguments sens dessus dessous ; le blanc d'hier devient le noir d'aujourd'hui et réciproquement...

Voici par exemple la raison qu'on vient de m'alléguer : rien de ce qui est contraire à la nature ne saurait rapprocher de Dieu, or la chasteté absolue est la négation d'un besoin naturel, donc elle n'a pas de valeur religieuse. Réponse : si vous entendez par nature l'ensemble des fonctions et des pulsions de la vie animale, reconnaissez que l'homme civilisé — avec ses techniques, sa culture, ses mœurs, ses institutions, etc. — passe son temps à contrarier la nature. Pendant que j'écris ces lignes, nos vignerons lancent des fusées antigrêle dans le ciel lourd de nuages menaçants. Quoi de plus naturel pourtant qu'un orage ? J'ouvre le journal : j'y trouve le récit de la fabuleuse aventure des cosmonautes qui ont foulé le sol lunaire où chaque pas exige un appareillage fantastique et coûte des millions de dollars. A quels besoins naturels, au sens biologique du mot, cela répond-il ? La bonne nature ne nous invite-t-elle pas plutôt à ne pas quitter l'atmosphère terrestre et sa confortable pesanteur ? Et quant au mariage, dont on souhaite étendre les bienfaits au sacerdoce, n'impose-t-il pas lui aussi de redoutables freins aux appétits les plus naturels ? Quoi de plus normal, de plus spontané que de désirer une femme plus jeune et plus belle que celle qu'on a ?

Serrons la question de plus près. Je trouve que c'est faire preuve d'une inconscience comique que de défendre, sur ce seul point, les droits imprescriptibles de la nature alors que, dans tant d'autres domaines, on assiste avec indifférence, sinon avec bienveillance, aux pires attentats contre les lois et les harmonies naturelles.

Quel danger représente, pour l'équilibre et la survie de l'humanité, le célibat de quelques individus, au regard de l'immense vague de pollution et de destruction qui déferle sur la planète ? Les défenseurs de la santé naturelle ont peut-être assez à faire avec l'intoxication physique et morale due à l'air vicié, au bruit, à la chimie alimentaire, au surmenage, etc. pour n'avoir pas à se préoccuper outre mesure des incidences du vœu de chasteté !

Mieux encore. En ce qui concerne la sexualité elle-même, ne voit-on pas les détracteurs du célibat ecclésiastique revendiquer le droit de cité pour les pires aberrations : homosexualité, sadisme, exhibitionnisme, etc. ? Comme si la débauche, qui dégrade l'individu sans servir l'espèce, était plus conforme à la nature que l'abstention !

La cause est entendue : tous les défis à la nature sont admis, reconnus, encouragés tant qu'il s'agit de notre science, de notre pouvoir, de notre confort, de notre plaisir, voire de nos vices : seuls sont suspectés ceux qui ont pour objet le surnaturel et le divin. On peut violer la nature autant qu'on veut, on n'a pas le droit de la dépasser. On s'accommode du sacrilège et on se méfie du sacrifice. Ce qui procède du refus ou de l'oubli du surnaturel beaucoup plus que du respect et du zèle pour la nature...

Au surplus, c'est une constante psychologique et historique que ce naturalisme tourne infailliblement à la ruine de la nature. Dès que l'homme ne sacrifie, ne *consacre* plus rien à l'auteur de la nature, il se produit en lui je ne sais quel éboulis qui l'entraîne hors de ses limites normales. Le processus est fatal et irréversible. La chasteté est contraignante, marions les prêtres. Le mariage ne l'est pas moins : vive le divorce ! Mais ce dernier ne résout rien non plus, et voici qu'on commence à nous prôner la « sexualité de groupe », mot pédant par lequel on essaie d'avaliser, en lui collant une étiquette sociologique, une débauche déjà bien connue chez les Romains de la décadence...

On revient toujours à la grande parole de Chesterton, si tragiquement vérifiée dans le monde actuel : « Otez le surnaturel, il ne reste plus que ce qui n'est pas naturel. »

LE MYTHE DE LA SPONTANÉITÉ

Voici le scénario qui vient de se dérouler dans une école que je connais bien. Un élève rend à son professeur une copie où la densité des fautes d'orthographe et de grammaire dépasse largement la cote d'alarme. Le professeur corrige les fautes et dit à l'élève : vous me recopierez ce texte pour demain. Le lendemain, l'élève arrive en classe avec une lettre de son père informant le professeur qu'un exercice aussi mécanique et dénué de fantaisie que la copie d'un texte était « contraire aux aspirations spontanées » de l'enfant.

Ce propos s'inscrit dans la ligne d'une mentalité, très répandue aujourd'hui, qui tend à faire de la spontanéité le premier, sinon l'unique critère de toute valeur.

J'ignore quelle a été la réaction du professeur. A sa place, j'aurais dit que la vraie question n'était pas : cet exercice répond-il à un vœu spontané de l'enfant ? mais : est-il efficace par rapport au but recherché, en l'espèce la connaissance de la langue française ? Or, c'est un fait d'expérience courante que l'acte peu exaltant de recopier un texte est un des meilleurs moyens de le garder en mémoire. Et toutes nos existences ne sont-elles pas criblées de comportements non spontanés, c'est-à-dire d'actions que nous n'accomplirions jamais de notre plein gré si une nécessité quelconque — depuis l'hygiène alimentaire qui nous interdit tel aliment pour lequel nous éprouvons un attrait dangereusement spontané jusqu'aux mille obligations de notre vie sociale et professionnelle — ne nous les imposait pas ?

Intellectuellement et moralement, la spontanéité ne constitue pas une valeur. Elle peut jouer dans n'importe quel sens : vérité ou erreur, bien ou mal. Quoi de plus spontané que les premiers éveils d'un enfant à la connaissance et à l'amour ? Mais quoi de plus spontané aussi que ses caprices, ses accès de violence ou de paresse, ses cruautés inconscientes ? L'âge divin des poètes et « l'âge sans pitié » du fabuliste s'entremêlent dans le psychisme du premier âge...

Cela étant, quel est l'éducateur qui n'est pas obligé d'opérer un choix parmi tant de spontanéités dispersées et souvent contradictoires ? Ce choix se traduit par l'imposition d'une discipline : or, existe-t-il une seule discipline au monde qui ne présente pas, surtout au début, des aspects de contrainte et de corvée ? La spontanéité totale vient plus tard : elle suit, elle ne précède pas. Avant de goûter les joies spontanées de la lecture, il faut avoir appris à lire, c'est-à-dire s'être débattu parmi les rapports aussi conventionnels, aussi peu spontanés que possible, entre les sons qui frappent l'oreille et les lettres inscrites sur le papier. Et l'on aura beau assouplir et « adapter » les méthodes d'enseignenent : toutes comporteront une part de contrainte et de dressage, aucune n'aura la facilité spontanée des jeux et des rêves.

On oublie trop que c'est par ce dressage des automatismes que se forgent les ressorts futurs de la liberté. Pour qu'un homme apprenne à choisir, il faut qu'un autre homme choisisse d'abord à sa place. Non pas certes pour étouffer ses goûts et ses dons *réels,* mais pour lui permettre d'en prendre conscience à la lumière et sous le choc d'une expérience authentique. Tel grand mathématicien pleurait de rage ou bâillait d'ennui aux premiers cours où on l'avait traîné contre son gré...

« Avant tout, ne pas conditionner les enfants », m'a dit un éducateur d'avant-garde. J'ai répondu qu'un certain dressage précoce, aboutissant à la maîtrise des impulsions, était le meilleur antidote contre la mise en condition qui guette aujourd'hui tous les adultes. Et qu'inversement rien ne prédispose plus au *conformisme* que le manque de *formation.* Ce sont les enfants gâtés — ceux dont on a respecté et flatté tous les mouvements « spontanés » — qui deviennent plus tard, faute de consistance et d'orientation intérieures, les jouets les plus passifs de l'opinion et de la mode. C'est dans la mesure où on leur a épargné toutes les contraintes qu'ils succombent à toutes les séductions...

« Tout commence en refus et finit en largesse », disait le

poète. Ce vers s'applique admirablement à l'œuvre éducative. La liberté est à son terme plus qu'à son principe. Et si l'on renverse l'ordre des facteurs, on aboutit à cette situation absurde : l'enfant illusoirement libre et l'adulte réellement aliéné.

L'AUTOMNE ET LE PRINTEMPS

Parmi les démagogies qui fleurissent à notre époque, celle de la jeunesse est peut-être la plus basse et la plus creuse. Le seul accent avec lequel certains spécialistes de cette démagogie s'écrient : vous, les Jeunes ! me donne envie de fuir pour respirer l'air des solitudes. Jeunesse, dans leur bouche, devient synonyme de perfection ; les jeunes, par le seul fait de leur âge, ont tous les mérites et tous les droits, ils représentent le type suprême de l'humanité : la nouveauté et le bien s'identifient. La dernière affiche de la propagande antialcoolique étale le visage rayonnant d'un jeune sportif près de la face dégradée d'un vieil ivrogne avec cette légende : « alcoolisme = anachronisme ». Là où il faudrait dire : l'alcoolisme est un mal en soi et pour tout le monde, on se contente d'insinuer : si vous buvez, vous retardez, vous êtes vieux jeu. A ce compte, se rompre les os en conduisant follement une automobile n'est sûrement pas un anachronisme (l'âge moyen des victimes des accidents de la route prouve au contraire que rien n'est plus « à la page », plus « nouvelle vague »), mais est-ce une raison suffisante pour approuver ce jeu de massacre ?

L'idolâtrie de la jeunesse est, paraît-il, inspiré par l'optimisme. J'y trouve plutôt des raisons de désespérer pour toutes les générations.

Pour les jeunes d'abord, car, dans cette perspective, ils ne peuvent attendre de l'avenir qu'amoindrissement et déchéance : chaque jour leur enlève un peu de cette miraculeuse perfection du premier âge.

Pour leurs aînés ensuite, car, anxieux et incapables de revenir en arrière ils essayeront sans fin et sans résultat de ranimer leur jeunesse morte et leurs espérances se convertiront en nostalgie. La névrose du vieillissement, la prolifération des adolescents mal liquidés sont la conséquence normale de l'adoration de la jeunesse.

Les courtisans de la jeunesse vous disent que ce qu'ils aiment dans les jeunes, c'est l'avenir qu'ils représentent. Nous sommes bien d'accord. Mais où se situe donc cet avenir sinon dans l'époque où, par la force des choses, ils auront déjà perdu leur jeunesse ? La jeunesse n'est donc pas une perfection par elle-même ; c'est une promesse. Or, la valeur d'une promesse consiste non seulement à être faite, mais surtout à être tenue. Notre premier devoir envers les jeunes est donc de les armer pour les combats de demain plutôt que de nous extasier sur leurs privilèges d'aujourd'hui — pauvre avantage exclusivement chronologique qui ne peut aller qu'en s'effritant. Et cela, non en jouant avec eux d'égal à égal sur un terrain qui n'est plus le nôtre, mais en leur offrant le modèle de ce qu'ils pourront devenir, s'ils sont courageux et fidèles. Socrate ne flattait pas les jeunes Athéniens : il leur montrait l'image d'un homme qui avait su mûrir : au lieu d'encenser leur présent, il orientait leur avenir.

On se plaint que les jeunes ne respectent plus leurs aînés. Mais est-il beaucoup de ces aînés qui se respectent eux-mêmes, c'est-à-dire qui répondent aux exigences de leur âge ? Le vieillissement est ressenti comme une injure imméritée de la destinée ; on étire, on singe la jeunesse au-delà des limites du bon sens et du bon goût ; on la met en conserve comme ces petits pois extra-fins qu'on cueille avant l'heure pour les consommer en tout temps.

> « Qui n'a pas l'esprit de son âge
> De son âge a tout le malheur »,

disait un poète. Le seul moyen de rester jeune en vieillissant, c'est de renoncer à le paraître. Femmes ou hommes, maquillés de corps ou d'esprit, les transfuges de la vieillesse sont doublement vieux — vieux de leur refus d'être ce qu'ils sont et des vains efforts qu'ils déploient pour redevenir ce qu'ils ne sont plus. A n'accorder de valeur qu'au printemps, on fausse le rythme des quatre saisons, à commencer par le printemps lui-même qu'on fait avorter en l'adorant.

Les âges de la vie, phases d'un même cycle, ne s'opposent pas, ils se complètent. Ce que, sans le savoir peut-être, les jeunes attendent de nous, ce sont les présents et les exemples de l'arrière-saison : la saveur des fruits mûrs et la transparence des feuilles et non le masque d'un printemps factice sur le visage d'un stérile automne.

L'IMMOBILISME DE LA JEUNESSE

J'ouvre un de nos grands hebdomadaires et j'y trouve une publicité vantant les mérites de je ne sais quel sous-vêtement féminin avec ce gros titre : « Pour les jeunes femmes de tous les âges ». A la page suivante s'étale une autre publicité s'adressant aux « jeunes grand-mères ». Mieux encore : j'ai sous les yeux un prospectus émanant de la Société nationale des chemins de fer français où les personnes âgées — auxquelles ladite société accorde depuis peu une réduction de tarif — sont qualifiées de « moins jeunes ».

Bravo ! La maturité et la vieillesse sont effacées d'un trait de plume. La jeunesse comporte des degrés, mais elle n'exclut personne. Moins jeunes, cela sous-entend : toujours jeunes. On ne pousse pas la rigueur intellectuelle jusqu'à se demander si ce « moins », qui va sans cesse en s'élargissant, ne contredit pas ce « toujours »...

La mode, le snobisme — et le truquage — sont analogues à ceux qui concernent le mobilier, mais ils jouent en sens inverse. Ici, c'est la vieillerie qui fait fureur, et d'habiles ébénistes s'évertuent à donner au nouveau les apparences de l'ancien ; là au contraire, c'est l'ancien qu'on essaie à tout prix de faire passer pour du nouveau.

Cet état d'esprit me laisse perplexe. La jeunesse serait-elle donc le suprême, sinon l'unique critère de toute valeur, de telle sorte que les autres âges de la vie n'auraient droit à l'existence et à la considération qu'à condition d'être revêtus de ce label printanier ? Etrange perspective où la vieillesse n'est acceptable que comme jeunesse de seconde zone ! A ce compte, pourquoi ne pas appeler le fruit une moindre fleur, l'automne un moindre printemps et le couchant une moindre aurore ?

Cette confusion entre jeunesse et valeur éclate dans maintes locutions courantes comme par exemple : la jeunesse n'est pas une question d'âge. Celui qui parle ainsi (et notons au passage que c'est toujours un homme âgé) désigne par le mot jeunesse, non pas un état chronologique, mais un ensemble de qualités (enthousiasme, pouvoir créateur, générosité, etc.) qui tiennent au tempérament et au niveau moral de l'individu plus qu'à son âge et dont la jeunesse est très loin d'avoir l'exclusivité. De même, lorsqu'un homme vieillissant dit à son cadet : je suis aussi jeune que vous, cela signifie : je ne vous suis inférieur en rien. Ce qui laisse entendre que les autres âges de la vie ne peuvent nous apporter que des amoindrissements.

Je ne partage pas ce préjugé et je suis prêt à reconnaître devant n'importe quel jeune que j'ai perdu une large partie des attributs de la jeunesse. Mais j'ose timidement espérer que l'âge, qui m'a enlevé tant de choses, m'en a donné d'autres que ma jeunesse ignorait. Sinon, j'aurais vieilli en vain et je n'aurais que de la pitié pour les jeunes, promis à un avenir aussi désolant.

Cette exaltation abusive de la jeunesse tient aussi au fait que la plupart des hommes n'ont pas réalisé dans leur âge mûr les espérances de leurs premières années. Fruits immaturés, ils se retournent avec nostalgie vers le temps des fleurs dont ils ont trahi les promesses. « Heureux les épis mûrs et les blés moissonnés », chantait Péguy. Mais les épis secs ne se consolent pas d'avoir perdu la verdeur du blé en herbe...

Mauvaise orientation : le refus de vieillir entraîne des conséquences diamétralement opposées au but désiré. Plus on s'accroche à la jeunesse qui s'enfuit, plus elle se déchire entre nos mains et plus s'accuse la distance entre les générations. Tous les moyens artificiels de paraître jeune, depuis les cosmétiques et les toilettes — pauvres grand-mères fardées jusqu'à l'os et affublées d'une minijupe dans la rue ou d'un deux-pièces sur les plages ! — jusqu'à l'imitation des manières ou du vocabulaire de la nouvelle vague, soulignent les marques de l'âge au lieu de les effacer. Le déguisement printanier fait ressortir par contraste les flétrissures de l'automne...

C'est le monde moderne qui veut cela, m'a dit un jour une sémillante quinquagénaire qui jouait à la jeune fille. Je lui ai fait remarquer que le monde moderne se contredit lorsqu'il affirme d'un côté qu'il faut rester jeune à tout prix et que, de l'autre, il nous répète sans cesse « qu'il faut être de son temps », et « qu'on ne revient pas en arrière ». Est-ce donc être de son temps que de refuser d'avoir son âge ? Et n'est-ce pas la pire façon de revenir en arrière que de se cramponner désespérément à un passé définitivement révolu ? S'il y a un domaine où le dogme, par ailleurs si contestable, de l'irréversibilité de l'histoire, correspond parfaitement à la réalité, c'est bien celui-là. La jeunesse a sa vérité et sa beauté aussi longtemps qu'elle dure : si on essaie de l'étirer hors de ses limites, on la rend chronique à la manière des maladies...

Notre époque, éprise de nouveauté et de changement, condamne indistinctement toutes les formes de l'immobilisme. Il est étrange qu'elle fasse exception pour une seule — la plus absurde et la plus ridicule de toutes : l'immobilisme de la jeunesse.

L'INTEMPORELLE JEUNESSE

J'ignore dans quelle mesure les voyages contribuent à la formation de la jeunesse. En tout cas, ils apportent de précieux éléments à l'information des adultes. Je pense spécialement aux chemins de fer où l'on est sûr de trouver, abandonnées sur les sièges ou dans les filets, d'innombrables publications qu'on ne lirait jamais sans cela.

J'ouvre donc une de ces revues à grand tirage où la somptuosité de la forme (papier glacé, admirables illustrations, etc.) rivalise avec l'inanité du contenu et je trouve, dans les pages publicitaires, le texte suivant, concernant un produit de beauté baptisé « crème intemporelle » : crème de soins révolutionnaire *(sic)* conçue spécialement pour la femme consciente de sa beauté qui veut offrir à ceux qu'elle aime un visage intemporellement jeune.

Je sais que toutes les publicités exagèrent. Mais le choix même des termes (car les agents de publicité excellent à tâter le pouls de la crédulité publique) correspond à un état de l'opinion et des mœurs qui invite à la méditation.

J'achoppe d'abord sur ces mots : soins révolutionnaires. Jusqu'ici la révolution se définissait, dans tous les domaines, par un changement brusque et violent qui précipitait le cours des choses. Je suis ravi d'apprendre qu'il existe enfin une révolution conservatrice dont l'objet est le maintien indéfini du *statu quo,* la devise : ne bougeons plus, et grâce à laquelle l'aspect extérieur de la femme échappera au pouvoir du temps.

C'est ce qu'exprime la mirifique promesse : un visage intemporellement jeune. J'avais la mauvaise habitude de considérer la jeunesse comme une phase de la vie, c'est-à-dire un état essentiellement transitoire et, par conséquent, aussi peu intemporel que possible. J'étais en retard sur mon siècle, car voici enfin exaucé, au moins sur ce point, l'impossible vœu du poète : le temps va suspendre son vol aux environs de la vingtième année ; les jeunes filles en fleur ne connaîtront plus la flétrissure et l'effeuillement — ou, si l'on compare la beauté à un fruit, il n'y aura, en toute saison, que des primeurs.

Ce phénomène est particulièrement significatif dans une époque qui se caractérise par le mépris de toutes les valeurs intemporelles. Essayez de prêcher, dans n'importe quel domaine, la stabilité, la permanence, la fidélité, etc. — et vous passerez pour un conservateur sclérosé, un lamentable immobiliste. Il faut du courage pour oser affirmer qu'il existe une vérité et une morale immuables . Le vent est partout au changement, à la nouveauté : en politique où personne n'ose se déclarer conservateur, en littérature où le chef-d'œuvre d'hier devient le navet d'aujourd'hui, au niveau des sentiments et des mœurs où le « grand amour », le mariage indissoluble sont traités couramment de vieilles lunes par les apôtres de la révolution sexuelle, en religion même où l'on met en question les traditions les plus ancrées concernant les rites, les sacrements, les vœux monastiques, etc. et où l'on commence même à parler ouvertement de la « mort de Dieu ». Seul reste un point fixe où l'impératif catégorique « il faut être de son temps » ne s'applique plus : la jeunesse féminine. Ici, il n'est plus question d'épouser l'accélération de l'histoire : l'idéal est dans l'immuable et le plus bel avenir qu'on puisse rêver consiste à répéter indéfiniment le passé. Serait-ce là le dernier refuge du sens de l'éternel, chassé de partout ?

Car n'oublions pas qu'il s'agit de soins de la peau. Une femme peut changer d'amant, d'époux, de convictions, de religion, etc. — tout cela ne tire pas à conséquence pourvu que l'épiderme reste intact. L'aspiration vers l'intemporel émigre des profondeurs de l'âme pour s'installer à la surface du corps...

Je ne réprouve pas les soins de beauté (ils répondent à une exigence innée de la nature féminine et ils impliquent une discipline qui n'est pas sans mérite...), mais l'importance démesurée, sinon exclusive, qu'on leur attribue. Et je m'inquiète surtout, comme devant un redoutable signe des temps, de voir passer dans la bouche des pionniers du maquillage un vocabulaire qu'on tolère à peine chez les philosophes et les théologiens.

Et quant aux femmes, victimes désignées de ces charlatans (on croit si facilement ce qu'on désire), peut-être pourrait-on leur rappeler que les vraies richesses intemporelles sont au-dedans plutôt qu'au-dehors, dans l'âme et non sur la peau, et qu'à trop vouloir s'accrocher à l'éclat fugitif de la jeunesse, dont aucune crème miracle ne peut leur assurer indéfiniment l'intégrité, elles courent le risque de tomber dans cet état semi-névrotique que les psychanalystes appellent « fixation au passé » et, par là, de ne plus savoir accueillir les dons précieux de la maturité et de la vieillesse. Et qu'enfin, il est une chose plus importante que de se conserver : c'est de *s'accomplir*.

L'ART DE VIEILLIR

La scène que je vais raconter se situe en 1943. C'était l'époque où les restrictions battaient leur plein — ou plutôt leur vide. On avait organisé dans mon village une kermesse où l'on vendait, au profit des prisonniers, des friandises depuis longtemps introuvables et, spécialement, de merveilleux choux à la crème, confectionnés par les paysans du lieu. Vers la fin de la journée survint un vieil homme qui s'était péniblement traîné du village voisin afin de profiter de cette aubaine insolite. Pas de chance : on venait de vendre les derniers choux à la crème. Et le pauvre vieux, affreusement déçu, se mit à pleurer comme un enfant.

J'ai eu, moi aussi, envie de pleurer, car cette scène me faisait saisir sur le vif toute la misère de l'homme qui n'a pas su vieillir. Et j'ai pensé à ces mots amers de Sainte-Beuve : « On ne mûrit pas ; on durcit à certains endroits, on pourrit à d'autres. » En fait, ces deux phénomènes sont si connexes qu'on dit presque indifféremment de certains vieillards qu'ils sont « racornis » ou « ramollis ».

Racornis, en ce sens qu'ils sont devenus indifférents à leur entourage, à l'humanité, aux grands problèmes de l'existence — et ramollis en ce sens qu'ils sont ridiculement sensibles aux moindres incidents qui affectent leurs habitudes, leurs manies et leurs caprices. Ce vieillard qui pleurait sur l'absence d'un chou à la crème ne songeait pas aux souffrances des soldats et des prisonniers, aux enfants qui mouraient de faim et à toutes les horreurs de la catastrophe qui bouleversait l'univers.

Ce cas limite présente à tout homme âgé un admirable exemple négatif, je veux dire l'image de ce qu'il doit éviter.

L'art de bien vieillir se résume en un seul mot : détachement. Plus on est vieux, moins on a le droit d'être égoïste. Car l'égoïsme des jeunes est toujours plus ou moins racheté par la générosité et l'innocence de l'élan vital, tandis que l'égoïsme du vieillard n'est plus qu'une épave inerte et stérile déposée par le reflux. Balzac parle quelque part de ces vieux visages où ne subsistent, des passions anciennes, que « leurs cordes et leurs mécanismes ». L'usure sans la transparence, l'épuisement sans la sérénité...

Tous les dons de Dieu sont des exigences, a-t-on écrit. La vieillesse n'échappe pas à cette loi : c'est une grâce à laquelle il faut correspondre. Plus long est le chemin de notre existence, plus il doit nous éloigner de nous-mêmes. L'avenir qui se ferme, c'est l'éternité qui s'ouvre ; la meule des jours, en même temps qu'elle use le corps, doit aiguiser l'âme.

C'est seulement ainsi que le vieillard peut surmonter la grande tentation de son âge : gratter les cendres d'un feu éteint — ruminer sans fin le passé, comme les jeunes anticipent sur l'avenir. « Je voudrais avoir cinq ans de plus, être mariée, avoir des enfants », me disait hier une jeune fille, gonflée de vie et d'impatience. Une heure plus tard, j'ai rencontré un vieillard qui soupirait : « Ah ! si j'avais vingt ans de moins ! »

On nous rabâche sans cesse qu'il faut « être de son temps ». Etre de son temps, pour un vieillard, c'est vivre déjà au-delà du temps : c'est se détacher de tout ce qui meurt pour s'ouvrir à la lumière et à l'amour qui ne meurent pas. Par là, quelles que soient les épreuves de la vieillesse, l'homme âgé reste présent et accueillant à tous les êtres et à tous les âges et, quand sonne sa dernière heure, il meurt vivant.

LE VIEILLARD DANS LA CITÉ

La décision de Paul VI, excluant du prochain conclave tous les cardinaux octogénaires, a provoqué une avalanche de commentaires qui vont de l'adhésion enthousiaste à la protestation indignée.

Bien qu'un tel décret n'engage en rien l'infaillibilité pontificale puisqu'il ne concerne ni la foi ni les mœurs, je m'abstiendrai d'ajouter ma note personnelle à ce concert de voix discordantes.

Ce qui m'intéresse ici, c'est le contexte psychologique et social dans lequel se situe l'initiative pontificale. Car ce fait divers dans l'histoire de l'Eglise souligne et relance une question d'une ampleur universelle : celle de la présence et du rôle de la vieillesse dans la civilisation actuelle.

Nous touchons là à l'une des plus douloureuses contradictions de notre époque.

Jugeons sur pièces. Il ne se passe pas de jour sans qu'on exalte les progrès de l'hygiène et de la médecine, grâce auxquels la durée moyenne de la vie humaine — et par conséquent le nombre des vieillards — augmente d'année en année. Et pas de jour non plus où l'on n'entende des plaintes et des appels concernant cette condamnation à l'oisiveté et à l'ennui qu'est la mise à la retraite et attirant notre attention sur la solitude et la détresse morale des gens âgés.

L' « espérance de vie », suivant la formule consacrée, est aujourd'hui d'environ soixante-dix ans. On nous laisse prévoir qu'elle atteindra d'ici peu quatre-vingts ans. Mais cette vie, à la façon des signes monétaires en période d'inflation, se dévalorise à mesure qu'elle s'allonge. A l'usure et aux incommodités de la vieillesse vient s'ajouter l'ostracisme social, de sorte qu'à la limite, il serait plus juste de parler d'une espérance de mort vivante.

Je sais que le vieillissement a pour conséquences normales

le ralentissement, puis l'arrêt de l'activité professionnelle. Mais, dans les anciennes sociétés, cette élimination s'opérait graduellement, suivant le degré de conservation ou d'usure de chaque individu. Dans le village de mon enfance, les vieux paysans participaient jusqu'à la fin aux travaux de la ferme. De même le vieux médecin qui restreignait peu à peu ses activités sous la pression de la fatigue ou de la concurrence d'un confrère plus jeune et plus dynamique...

A cette sélection naturelle s'est substitué le coup de hache anonyme et bureaucratique qui ne laisse plus de moyen terme entre le travail à plein temps et l'oisiveté absolue. La société massifiée et égalitaire dans laquelle nous vivons exige ce découpage brutal : elle ne forme un tout cohérent qu'à condition de ne pas tenir compte des différences individuelles. Devant elle, on n'a pas l'âge de ses artères, de son cœur ou de son cerveau, on a l'âge du calendrier...

Ajoutez à cela le discrédit qui s'attache au passé dans les périodes de transition. Le vieillard, vestige d'un temps révolu, n'a plus droit de cité dans un monde hypnotisé par la nouveauté et l'avenir. On lui dénie jusqu'au don de conseil, fruit d'une longue expérience de la vie, qui était autrefois son privilège. Le « sage Nestor », oracle et arbitre des anciens Grecs, ferait figure aujourd'hui de « vieille barbe ». « Ne voyez-vous pas, m'a dit récemment un jeune homme, que la mutation qui s'opère actuellement dans l'humanité est au moins aussi importante que celle qui a transformé jadis les reptiles en oiseaux ? Or, quel sens peuvent avoir pour un oiseau les « sages conseils » d'un reptile, celui-ci aurait-il mille ans d'expérience derrière lui ? »

S'il en est ainsi, que penser de ce progrès qui, simultanément, étire le fil de la vie et tranche les liens qui donnent un sens à la vie ?

Je n'ai pas de remèdes précis à proposer. Mais, toutes proportions gardées, le problème est analogue à celui que posent toutes les formes de surproduction. Si la société moderne fabrique des vieillards en série, il faut aussi qu'elle en trouve l'emploi, qu'elle en assure, si je puis dire, l'écoulement. Un stockage illimité — même à supposer que les produits stockés soient placés dans les meilleures conditions de conservation — n'est pas une solution satisfaisante. Et peut-être n'est-il pas interdit d'imaginer, dans la société postindustrielle qu'on nous annonce, un assouplissement, une aération des conditions de vie et de travail et un aménagement des loisirs qui permettraient aux vieillards de trouver leur place et d'assumer les responsabilités qui conviennent à leur âge. Une décentralisation politique et économique qui ramènerait l'humanité vers un style de civilisation plus familial pourrait avoir d'heureux effets dans ce sens...

Quoi qu'il en soit, on aboutit à la même conclusion. A quoi bon multiplier le nombre des vieillards, si c'est pour en faire des inutiles et des exilés, pour les reléguer dans l'indifférence et dans l'oubli ? Les gouvernements actuels se préoccupent à juste titre de l'assistance au troisième âge : pensions de vieillesse, maison de retraite, etc. Mais encore une fois, suffit-il de donner aux vieillards la sécurité, le confort, les soins, bref tous les *moyens* de vivre, si on leur retire en même temps les *raisons* de vivre ?

FAUT-IL VIVRE À TOUT PRIX ?

On a fait beaucoup de bruit autour d'une note de service diffusée il y a quelque temps dans un hôpital britannique et suivant laquelle la direction dudit hôpital prescrivait à son personnel de ne pas réanimer les malades âgés de plus de soixante-cinq ans et souffrant de tumeurs cancéreuses ou d'autres affections incurables. Le ministère de la Santé publique, alerté par le scandale, a corrigé cette note en laissant au médecin le soin de décider, suivant les cas, s'il convient ou non de pratiquer la réanimation.

Cet assouplissement n'a pas apaisé la réprobation publique. Je lis, dans un grand journal de Paris, le commentaire suivant : « Ainsi donc la vie de tout citoyen britannique est désormais en jeu. Plus personne, après soixante-cinq ans, qui ne se sente condamné par une syncope... L'espérance de vie est anéantie... Ce que tue la note fatidique, ce n'est pas un nombre indéterminé de malades, c'est la confiance de tous, l'espoir de tous... »

J'ai dépassé cet âge et j'avoue que je ne partage pas cette indignation.

C'est tout le problème de l'euthanasie qui se pose. Chacun sait qu'on désigne par ce mot la doctrine suivant laquelle il est permis d'abréger la vie d'un malade afin de lui épargner les souffrances de l'agonie ou d'une maladie incurable.

Il est clair qu'un médecin n'a, dans aucun cas, le droit de tuer. Mais a-t-il le droit de laisser mourir, je veux dire de ne pas employer toutes les ressources de son art pour retarder l'heure de la mort ?

La question n'est pas simple. Il serait, certes, aussi absurde que criminel, sous prétexte de « laisser faire la nature », de ne pas opérer un homme souffrant d'une hernie étranglée ou d'une appendicite aiguë ou de laisser un blessé se vider de son sang. Mais quand il s'agit d'une maladie incurable ? N'est-ce pas une grâce de la nature — et, pour les croyants, de la Providence — qu'une syncope mortelle vienne mettre fin à ses douleurs ? Et peut-on faire au médecin un devoir absolu de ramener à la vie un être déjà saisi par la mort, alors qu'on sait que cette survie artificielle et très provisoire ne lui vaudra qu'un supplément de souffrances ?

Ne pas intervenir, ai-je ouï dire, c'est méconnaître le caractère sacré de la vie. Je répondrai qu'il y a aussi un caractère sacré de la mort qu'on méconnaît tout autant en condamnant un homme à mourir deux ou plusieurs fois.

Parlons aussi en chrétien. L'existence temporelle est-elle donc le bien suprême ? Est-ce un digne objet pour notre espérance que de vouloir la prolonger le plus longtemps possible dans n'importe quelles conditions et par n'importe quels moyens ? Cette mentalité recouvre une étrange surestimation — pour ne pas dire une idolâtrie — de la vie terrestre. La supplication de Mme du Barry traînée à l'échafaud : « Encore un moment, monsieur le bourreau », n'a jamais passé pour un acte de courage ou de foi...

Gardons-nous également de l'hypocrisie. La plupart de ces malades incurables dont on étire ainsi l'existence au-delà des limites fixées par la nature, doivent être ensuite, gorgés de stupéfiants qui viennent abréger, par leur toxicité, cette misérable vie qu'on a si artificiellement prolongée. De sorte que la médecine qui tue se combine avec la médecine qui empêche de mourir...

Avouons qu'il est impossible de tracer *a priori* les limites de l'intervention et de la responsabilité médicales. L'auteur des lignes citées plus haut s'indigne contre le principe de l'intervention facultative. Je n'ignore pas à quels abus peut conduire une interprétation trop large de ce principe. Mais, si on le récuse, il ne reste que celui de l'intervention obligatoire, c'est-à-dire une discipline médicale assurant, imposant la réanimation à tous, dans tous les cas et dans toutes les circonstances. Cette perspective ne suscite en moi aucun frémissement d'espérance. Je préfère mourir à temps de ma « belle mort » plutôt que de jouir (si l'on peut dire !) quelques jours de plus d'une vie truquée et défigurée. Je flaire là un attentat sacrilège contre la loi de la mort, analogue, en sens inverse, à celui qui commet l'euthanasie contre la loi de la vie.

La vérité est qu'il est impossible de trouver un chemin fixe sur ce terrain mouvant. Il faut tenir compte, dans chaque cas, de la nature et du degré d'évolution de la maladie, des risques et des chances de l'intervention ou de la non-intervention et aussi de la volonté du malade ou de sa famille. L'exercice d'une médecine vraiment humaine exige la liberté et la responsabilité du choix.

Un dernier mot. Le devoir du médecin est de guérir ou, tout au moins, de soulager. Dans les cas extrêmes où il est incapable de l'un et de l'autre, je ne vois plus à quoi répond cette cruelle sollicitude dont le seul effet est de retarder, en prolongeant l'agonie et ses tourments, l'heure inéluctable et sacrée de la rencontre de l'âme avec Dieu.

LE SPORT : MYTHE OU RÉALITÉ ?

La résonance mondiale des jeux Olympiques (gros titres dans les journaux, émissions télévisées, etc.) montre l'importance démesurée qu'ont prise les spectacles sportifs dans la mentalité contemporaine. La littérature, l'art, la science et jusqu'à la politique pâlissent devant les exploits des « dieux du stade ».

Je ne méconnais pas la valeur humaine du sport. Sa pratique exige de solides vertus de l'esprit : maîtrise de soi, rigueur, discipline, loyauté. La compétition sportive est une école de vérité : la toise, le chronomètre, le poids du disque ou de l'haltère éliminent d'avance toute possibilité de fraude et toute solution de facilité. Aussi, une faible marge de contingence mise à part (indisposition passagère ou influence du climat), la victoire y va-t-elle infailliblement au meilleur, ce qui est loin d'être le cas dans les autres compétitions sociales, par exemple dans la bataille électorale ou dans la course à l'argent et aux honneurs. Un homme politique peut faire illusion sur ses mérites ; un sportif est immédiatement sanctionné par les résultats de son effort. Ici, le vrai et le vérifiable ne font qu'un...

Cela dit, je vois dans cet engouement exagéré pour le sport le signe d'une dangereuse régression vers le matérialisme — et un matérialisme rêvé plutôt que vécu.

Expliquons-nous.

J'ai parlé des vertus sportives. Mais l'unique but de ces vertus est d'exceller dans un domaine qui non seulement nous est commun avec les animaux, mais où les animaux nous sont infiniment supérieurs. S'agit-il de la course à pied ? Que représente le record des deux cents mètres abaissé d'un quart de seconde en comparaison des performances quotidiennes d'un lièvre ou d'une gazelle ? Du saut en longueur ou en hauteur ? Regardez donc l'agilité de l'écureuil qui voltige de branche en branche. Du lancement du disque ou d'haltérophilie ? Quel champion égalera jamais l'exploit de l'aigle qui « arrache » et enlève dans le ciel une proie deux fois plus lourde que lui ? Par quelle étrange aberration restons-nous si souvent indifférents aux exemples des sages et aux œuvres des génies, alors que nous nous extasions devant des prouesses qui n'imitent que de très loin celles de nos « frères inférieurs » ?

Je disais que le sport exclut la fraude. Ce n'est plus tout à fait vrai. La fièvre malsaine du record dicte souvent l'emploi d'artifices malhonnêtes. Est-il besoin d'évoquer les scandales du « doping » ? Et nous avons appris la disqualification de deux championnes olympiques à qui, pour augmenter le tonus musculaire, on avait injecté des hormones mâles. Tout cela procède d'une barbarie technologique qui sacrifie les deux fins normales du sport (la santé du corps et la beauté des gestes) à l'obsession de la performance.

Mais il y a pire. C'est précisément à une époque où les hommes, esclaves des facilités dues à la technique, n'avaient jamais tant souffert du manque d'exercice physique qu'on voit se développer cet enthousiasme délirant pour les manifestations sportives. Des gens qui ont perdu le goût et presque la faculté de marcher ou qu'une panne d'ascenseur suffit à mettre de mauvaise humeur, se pâment devant l'exploit d'un coureur à pied. Des gamins qui ne circulent qu'en pétrolette font leur idole d'un champion cycliste. Il faut voir là un phénomène de transposition un peu analogue à celui qu'on observe dans l'érotisme : les fanatiques du sport-spectacle cherchent dans les images et les récits du sport-exercice une compensation illusoire à leur impuissance effective. C'est la solution de facilité dans toute sa platitude. Admirer l'exception dispense de suivre la règle ; on rêve de performances magiques et de records pulvérisés sans bouger le petit doigt ; l'effervescence cérébrale compense la paresse musculaire...

Le sport est une religion qui a trop de croyants et pas assez de pratiquants. Remettons-le à sa place, c'est-à-dire donnons-lui un peu moins d'importance dans notre imagination et un peu plus de réalité dans notre vie quotidienne.

LE CULTE ET LE MÉPRIS DU CORPS

C'est un lieu commun d'affirmer qu'un certain aspect de notre civilisation matérialiste se caractérise par l'oubli de l'âme et l'exaltation du corps.

Mais on peut soutenir aussi — et les deux points de vue ne s'excluent pas — que le corps n'est jamais si méprisé ni si maltraité que dans les sociétés matérialistes.

Dans un tel climat, les rapports entre l'homme et son corps glissent du plan de l'être sur celui de l'avoir : ce ne sont plus ceux du maître au serviteur, mais de l'usager à la machine. Et que la machine soit l'objet d'une espèce d'idolâtrie — comme c'est très souvent le cas pour certains fervents de l'automobile — cela n'empêche pas, bien au contraire, de la malmener et d'en abuser.

En fait, les besoins de notre corps — et corrélativement nos devoirs à son égard — se réduisent à peu de chose : de l'air, une nourriture saine, un exercice modéré, un temps de repos et de sommeil.

Au lieu de cela, que font les matérialistes ? Ils traitent ce malheureux corps comme un vulgaire instrument de rendement, de plaisir et de vanité.

De rendement. Ils le surmènent par un travail excessif (gagner de l'argent étant le nerf de la civilisation utilitaire) et par un usage des loisirs aussi trépidant que le travail. « Mes vacances ont été payantes », m'a dit un de mes voisins en rentrant, plus fatigué qu'au départ, d'un long circuit à travers l'Europe. — « D'autant plus payantes, ai-je répondu, que vous avez dévoré plus de kilomètres et dépensé plus d'argent. »

De plaisir. Disons plutôt de distractions frélatées qui n'ont presque aucun rapport avec le sain plaisir des sens. On force le corps à manger quand il n'a pas faim, à boire quand il n'a pas soif, à veiller quand il tombe de sommeil ; on l'enfume quand il a besoin d'air pur, etc... Sans parler des sports violents et disproportionnés à ses forces où l'esprit d'imitation et de record joue au rebours des exigences de l'équilibre et de l'épanouissement physiques. Ni des artifices, inspirés par la soif d'un plaisir sans revers et sans risques, qui viennent bouleverser ses rythmes et ses fonctions. Témoin — signe des temps ! — l'importance démesurée qu'ont prise les débats autour de la fameuse pilule qui, en quelques années, a sûrement fait couler plus de salive et plus d'encre que toutes les discussions théologiques des siècles passés...

De vanité. Ici la liste des exemples est inépuisable. Ce corps ; on l'exhibe sans pudeur comme une marchandise à l'étalage. Ou bien on le martyrise pour obéir à des modes saugrenues. Je pense aux morts spectaculaires dues à certaines cures d'amaigrissement (la ligne « haricot vert » menant directement à celle du squelette), aux jambes gelées, conséquence du port de la minijupe dans les pays froids, aux innombrables accidents (coups de soleil, chocs pulmonaires ou hépatiques) qui sont la rançon du culte barbare et inconditionnel du bronzage...

Le corps vient-il à tomber malade à la suite de tels excès ? On se décharge aussitôt de toute responsabilité à son égard en le confiant à des spécialistes appropriés ; on le bourre de drogues, à la rigueur on suit un régime, mais d'une manière abstraite et « programmée » comme on obéit au mode d'emploi de n'importe quelle mécanique, et dans une ignorance profonde de « ces liens si tendres et si violents » qui, selon Bossuet, unissent l'âme à la chair. Et cette discipline formelle dispense de pratiquer les vieilles vertus, infiniment plus subtiles et plus personnelles, qui concernent l'hygiène et la sobriété. Encore ce reste d'égards (dû au fait que le corps n'est pas interchangeable) ira-t-il sans doute en disparaissant à mesure que la banque d'organes, qui n'existe aujourd'hui qu'à l'état embryonnaire, disposera de moyens assez puissants pour nous livrer la santé en pièces détachées...

Faire tout cela c'est peut-être adorer le corps (comme on

adore la tarte à la crème ou le ski nautique...) ; ce n'est à coup sûr ni l'aimer, ni le respecter.

Et voilà où nous conduit le matérialisme ! L'oubli de l'âme entraîne le mépris du corps. On néglige, dans la mesure où l'on en fait une idole, les attentions élémentaires qu'on doit à un serviteur.

Aux antipodes de ce climat de fausse exaltation et de vrai mépris, l'Apôtre nous enseigne que le corps est le temple du Seigneur. Mais, pour savoir cela et surtout pour le vivre, il faut se souvenir qu'on a une âme et reconnaître qu'il est un Dieu.

LE SEXE À L'ÉCOLE

La scolarisation de la sexualité est à l'ordre du jour. Les éducateurs (j'ai vu, affiché en grosses lettres dans un lycée, le slogan : n'oubliez pas que vous avez un sexe), les législateurs (le parlement français a voté à l'unanimité la création d'un Conseil supérieur de l'information sexuelle), les hommes d'Eglise même, trop souvent prêts à compenser leur retard séculaire par un sprint final qui risque de les conduire au-delà du but — bref, toute l'aile marchante de l'opinion converge dans cette direction.

Là-dessus, on enregistre quelques réactions, aussi indignées qu'inefficaces, de certaines associations de parents qui protestent, au nom de la morale, contre ce déferlement sexologique qui confine, dans bien des cas, à la propagande érotique.

Que faut-il penser de cette mutation ?

Avouons d'abord que l'ancienne morale, qui laissait dans l'ombre tous les problèmes de la sexualité ou ne les envisageait que sous l'aspect de l'impureté et du péché, n'a guère favorisé l'harmonie et l'épanouissement de l'être humain. C'est un lieu commun de dénoncer les refoulements et l'hypocrisie dus au jansénisme, au puritanisme et même à la morale laïque, parfois plus intransigeante sur ce point que la morale religieuse...

Mais ne verse-t-on pas aujourd'hui dans l'excès contraire ? Il est certain qu'une saine information sexuelle présente de très sérieux avantages, en premier lieu celui de prémunir les adolescents contre les déductions de l'érotisme vulgaire et dégradant qui sévit dans la société actuelle.

Aussi bien, ce qui m'inquiète, ce n'est pas l'initiation sexuelle par elle-même, mais l'éclairage officiel — et par conséquent uniforme et indiscret — sous lequel on est en train de nous l'imposer. Je conçois très bien cet enseignement à l'échelle de la famille ou de l'entourage immédiat, c'est-à-dire proportionné aux dispositions de chaque enfant et dispensé au gré des circonstances favorables, mais je vois beaucoup plus mal tous les élèves d'une classe recevant indistinctement la même becquée de sexologie.

Et pourquoi pas ? dira-t-on. N'en va-t-il pas ainsi pour toutes les autres matières scolaires ? Je répondrai que le problème sexuel touche de trop près l'affectivité de l'individu pour être enseigné dans les mêmes conditions que les mathématiques ou la grammaire, qui ne font appel qu'à l'intelligence et à la mémoire. Ne risque-t-on pas, en étalant sans discernement les réalités les plus intimes, soit de choquer l'âme des enfants qui n'éprouvent encore aucune curiosité dans ce domaine, soit d'éveiller chez les autres des instincts encore en puissance et de faire fermenter leur imagination dans le vide ? Car il ne suffit pas d'initier, il faut encore que celui auquel on injecte un savoir quelconque soit mûr intérieurement pour le recevoir. Sinon on provoque des phénomènes analogues à ceux qui suivent l'ingestion d'une substance inassimilable : rejet ou intoxication. Ainsi — et de récentes observations montrent que ce danger n'est pas illusoire — une information prématurée aboutit aux mêmes désordres psychologiques que l'absence trop prolongée d'initiation. Mal savoir ne vaut pas mieux que tout ignorer...

Toute question morale mise à part, je redoute aussi que cet amas de connaissances abstraites portant sur l'aspect le plus extérieur et le plus anonyme de la sexualité et précédant de si loin l'expérience vécue, ne dissipe l'immense halo de mystère et d'attente dont s'enveloppe l'amour des sexes. Qu'une information trop hâtive n'altère plus tard l'émerveillement de la découverte personnelle. Et que, pour éviter les surprises sur un sentier solitaire et mal frayé, on nous offre la monotonie d'une route où la signalisation parfaite exclut tous les charmes de l'imprévu.

Un homme très cultivé me disait jadis qu'il lui avait fallu dix ans de décantation et d'oubli pour sentir l'incomparable beauté des vers de Racine, tant on l'avait gavé à l'école d'analyses et de commentaires sur la tragédie classique. Le même phénomène risque de se reproduire avec plus d'intensité pour l'enseignement sexuel. Je prévois le temps où, le premier moment de curiosité passé, cet enseignement baignera dans la même atmosphère d'ennui et de contrainte que les autres branches du training scolaire et deviendra vite aussi fastidieux que les exercices d'algèbre ou d'analyse grammaticale. A force de fabriquer des forts en thème et des techniciens en herbe de la sexualité (celle-ci démontée, puis ajustée, mise au point et livrée avec mode d'emploi comme n'importe quel instrument) ne va-t-on pas amortir cet élan vers l'inconnu qui fait les vrais amoureux ? Et verrons-nous surgir, de ce creuset de l'information, un type humain qui, sachant tout *par cœur,* n'aura plus rien à apprendre *par le cœur* ?

Le processus est déjà engagé. J'ai sous les yeux ce sujet de dissertation proposé à des élèves de quatorze ans : « Définissez la place de l'érotisme dans l'harmonie du couple. » Peut-on rêver un plus grotesque mélange de cuistrerie et d'indécence ? Et ne pas craindre qu'après quelques pensums de ce genre, le malheureux écolier n'éprouve une précoce nausée à l'égard des réalités sexuelles — façon indirecte mais peu souhaitable de rejoindre l'étroit moralisme des générations précédentes ? Après la sexophobie des anciens éducateurs, allons-nous vers une sexocratie qui achèvera de dessécher les sources vives de l'amour ?

Il est tout de même permis d'imaginer une initiation moins lourdement et platement programmée et surtout plus respectueuse du climat de pudeur et de secret qui entoure les premières émotions sexuelles de l'adolescent. En attendant, je plains les pauvres petits qui vont devoir ajouter cette rallonge à leurs nombreux et pesants sujets d'étude. Il faut leur souhaiter la même grâce qu'à l'admirateur de Racine cité plus haut, c'est-à-dire, d'oublier, le jour où ils découvriront l'amour par eux-mêmes, l'encombrant et stérile fatras scolaire dont on aura farci prématurément leur cerveau.

LIBÉRATION ET LIBERTÉ

Je trouve, dans mon courrier, un manifeste émanant de je ne sais quelle ligue pour « la libération de la femme ». J'avais déjà connaissance d'innombrables appels en faveur de la libération des enfants et des élèves opprimés par la tutelle des parents et des éducateurs, sans parler de la croisade contre les tabous sexuels ni du programme des partis politiques qui, quelle que soit leur couleur, nous promettent tous le respect et l'élargissement des libertés.

Je n'entrerai pas dans le détail de ces constructions idéologiques, qui vont de la défense des droits les plus légitimes de l'être humain jusqu'à l'utopie frisant la démence. Je me borne à constater que le mot libération est furieusement à la mode.

Que signifie-t-il ? Se libérer, c'est se rendre libre. Et qu'est-ce qu'être libre ? C'est pouvoir agir sans contrainte suivant ses goûts et ses désirs. La libération consiste donc pour chacun à s'affranchir d'une dépendance qu'il considère comme un obstacle à sa vocation et à son bonheur. D'où cette question primordiale : à quel niveau l'homme situe-t-il sa vocation et son bonheur ?

S'agit-il de l'émancipation de la femme ? Le prospectus que j'ai sous les yeux réclame non seulement l'égalité civique et juridique des sexes, mais il invite les femmes à secouer les « servitudes » du mariage, de la maternité, des besognes ménagères, etc. (soit dit en passant, la photographie de la présidente de ladite ligue qui orne la première page du manifeste suffirait à éteindre, chez n'importe quel mâle digne de ce nom, la moindre velléité d'asservissement !) afin d'affirmer sa personnalité écrasée par des siècles d'aliénation. Tout n'est pas faux dans ces propos révolutionnaires. Seulement il y a une infinité de degrés entre le « féminisme » d'une Jeanne d'Arc abandonnant son troupeau et sa famille pour exercer le plus rude des métiers d'homme — « filer et coudre, toutes les femmes peuvent le faire, répondait-elle à ses juges, mais ce que j'ai fait, moi seule pouvais le faire » — et celui de la pécore dont l'émancipation se réduit à une imitation caricaturale des défauts masculins. Et je ne parle pas des asservissements artificiels qui s'allient la plupart du temps à ce rejet des plus élémentaires devoirs naturels. Est-il rien d'aussi agaçant que d'entendre proclamer le droit à la liberté de l'amour et à l'avortement par des femmes qui s'inclinent sans discussion devant les impératifs mouvants des modes les plus incommodes et les plus saugrenues ? J'attends la ligue qui affichera cette devise : « Non à la dictature des couturiers ! Nous revendiquons pour chaque femme le droit de s'habiller comme il lui plaira ! »

De la culture et de l'éducation ? Est-ce pour améliorer la qualité des études et des rapports sociaux qu'on brise les règles de la discipline scolaire et des usages mondains ? Ou bien cède-t-on tout bonnement à la loi du moindre effort au détriment de l'attention, de la tenue et de la politesse ? J'avoue n'éprouver aucun plaisir à voir un jeune produit de la « nouvelle école » exercer sa « créativité » (encore un mot à la mode...) aux dépens de l'orthographe et de la syntaxe ou bien un solide gaillard qui, dans l'autobus, reste vautré sur son siège tandis qu'une vieille femme, debout à ses côtés, vacille à chaque cahot.

De la liberté sexuelle ? Je sais l'épaisseur des ignorances et des interdits qui ont pesé sur les générations précédentes. Mais la libération actuelle vient-elle d'une meilleure conception de l'amour ou du glissement vers un dévergondage encore plus creux que les pires préjugés d'un moralisme sclérosant ?

D'où il ressort que tout mouvement de libération n'a de valeur positive que dans la mesure où il s'accompagne d'une éducation de la liberté. Sinon, la suppression des obligations et des contraintes extérieures livre l'homme à la tyrannie de ce qu'il y a de moins humain en lui : ses appétits inférieurs, ses caprices et, pire encore, sa répugnance à l'effort qui le plonge dans un état d'indifférence et d'ennui, signe avant-coureur de la mort.

Un dernier exemple. On réclame partout l'abaissement de l'âge de la retraite. Je n'y vois aucun inconvénient, si la conjoncture économique le permet. Mais le problème le plus important est de savoir à quoi cet homme, libéré du travail, occupera ses loisirs. Je connais deux professeurs récemment admis à la retraite. L'un emploie sa liberté à traduire les tragiques grecs (rêve de sa jeunesse que ses devoirs professionnels l'avaient jusqu'ici empêché à réaliser) ; l'autre bâille sans fin devant sa télévision ou passe sur son entourage sa mauvaise humeur de désœuvré. La hausse du taux de mortalité, constatée par les statistiques des compagnies d'assurance, dans les trois premières années qui suivent l'âge de la retraite, est particulièrement éloquente sur ce point...

Se libérer, c'est écarter des obstacles. C'est déblayer le chemin. Mais tout dépend du but vers lequel nous marchons sur le chemin déblayé. Et tout se résume dans le grand mot de Nietzsche : « Je ne te demande pas *de quoi (wovon)* tu es libre, je te demande *pour quoi (wozu)* tu es libre. » Ou dans ce titre d'un livre de Bernanos : *La liberté : pour quoi faire ?*

NOUVELLE VAGUE ET RETOUR AUX SOURCES

Le train roule. Sur le siège voisin, traîne un luxueux magazine, abandonné par un voyageur, dont la couverture porte en lettres énormes le titre d'un article sur « l'explosion sexuelle aux U.S.A. ». Et tout un sommaire à l'avenant...

Ma voisine d'en face — une jeune fille au visage clair, aux allures correctes et en même temps dégagées — rien de l'oie blanche d'hier ni de la bécassine faisandée d'aujourd'hui — jette un coup d'œil distrait et vaguement dégoûté sur l'en-tête provocant de la revue. J'en profite pour lui demander : « Que pense-t-on à votre âge de ces nouvelles mœurs et de cette nouvelle littérature ? » La belle enfant éclate de rire et me tient des propos dont voici le résumé :

« Je ne souffre ni de complexes ni de tabous et j'ai horreur du conformisme. Dans une époque de puritanisme, j'aurais peut-être défendu la liberté de l'amour avec ses audaces et ses périls. Mais aujourd'hui, devant ce nouveau conformisme, où l'embarquement pour Cythère tourne au voyage organisé, où le sexe rentre dans l'économie de consommation, où un déluge de publications mortellement rabâcheuses nous en explique tous les mécanismes et nous en offre le mode d'emploi en vue d'en tirer le rendement maximum, sous l'assurance-tous-risques de la pilule, comment voulez-vous ne pas réagir en sens inverse ? Nous en avons assez de cette pacotille érotique, fabriquée à la chaîne et débitée comme un article de bazar, de cette sexualité sans profondeur, sans mystère et sans imprévu, de ce renversement des conventions où le respect humain, la crainte servile de n'être pas à la page nous imposent comme des obligations tous les interdits d'autrefois. A défaut de morale et de religion, un spectacle aussi déprimant suffit à inspirer un goût puissant pour la chasteté. Et je ne suis pas seule, parmi les jeunes, à penser ainsi. On nous a assez répété que notre âge était celui de la contestation des valeurs acquises, de la révolte contre les préjugés de la foule. Or, je vous le demande, quoi de plus révolutionnaire aujourd'hui que de contester un vice à la mode au nom d'une vertu minoritaire ?... »

Cette savoureuse conversation m'a amené à réfléchir sur les avatars du conformisme.

Qu'entend-on par ce mot ? Un état d'esprit (si tant est qu'on puisse encore parler d'esprit) qui incline l'individu à épouser les opinions et les coutumes de son milieu et de son époque sans les passer au crible de sa réflexion et de ses goûts personnels. Le conformiste est l'homme du troupeau qui respecte les formes sans s'inquiéter du fond.

Au temps du puritanisme et de l'ordre moral, ce mimétisme social jouait dans le sens de la tenue, de l'inhibition, de la raideur, c'est-à-dire des apparences de la vertu. La mentalité austère et pudibonde de l'époque victorienne représente le prototype de cet état des mœurs.

Aujourd'hui, sous l'effet d'une propagande intense et généralisée qui exalte et encourage toutes les licences sous le nom de libération et d'épanouissement, la situation s'est retournée. De sorte qu'après le conformisme de la vertu, nous avons le conformisme du vice — et celui-ci aussi artificiel, aussi préfabriqué et plaqué que celui-là. Le vent a tourné, mais les girouettes ne choisissent pas davantage leur direction.

Nous parlions de l'érotisme. Mais le même phénomène s'observe dans tous les secteurs et à tous les niveaux.

Dans la mode vestimentaire où le débraillé a remplacé le guindé. A telle réunion où le grand-père ne se serait présenté qu'en jaquette et en col cassé (et cassant), le petit-fils n'hésite pas à venir en blue-jean et en col roulé.

Dans l'art où l'exhibition de l'informe succède à l'académisme « pompier ». Il faut du courage pour oser faire encore du figuratif, me confiait récemment un peintre...

En matière éducative où la discipline presque militaire de certains collèges et l'aridité d'un enseignement abstrait ont cédé la place à des méthodes dites globales ou concrètes, basées sur une confiance aveugle en la spontanéité de l'enfant, sur la conviction qu'on peut tout apprendre sans règles et sans effort...

Ou encore sur le plan religieux où les notions de péché et de pénitence, auxquelles on attribuait jadis une importance démesurée, s'évanouissent progressivement au profit de la foi en l'homme et du souci presque exclusif de son bonheur temporel.

On comprend le dégoût de certains jeunes devant ces

soi-disant nouveautés qui ne sont que des vieilleries retournées et dont l'envers vaut encore moins que l'endroit. Et leur besoin de retrouver, au-delà de tous les conformismes passés ou présents, le vrai visage de l'ordre et de la vertu. Dans une époque où la mode et ses préjugés vont dans le sens de la décomposition et du chaos, quel défi plus audacieux à l'esprit grégaire que ce retour aux valeurs permanentes qui sont à notre destin ce que la source est au fleuve et l'orbite à l'astre ? Et cela, non sous l'influence des pressions sociales, mais par une libre reflexion de l'esprit et un libre choix du cœur.

J'ai pris congé de ma compagne de voyage en lui disant que les jeunes d'aujourd'hui avaient un grand privilège sur leurs aînés : celui de pouvoir unir, dans le même élan, l'esprit de contradiction propre à la jeunesse à la défense du bon sens et du bon goût qui sont plutôt des attributs de la maturité. Car, pour une fois, l'anticonformisme et le respect des meilleures traditions sont du même côté. Dans ce monde désorbité, le vrai révolutionnaire est celui qui ne rougit pas de rester fidèle aux vérités éternelles. Celui qui a le courage de contester la folie contestataire et qui, armé de sa solitude et de sa foi, ose remonter la pente visqueuse où dévalent les moutons de Panurge.

Les jeunes ont soif d'originalité. Leur aspiration sera comblée dans la mesure où ils sauront résister aux prestiges impurs de l'actualité, c'est-à-dire, suivant l'admirable étymologie du mot, où ils retrouveront les valeurs *originelles,* toujours polluées par les courants de l'histoire, mais immuables dans leur source.

LE MAL « PROMOTIONNEL »

La presse nous a annoncé qu'un défilé de trois mille femmes, patronné et conduit par quelques intellectuelles de choc, a eu lieu dans les rues de Paris pour réclamer la contraception et l'avortement libres et gratuits.

L'argumentation de ces dames se résume ainsi : l'avortement provoqué est entré dans les mœurs (500 000 femmes au moins y ont recours chaque année en France), mais comme il s'opère dans la clandestinité et trop souvent avec des moyens de fortune, sans parler de la réprobation morale et des sanctions légales, il entraîne des suites aussi dangereuses pour la santé physique que pour l'équilibre psychologique. La seule solution est de lui donner droit de cité, c'est-à-dire de la placer sous la protection de l'opinion et de la loi. Il est scandaleux que les femmes fortunées n'aient qu'à s'offrir un petit voyage dans telle ville où les lois sont plus coulantes pour être délivrées dans les meilleures conditions d'hygiène et d'impunité, alors que tant de pauvres filles, placées dans les mêmes conditions, risquent chaque jour leur vie et leur réputation...

A ce plaidoyer démagogique, je répondrai que je ne méconnais pas le problème posé par certains cas individuels : il faudrait une dose massive de pharisaïsme pour refuser les circonstances atténuantes à tant de malheureuses que l'imprudence d'un instant conduit à une alternative tragique. Mais la vraie question n'en reste pas moins celle-ci : l'avortement est-il, oui ou non, un meurtre ? Si oui, le fait qu'il soit entré dans les mœurs, n'autorise pas à en faire un droit. A ce compte, si j'en juge par la multiplication des hold-ups qui défraient la chronique quotidienne, le gangstérisme est également en voie d'entrer dans les mœurs : est-ce une raison suffisante pour le ranger parmi les activités légalement reconnues et, sous prétexte que les grands voleurs ou les grands assassins — par exemple certains financiers véreux plus ou moins protégés par la politique ou certains chefs d'Etat fauteurs de guerres atroces — échappent au filet des lois, pour absoudre, sinon pour encourager le tueur artisanal ou le petit escroc maladroit ? Est-ce une conquête sociale que d'octroyer aux petits les honteuses facilités jadis réservées aux grands ? que de généraliser le mal au lieu d'essayer d'y porter remède ?

Quel avenir nous prépare-t-on ? L'avortement gratuit, c'est-à-dire à la portée de tous, exempt non seulement de risques physiques et moraux, mais de responsabilité financière — le crime pris en charge par la collectivité, incorporé dans les services publics au même titre que l'éducation nationale, l'assurance maladie et les pensions de vieillesse : peut-on imaginer une plus parfaite synthèse du grotesque et de l'odieux ?

Mais ce n'est là qu'un indice d'une mentalité générale qui consiste non à lutter contre le mal, mais à supprimer les tracas et les souffrances qu'il traîne à sa suite. Dans cette optique, le péché qui n'a pas de conséquences fâcheuses n'est plus un péché ; le mal n'est plus le mal dès l'instant qu'il ne fait plus mal. Il n'est pas question de purifier la source — en l'espèce le cœur de l'homme — mais de traiter l'eau polluée de telle façon qu'elle ne donne plus de coliques. Et la bonne conscience naît de cette euphorie dans la corruption. Dans le cas qui nous occupe, l'avortement n'apparaît comme un mal que dans la mesure où il compromet la santé et où il entraîne la réprobation sociale : ces dangers écartés grâce aux progrès des techniques médicales et à la mise au rancart de la vieille morale, il devient le signe d'une évolution libératrice des esprits et des mœurs. On tire gloire de ce qui fut jadis une honte ; on voit une promotion dans ce qu'on considérait comme une chute...

A ce degré, le mal amputé de la douleur et du repentir qui sont ses issues naturelles vers le bien, le mal légalisé, sécurisé, aseptisé (et du même coup stérilisé) se referme incurablement sur lui-même et perd, avec toute menace de châtiment, toute espérance de guérison. Si les vœux de nos manifestantes sont exaucés, quelle chance de repentir et de conversion restera-t-il à la femme sortant de la clinique, la tête haute et ses papiers en règle, avec son opération remboursée par la Sécurité sociale ?

Le comble, c'est que ces apologistes de l'avortement libre et gratuit ont le front de présenter leur publicité tapageuse comme une réaction contre l'hypocrisie des générations précédentes qui consistait à garder secrets des actes qu'on étale aujourd'hui au grand jour. Je n'ai aucune tendresse pour le pharisien classique, mais, du moins, en voilant son péché de ténèbres, reconnaissait-il à sa manière que le mal n'est pas le bien. C'est dans ce sens que La Rochefoucauld disait que « l'hypocrisie est un hommage que le vice rend à la vertu ». Mais que penser de ce nouveau pharisaïsme qui, loin de dissimuler le péché, en fait un objet d'exhibition et d'apostolat ? Entre deux hommes également pervers, quel est donc le plus coupable : celui qui garde son mal pour lui seul (ou ne le partage qu'avec ses complices immédiats) ou celui qui cherche à le rendre contagieux en le présentant comme un bien et en le revendiquant comme un droit ?

N'est-ce pas là le péché contre l'Esprit dont il est parlé dans l'Evangile ? Toutes les chutes appellent la compassion et le pardon, sauf celles qui se déguisent en ascensions.

LES LIBERTÉS ALIÉNANTES

Un hebdomadaire français a publié un manifeste signé par trois cent quarante-trois personnalités féminines et dans lequel celles-ci, après avoir loyalement (ou cyniquement ?) avoué qu'elles avaient toutes eu recours à l'avortement, réclament une réforme de la législation répressive encore en vigueur — réforme dont l'aboutissement serait l'avortement libre et gratuit.

L'un des principaux arguments invoqués est celui du droit qu'a tout être humain de disposer librement de son corps. Ce n'est pas une nouveauté : un certain Victor Margueritte publiait il y a quelque cinquante ans, un ouvrage « émancipateur » intitulé : *Ton corps est à toi*.

Sans traiter le problème de l'avortement, arrêtons-nous un instant sur ce point précis : la libre disposition du corps.

Ton corps est à toi... Cette formule, si souvent employée par les gens qui font profession de matérialisme, rend un son étrangement spiritualiste : elle affirme la présence en nous de deux éléments distincts (bien qu'inséparables) dont l'un — le corps — est possédé et doit obéir et l'autre — le moi — est possesseur et doit commander. En d'autres termes : ton corps est ta propriété, ton instrument, et tu peux en faire ce que tu veux.

Mais jusqu'où va cette liberté ? Puis-je faire ce que je veux de mon corps comme je pétris un bloc de glaise ou comme un romancier crée et manœuvre à son gré ses personnages ? Les droits que j'ai sur lui ne sont-ils assortis d'aucune obligation envers lui ? Il est évident que non, puisque mon corps se présente à moi comme un ensemble d'organes et de fonctions que je n'ai ni créé ni choisi et sur lequel ma volonté n'a qu'une influence très limitée. C'est déjà vrai dans l'ordre des biens extérieurs : je peux utiliser pour mon plaisir ou pour mon profit un cheval qui m'appartient, mais à condition que les services que je lui demande soient proportionnés à sa nature et à ses capacités de cheval et que, dans un autre sens, je sois moi-même à son service, en lui fournissant la nourriture, l'abri et les soins indispensables. De même et à plus forte raison pour mon corps qui fait partie intégrante de moi-même. Est-il normal et légitime d'exiger de lui des plaisirs sans égard à ses vrais besoins — par exemple les joies de la table sans tenir compte des limites de ses facultés d'absorption et d'élimination ? Combien d'hommes, esclaves de leur gourmandise et bourreaux de leurs entrailles, font de leur corps cet empire divisé contre lui-même, et par là, promis à la ruine !

Cette disjonction entre la recherche du plaisir et le respect de la fonction atteint son point optimum (ou plutôt pessimum) dans l'attitude des championnes de l'émancipation féminine dont nous venons de citer le manifeste. N'y a-t-il pas un mépris infini de la vie dans ce néo-paganisme qui prétend exalter le corps et qui n'hésite pas à bouleverser l'un de ses rythmes primordiaux par l'usage de la pilule ou à le mutiler dans ses profondeurs par l'avortement ?

Voilà pour nos devoirs envers l'animal. Mais il y a plus grave. Ce corps animal est celui d'un homme, c'est-à-dire d'un être conscient et libre qui a une vie intellectuelle, affective, professionnelle, morale, sociale, religieuse — et qui ne peut se réaliser, à tous les niveaux, qu'avec l'aide de son corps. J'ai besoin de mon corps pour penser, pour aimer, et même pour prier. Ce rôle de support, d'instrument et de signe de l'âme confère au corps une nouvelle dignité et lui impose, du même coup, une plus haute discipline. Je n'ai pas le droit de prendre avec mon corps des *libertés* qui seraient contraires à *la liberté* de l'esprit qui habite en lui. C'est dans ce sens que saint Paul invite les fidèles à préserver de toute souillure ce corps humain qu'il désigne comme « le temple de l'Esprit Saint ».

Car le vrai problème se pose en ces termes : sommes-nous libres comme des démiurges qui peuvent impunément tout se permettre sur un monde à l'état d'ébauche, émergeant à peine du chaos, ou bien comme des créatures liées à un ordre qui les contient et qui les dépasse et responsables de leur destin à l'intérieur de cet ordre ? Pouvons-nous être des créateurs autrement qu'en respectant et en prolongeant les lois de la création ? Le choix est en nous : l'homme possède en effet le terrible privilège de pouvoir user de sa liberté pour détruire, en lui et autour de lui, cet ordre qui est le fondement de sa liberté. Autrement dit — et c'est le triste secret de tant de mouvements dits « libérateurs » — il a le pouvoir de se libérer de la faculté d'être libre. Pouvoir qui s'apparente étrangement à celui du suicide, celui-ci pouvant se définir comme le refus global et définitif de toutes les responsabilités qui sont attachées à la liberté. Et, de fait, l'ombre de la mort, le goût du néant planent déjà sur cette sexualité dénaturée et désacralisée. Combien ai-je connu d'hommes et de femmes — et souvent, hélas ! encore très jeunes — qui allaient chercher une dernière libération dans la drogue après avoir épuisé les fallacieuses ressources de l'érotisme : ce corps affranchi de toute limite et de toute règle, ce corps « à tout faire », ils ne savaient littéralement plus qu'en faire !

Le corps humain, dont la gestion appartient au moi conscient et libre, peut être considéré sous deux aspects : celui d'un bien de consommation par les plaisirs qu'il procure et celui d'un bien d'investissement par l'aide qu'il apporte aux œuvres de l'esprit. Le libéralisme sexuel met presque exclusivement l'accent sur la consommation, ce qui entraîne la satiété ou la ruine ; le « dirigisme » moral incline vers l'investissement, ce qui valorise et ennoblit les fonctions charnelles et assure par surcroît des joies sensibles plus saines et plus durables.

Et que mes lecteurs me pardonnent de préférer pour une fois le dirigisme au libéralisme car, dans ce domaine, le libéralisme est esclavage et le dirigisme liberté !

L'ARGENT EST-IL MÉPRISABLE ?

Il est de bon ton aujourd'hui — spécialement dans les milieux intellectuels et « avancés » — de dénigrer l'argent et les hommes qui le détiennent. L'esprit d'économie, la recherche du profit, l'attachement à un patrimoine, qui furent considérés comme des vertus à l'âge du libéralisme, apparaissent de plus en plus, à l'âge du socialisme, comme des survivances honteuses de l'égoïsme et du matérialisme bourgeois. Le seul mot de « nanti » est prononcé avec un accent qui en fait une condamnation sans appel. Et j'ai entendu récemment une jeune femme apostropher en ces termes ses vieux parents qui avaient durement économisé toute leur vie : « Vous me dégoûtez avec votre sale argent ! »

Si cette mentalité correspondait à un renouveau authentique de l'esprit évangélique, il y aurait peut-être lieu de s'en réjouir. Mais, à de rares exceptions près, c'est exactement le contraire qui se produit. Jamais l'équilibre économique et social n'avait été aussi ébranlé par la fièvre des revendications matérielles. Et parmi tous ceux qui affichent leur mépris de l'argent, combien seraient prêts à renoncer aux agréments et aux facilités qu'il procure ? A titre d'exemple, je vous dirai que la jeune femme dont je viens de citer le propos cinglant était une personne désordonnée et imprévoyante, achetant n'importe quoi à crédit et empêtrée dans ses fins de mois comme une mouche dans une toile d'araignée.

Les gens de cette espèce sont légion. Ce qui leur répugne,

ce n'est pas l'argent, car ils ne demandent qu'à en dépenser le plus possible, ce sont les efforts et la discipline qui sont nécessaires pour l'acquérir et le conserver et les responsabilités qui sont liées à sa possession. Leur soi-disant mépris de l'argent n'est que la traduction idéalisée de leur mauvaise conscience à l'égard de la réalité économique devant laquelle ils se sentent tous les droits et ne se reconnaissent aucun devoir. Ainsi certains débauchés méprisent d'autant plus les femmes que, avides d'en jouir, ils ne font jamais rien pour mériter leur amour.

Le nombre croissant de ceux qui vivent au-dessus de leurs moyens vient à l'appui de cette thèse. Je sais tout ce que l'esprit d'économie des générations précédentes pouvait comporter d'étroitesse et de dureté, mais du moins avait-il cet avantage d'exiger une maîtrise de soi et des sacrifices qui sont inconnus aux gaspilleurs. A tout prendre, mieux vaut le respect, même exagéré, de l'argent qui crée l'épargne que le délire de consommation qui fait s'entasser les dettes. Il y a moins de matérialisme dans l'avare qui « veille au grain » que dans le prodigue qui « mange son blé en herbe ». Et, s'il faut choisir, je préfère encore le bas de laine au panier percé...

Raisonnons sans passion. L'argent, par lui-même, n'est ni propre ni sale : c'est un signe et un instrument, et il répond à une nécessité dans toutes les sociétés évoluées. Or, rien de ce qui est nécessaire ne mérite le mépris. Ce qui est souvent méprisable, ce n'est pas l'argent comme tel, ce sont les passions qu'il suscite, certains moyens qu'on emploie pour l'obtenir ou le mauvais usage qu'on en fait.

La mentalité que nous dénonçons ne veut voir en lui qu'un instrument de jouissance et d'oppression, presque uniquement manœuvré par l'égoïsme et la volonté de puissance. Mais il peut et il doit être autre chose.

D'abord la base et la garantie de la liberté personnelle. La possession d'une réserve d'argent (ou de biens équivalents) constitue la meilleure assurance, non seulement contre les aléas de la destinée (maladie, chômage, vieillesse, etc.), mais contre cette dépendance absolue à l'égard de l'employeur qui est, d'après Marx, le signe tragique de la condition prolérienne. Dans ce sens, une politique de l'épargne, visant à généraliser l'accès à la propriété privée, se confond avec cet idéal de promotion sociale dont on nous rebat les oreilles sans prendre garde aux conditions élémentaires de sa réalisation.

Ensuite, l'instrument d'un service social. Premièrement à l'échelon familial : le fait de constituer un patrimoine, c'est-à-dire de travailler et d'épargner au bénéfice d'une communauté, rachète l'argent en le soumettant à des fins plus hautes que la satisfaction des appétits individuels. En second lieu, par son association avec le travail qui fait de lui un des leviers de la prospérité générale : là encore l'argent est racheté par les risques et les responsabilités assumés par ses détenteurs. Enfin, comme moyen de bienfaisance : la charité privée implique un contact humain et des possibilités de discernement (il est des misères secrètes qu'elle seule peut découvrir et soulager) dont aucun organisme public ne peut offrir l'équivalent. Et il ne faut pas oublier non plus que ceux qui pratiquent la pauvreté évangélique et le « devoir d'imprévoyance » ne pourraient jamais réaliser leur vocation sans l'aide de leurs frères, plus attentifs aux réalités économiques, qui ne dédaignent pas de prévoir et de calculer.

Qu'on m'entende bien. Je n'ai ni la naïveté, ni la mauvaise foi de brosser un tableau idyllique de la société dite capitaliste et de nier les abus sans nombre auxquels donnent lieu la poursuite et la possession de l'argent. « Quand je vois les réactions de certains de mes collègues, m'a dit un jour un chef d'industrie, je me sens devenir socialiste. » Mais la vraie question se pose en ces termes : l'argent étant impossible à éliminer, il s'agit de savoir de quel côté sont les moindres risques d'abus. Si, sous prétexte de désintéressement et de justice sociale, on barre à tous l'accès à la fortune privée, on aboutit nécessairement au capitalisme d'Etat, c'est-à-dire à la généralisation de la condition prolétarienne. Ce qui entraîne trois conséquences :

1. Suivant la belle formule de Koestler, la mainmise absolue de l'Etat, qui représente l'infini, sur l'individu isolé et sans défense, égal à zéro.

2. L'érosion de l'esprit d'initiative et du sens des responsabilités (avec l'inertie et le gaspillage qui en résultent), chaque travailleur étant inséré dans un engrenage trop vaste et trop anonyme pour qu'il puisse saisir le lien entre son intérêt personnel et le bien commun.

3. La constitution d'une oligarchie de profiteurs grassement rétribués qui jouissent, par les avantages directs et indirects liés à leur fonction, de tous les privilèges de la fortune privée, à l'exception de ses risques et de ses devoirs. C'est la forme socialiste de l'exploitation de l'homme par l'homme : elle sévit dans les pays de l'Est et le monde libre, déjà largement socialisé, est bien loin d'en être exempt, comme nous le montrent chaque jour l'impéritie et le désordre régnant dans certains de nos services publics.

Ainsi le mépris inconsidéré de l'argent risque d'aboutir à sa concentration absolue, c'est-à-dire à l'aggravation de sa pesanteur aliénante sur les plus faibles et les plus démunis.

La conclusion est facile à tirer. L'argent, signe des signes et moyen des moyens, est par lui-même absolument neutre à l'égard du bien et du mal. Nous n'avons donc ni à l'adorer ni à le maudire, mais tout simplement à le prendre pour ce qu'il est : un instrument universel (le mot de passe-partout lui convient très bien) dont toute la valeur positive ou négative dépend de l'usage qu'on en fait et des fins auxquelles on le subordonne. Ce qui nous invite à nous réformer nous-mêmes et à aménager la société de telle sorte que sa possession soit liée le plus possible au travail et au service et non aux jeux malsains de l'intrigue et du parasitisme.

L'AGONIE DU CIVISME

Je songe parfois aux vibrantes leçons de civisme que nous donnait, il y a plus de cinquante ans, l'instituteur de mon village — un de ces vieux maîtres, chers à Péguy, pour qui la mystique républicaine avait pris le relais de la foi religieuse. Et je me demande, avec une tendresse désenchantée, quelle serait sa réaction s'il revenait en ce monde.

Qu'est-ce que le civisme ? L'ensemble des vertus qui font le bon citoyen, dit le dictionnaire que j'ai sous la main. Or, si la qualité de citoyen confère des droits, elle impose aussi des devoirs. Et le civisme consiste à remplir tous les devoirs qui sont liés à ces droits. On peut le définir comme le loyalisme et le dévouement du citoyen à l'égard de l'Etat, considéré comme le mandataire du bien public.

Exemples : c'est faire acte de civisme que d'accomplir avec zèle son service militaire, de déclarer scrupuleusement tout son revenu et de payer l'impôt afférent, de s'incliner sans réserve devant la décision d'un tribunal, etc.

Plus encore : dans un climat de civisme, la fidélité à ces observances extérieures s'accompagne de toute une gamme de sentiments qui va de la salutaire crainte du gendarme jusqu'au respect presque religieux, non seulement des institutions de la cité, mais des hommes dans lesquels elles s'incarnent. Faut-il rappeler le prestige dont jouissaient autrefois l'officier, le magistrat, le parlementaire ?

De tout cela, que reste-t-il aujourd'hui ? Bornons-nous à énumérer quelques-uns des symptômes les plus frappants de la crise du civisme.

1. Le discrédit où tombe de plus en plus la fonction publique et spécialement dans ses branches les plus vitales : la justice, l'armée, la police. Le respect a pratiquement disparu et la crainte s'évapore en même temps. Ouvrez le journal du jour et vous y trouverez la relation d'événements (grèves sauvages, manifestations dégénérant en violences, etc.) dont la répétition quotidienne constitue un défi permanent à l'autorité. Et cette agitation émane de toutes les catégories sociales (étudiants, ouvriers, commerçants, agriculteurs), y compris — et c'est le comble — des services publics eux-mêmes sous la forme des grèves de fonctionnaires. Quel prestige peut-il bien rester à un pouvoir que ses propres agents remettent sans cesse en question ?

2. La généralisation, vis-à-vis de l'Etat et des organisations paraétatiques, d'une mentalité où s'allient la méfiance

et la revendication et qui se traduit par cette formule : donner le minimum pour recevoir le maximum. Il serait indiscret, voire impudique, de se demander quel est, dans un pays comme le nôtre, le pourcentage de citoyens qui considèrent l'évasion fiscale comme une faute morale. En sens inverse, je viens de rencontrer une brave femme qui, surprise en train de vider dans une poubelle un lot de remèdes remboursés par la Sécurité sociale et non utilisés m'a dit, avec un petit haussement d'épaules guilleret : « Bah ! puisque c'est l'Etat qui paie ! »

3. La résorption de l'esprit civique au profit de l'attachement exclusif et mutilant à une classe sociale, à un parti politique ou à un groupe de pression. On ne tient pas compte des lois de la cité, mais on obéit aux consignes qui émanent des partis, des syndicats ou des trusts. Pour le marxiste orthodoxe, par exemple, le civisme ne consiste pas à collaborer avec le pouvoir aujourd'hui établi, mais à préparer la révolution d'où sortira la cité future.

Où réside la source du mal ? Je n'hésite pas à affirmer qu'elle est avant tout dans la prolifération rongeante — un médecin dirait le phagédénisme — des attributions de l'Etat. C'est une constante historique que l'hypertrophie du pouvoir central s'accompagne d'une baisse corrélative du sens civique.

Et la raison en est bien simple. Le citoyen perd confiance en l'Etat dans la mesure où l'Etat, sortant de son rôle spécifique — celui de gardien de l'ordre et d'arbitre des libertés — déborde sur des secteurs où il n'a ni compétence ni moyen d'action suffisants. Un Anglais voyageant en France au XVIIIe siècle, écrivait qu'à condition de respecter quatre ou cinq lois fondamentales du royaume, on pouvait parcourir indéfiniment le pays sans avoir jamais affaire au roi de France. Aujourd'hui, on se heurte à chaque pas à l'administration qui a remplacé le roi de France sous la forme de l'Etat-pédagogue, de l'Etat-assureur, de l'Etat-industriel ou commerçant, voir de l'Etat-croque-mort ou du moins croque-héritage.

Cet Etat n'est plus craint ni respecté ? Mais se respecte-t-il lui-même ? Envahissant et mou, il s'étend dans toutes les directions, mais il cède à toutes les pressions. L'histoire de ces dernières années nous le montre tolérant à quelques heures de distance ce qu'il venait d'interdire, ou accordant à la violence ce qu'il avait refusé à la raison et à la justice. Des réactions aussi incohérentes engendrent la déception, puis le mépris.

On reproche couramment aux citoyens d'être malhonnêtes envers l'Etat. Mais l'Etat est-il honnête envers eux ? En matière économique, par exemple, comment trouver une ligne de conduite bien définie devant ce monstre omniprésent et omnivalent, à la fois vampire et providence, sangsue aux millions de ventouses et vache à lait aux millions de mamelles ? L'incurie, la gabegie et le parasitisme qui règnent dans tant de services publics suscitent et entretiennent la méfiance. Prenez un homme dont les dévaluations successives de la monnaie ont épongé le patrimoine (en trente ans, le franc français a perdu 99 pour cent de son pouvoir d'achat) et que la hache du fisc ampute régulièrement du plus clair de son revenu, imaginez le même homme assistant au gaspillage éhonté des deniers publics (j'évoquais ici l'an dernier le scandale de la construction inutile des fameux abattoirs de la Villette : un milliard de francs lourds consumés en pure perte...) : quoi d'étonnant si cet homme éprouve la tentation (je ne dis pas qu'il doive y céder !) de considérer l'évasion fiscale comme une légitime revanche ou la réparation d'une injustice !...

Ainsi se noue un cercle vicieux qui dénature les rapports entre l'Etat et le citoyen.

Quant aux remèdes, le meilleur, ou plutôt l'unique, est dans la suppression des causes du mal. Il tient en deux mots : en finir avec l'étatisme pour que renaisse l'Etat. L'Etat moderne ressemble à un fleuve débordé dont les eaux sont d'autant plus troubles qu'elles recouvrent indûment de plus vastes territoires. Il faut le remettre dans son lit. C'est-à-dire à la place qui lui revient, que lui seul peut occuper et d'où il peut répandre sur la nation des bienfaits irremplaçables. L'Etat à sa place, cela signifie la police bien faite, la justice bien rendue, la monnaie stabilisée, les libertés garanties, mais contrôlées et arbitrées en fonction du bien commun, une autorité indépendante des groupes et des partis — et, par surcroît, un renouveau de prospérité matérielle, le déséquilibre et l'essoufflement de l'économie actuelle tenant en grande partie aux empiétements illimités de l'Etat qui faussent les lois du marché. Dans un tel climat, le civisme renaîtrait de lui-même comme pousse l'herbe sous la pluie du ciel...

Hors de là, tous les appels aux vertus civiques ne sont que semence jetée en vain sur un terrain ou rien n'est préparé pour la recevoir.

LA COLLABORATION DES CLASSES : PIÈGE OU DEVOIR ?

Le hasard amène sous mes yeux le dernier numéro des *Cahiers de l'institut Maurice-Thorez* où je trouve, sous la signature de M. Georges Marchais, secrétaire général adjoint du P.C.F., la délicieuse phrase suivante : « La grande bourgeoisie s'efforce constamment d'entraîner les travailleurs dans le piège de la collaboration des classes. »

Je ferai remarquer que ce « piège » est déjà un fait répondant à une nécessité. Prenez n'importe quel produit manufacturé : sa conception, sa fabrication, sa commercialisation ont exigé la collaboration d'un grand nombre d'individus appartenant à des classes sociales différentes. Dès que deux ou plusieurs êtres humains s'associent dans un but quelconque, ils n'évitent pas cette embûche. A commencer par les amoureux qui tombent dans le piège du mariage !

D'accord, dira le marxiste. Mais le type de collaboration qui existe aujourd'hui entre le capital et le travail n'en reste pas moins un piège dans ce sens qu'il y a exploitation du second par le premier. En fait, le bœuf sous le joug collabore avec le laboureur et les esclaves qui travaillaient jadis à la construction des pyramides collaboraient avec le pharaon et ses ministres. Il reste quelque chose de cette oppression aliénante dans les rapports entre la bourgeoisie et le prolétariat. La balance n'est pas égale entre les coopérants. Aussi notre collaboration avec le patronat se limite-t-elle aux exigences techniques de la production, en attendant la révolution libératrice...

On commence à comprendre : si la collaboration des classes est un piège, la lutte des classes doit en être le contraire, c'est-à-dire une issue, une délivrance.

Une issue vers quoi ? D'abord vers la dictature du prolétariat, ensuite vers la société sans classes où, suivant le mot de Marx, « chacun travaillera selon ses forces et consommera selon ses besoins ».

Mais c'est ici qu'on ne comprend plus. Car il n'est pas de société possible sans organisation et sans hiérarchie, c'est-à-dire sans des formations analogues à ce que nous appelons les classes sociales. La révolution marxiste n'est plus du domaine des rêves futuristes : elle s'est réalisée dans de nombreux pays. Elle a aboli la propriété privée des moyens de production et, du même coup, supprimé la classe bourgeoise. Cela au profit exclusif de l'Etat qui est devenu l'unique détenteur du capital et du pouvoir économique dévolu au capital. Mais cet Etat tout-puissant n'est-il pas entre les mains d'une nouvelle caste, composée de chefs politiques et militaires et de technocrates (assistés d'une nuée de fonctionnaires et de policiers), qui impose sa loi à la nation ?

On dira que cette oligarchie représente la volonté du peuple et qu'elle ne travaille qu'à son bonheur. Cela fait partie des règles du jeu, mais on aimerait savoir si le manœuvre d'usine ou l'ouvrier des kolkhoses est souvent consulté sur l'opportunité d'engloutir des milliards de roubles (fruit du travail prolétarien) dans des dépenses de prestige comme la conquête de l'espace ou pour l'entretien de la plus puissante armée du monde.

Ce qui est certain, c'est que la collaboration avec la nouvelle classe dirigeante n'est plus dénoncée comme un piège, mais exaltée comme le plus sacré des devoirs — et imposée au besoin, quand la propagande ne suffit plus, par le tir des mitrailleuses, comme on l'a vu récemment à Dantzig où de malheureux ouvriers, ayant oublié que la révolution était déjà faite, usèrent du droit de grève comme s'ils étaient encore sous la férule capitaliste et payèrent de leur vie cette bouffée d'amnésie et d'ingratitude.

Résumons en quelques mots l'attitude de ces deux patronats — le capitaliste et le socialiste — à l'égard des masses laborieuses.

L'entreprise, pourrait dire le premier, est une communauté naturelle où les intérêts du capital et ceux du travail sont convergents, dans ce sens qu'ils sont liés autant l'un que l'autre au destin de l'entreprise. D'où la nécessité d'une collaboration loyale entre ces deux réalités complémentaires. Ce qui, étant donné la nature humaine, n'exclut pas des tensions, des divergences, surtout en ce qui concerne la répartition des profits. Mais ces différents peuvent s'apaiser par la discussion — le compromis, l'arbitrage — et en cas d'échec des négociations, l'épreuve de force, si peu souhaitable qu'elle soit pour les deux parties, n'est pas interdite. Les grèves endémiques qui affectent l'économie occidentale témoignent assez haut de l'usage et de l'abus qu'on fait de cette liberté.

Il n'est pas question de collaboration entre les classes, dira le second, car il n'y a plus qu'une seule classe : celle des travailleurs. Et nous qui tenons les leviers de commande, sommes les mandataires du peuple, l'émanation de sa conscience profonde et, par là même, ses guides infaillibles dans l'accomplissement de sa mission historique. Aussi, vous les travailleurs, quelque mesure que nous prenions à votre égard (dur travail, maigre salaire, à la limite guerre sainte contre l'infâme capitalisme), vous devez l'interpréter, sans hésitation et sans murmure, comme un bienfait inestimable. — Dans cette optique messianique, tout signe de mécontentement, toute velléité de révolte (se traduisant par exemple par une grève) apparaît comme un attentat sacrilège au sens de l'histoire et doit être réprimé comme tel.

Tel est le suprême artifice, l'ultime raffinement de la tyrannie : l'oppresseur s'identifiant à l'opprimé et le privant ainsi de tout recours contre l'oppression...

Au cours de la dernière campagne électorale, j'ai vu une

affiche où il était question de l' « enfer capitaliste ». Est-ce à dire que le socialisme soit un paradis ? En tout cas — et si j'étais socialiste, la constatation me troublerait — cet enfer est ouvert (il ne retient personne : on y délivre automatiquement des passeports valables pour tous les pays, y compris ceux que l'Evangile marxiste a régénérés), tandis que ce paradis est fermé et on y protège jalousement les élus contre toute tentative d'évasion.

Ce qui laisse supposer que, semblables aux paysans de Virgile, tous ces élus ne connaissent pas leur bonheur. Et c'est peut-être pour cela que la pratique de la « retraite fermée », si favorable au recyclage d'une piété émoussée, est plus florissante derrière le rideau de fer que dans les pays catholiques, avec toutefois cette différence qu'il s'agit d'une retraite forcée dont un tribunal fixe la durée et dont le lieu est une prison, un camp de travail ou, pour les intellectuels hérétiques, qui exigent un traitement plus subtil, un hôpital psychiatrique...

DÉTACHEMENT OU DÉMISSION ?

Je m'en voudrais de ne pas faire savourer à mes lecteurs l'entrefilet suivant extrait d'un grand quotidien parisien.

D'abord le titre : « Une congrégation religieuse abandonne ses biens à l'Etat *pour une meilleure utilisation sociale.* » Puis l'information que voici : « L'appel lancé par le cardinal Maurer, archevêque de Sucre, pour que l'Eglise se défasse de ses richesses en faveur des pauvres connaît un vaste écho en Amérique latine... Une congrégation religieuse comprenant surtout des prêtres espagnols et canadiens a décidé d'abandonner à l'Etat toutes les propriétés qu'elle possédait sous réserve expresse de leur destination sociale. »

Je ne connais pas toutes les données du problème, mais j'avoue que ces quelques lignes me coupent brutalement le souffle.

Si le sort m'avait doté de richesses dont je veuille me défaire au profit des pauvres, l'idée de passer par l'intermédiaire de l'Etat ne me traverserait jamais l'esprit. Je trouverais autour de moi assez d'occasions d'exercer ma bienfaisance et, si je ne suffisais pas à la tâche, assez d'organismes privés plus humains et plus efficaces que l'Etat dont je connais trop, en cette matière, les insuffisances et les injustices.

A moins que, ce qui me paraît plus qu'improbable, dans cette Amérique latine au sol et à la population volcaniques où les révolutions sont encore plus fréquentes que les tremblements de terre, les affaires de l'Etat soient mieux gérées entre deux pronunciamientos (la Bolivie en est à son cent quatre-vingt-septième !) que dans nos pays européens politiquement plus stables...

Que se passe-t-il donc ? L'Eglise n'est-elle pas, autant par ses origines divines que par ses traditions et ses structures, la formation sociale la mieux qualifiée pour posséder et pour user des biens temporels en vue de la justice et de la charité ? En couvrant le monde de monastères, d'hôpitaux, d'écoles, d'œuvres de toutes sortes qui ont été — et qui sont encore — autant de foyers de bienfaisance matérielle ou spirituelle, ne s'est-elle pas comportée, tout au long des siècles, comme la mère et la servante des pauvres ? Et n'est-ce pas à elle que, de tout temps, les riches désireux d'aider leurs frères déshérités ont remis ou légué leurs richesses ?

Et voici qu'elle se dessaisirait de cette tâche sacrée pour la confier à l'Etat ! Une telle démission ne peut s'expliquer que de deux façons.

Par un « dégagement » total à l'égard du temporel et du social afin de se consacrer uniquement au ministère de la Parole et au salut des âmes.

Mais cette hypothèse est exclue, car jamais autant que dans l'Eglise actuelle on n'avait estimé (et souvent surestimé) l'importance du temporel et du social dans l'économie du salut. A telle enseigne que les autorités ecclésiastiques commencent à réagir et qu'une récente déclaration du Conseil permanent de l'Episcopat français met en garde les fidèles contre la « sacralisation du politique »...

Alors ? Craignons plutôt qu'il ne s'agisse d'une manifestation de ce phénomène bien connu sous le nom de mauvaise conscience, qui consiste à renoncer à ses droits dans la mesure où l'on se sent incapable d'assumer les devoirs correspondants. La peur des responsabilités s'y déguise en détachement. Car enfin si, comme on nous le dit, l'idéal de pauvreté évangélique était seul en cause, qu'est-ce qui pourrait empêcher les hommes d'Eglise de s'y conformer, même au milieu d'immenses richesses ? Tant de saints, évêques ou abbés de florissants monastères n'ont-ils pas donné autrefois l'exemple du plus rigoureux ascétisme ? Je dirai même qu'il est plus difficile et plus méritoire de garder l'esprit et la pratique de la pauvreté en gérant de grands biens qu'après s'en être débarrassés une fois pour toutes.

Et qui ne voit où conduit cette démission ? A la résorption des pouvoirs et des devoirs temporels les plus humains, les plus directement branchés sur l'enseignement d'un Dieu amour (ceux qui concernent par exemple l'éducation des enfants et l'assistance aux pauvres et aux malades...) dans les rouages de l'Etat totalitaire, « le plus froid de tous les monstres froids », autrement dit de ce qu'il y a au monde de plus opposé à l'esprit évangélique. On parle couramment de la maternité de l'Eglise. Mais qui oserait parler, sans rire et sans faire rire, de la paternité de l'Etat ?

Ce social-là, de type fonctionnel et bureaucratique, Simone Weil l'appelait l'*alibi de la charité*. Il serait fâcheux que trop d'hommes d'Eglise viennent s'y refaire une bonne conscience au rabais — et cela au détriment des authentiques déshérités qui attendraient en vain un rayon d'assistance humaine et de charité divine. On songe malgré soi à l'atroce et trop véridique avertissement de Bernanos : « Le jour où tous les rapports humains seront réglés par la stricte justice administrative, la viande de pauvre ne vaudra pas cher sur tous les marchés de l'univers. »

LE VAMPIRE ANÉMIQUE

L'évolution du langage courant est pleine d'enseignements précieux. Je remarque que l'expression de *fraude fiscale,* désignant le délit par lequel le citoyen essaie d'échapper aux griffes du fisc, est de plus en plus remplacée par le terme d'*évasion fiscale.*

Qu'est-ce à dire ? Frauder, c'est manquer à un devoir, c'est abuser de la confiance ou de l'incompétence de quelqu'un. S'évader, c'est l'acte du prisonnier quittant clandestinement son lieu de détention.

Ce qui signifie que les rapports entre le contribuable et le fisc tendent à ressembler à ceux d'un détenu avce son geôlier.

Ayons la franchise de l'avouer : quel est l'homme qui, devant la gloutonnerie du fisc, ne se sent pas plus ou moins en état de légitime défense ? Et non seulement en ce qui concerne son intérêt personnel, mais à cause de la malfaisance générale du système.

Premier point. L'impôt actuel est injuste. Il frappe électivement la masse des salariés et les propriétaires d'entreprises saines, c'est-à-dire le capital et le travail productifs. Et, par l'invraisemblable complication de ses mécanismes et les difficultés de contrôle qui en résultent, il offre mille échappatoires aux éléments marginaux ou parasitaires de l'économie (trafiquants, spéculateurs, entreprises déficitaires, etc.) qui sont assez adroits pour traverser ses filets ou, mieux encore, pour tirer à eux une partie de sa pêche. De sorte qu'à la limite, les gens sont pénalisés en fonction de leurs services et récompensés suivant leur malhonnêteté ou leur incapacité.

Second point. L'impôt excessif et mal réparti tend à devenir inopérant. D'abord, parce que sa perception et sa redistribution entraînent des frais énormes et un gaspillage vertigineux d'énergies ; ensuite, parce que chaque offensive du fisc suscite chez ses victimes de nouveaux réflexes d'autodéfense, l'injustice appelant la fraude dans une chaîne sans fin. Prenons par exemple un impôt particulièrement inique et vexatoire : celui qui frappe l'héritage. Les gens visés réagissent soit par la sous-estimation des biens légués, soit par des dispositions anthumes qui annulent d'avance l'effet des lois. C'est un des plus tristes spectacles de notre époque de voir les particuliers et l'Etat rivaliser d'immoralité.

Tout cela parce que l'Etat se veut providence universelle et ne peut le devenir qu'en se transformant en vampire. Il est normal, dans ces conditions, que chacun cherche à éviter les ventouses du vampire pour s'abreuver aux mamelles de la providence. Ce qui crée un chassé-croisé d'intérêts contradictoires qui fausse le jeu naturel de l'économie...

Le seul remède est de réduire et de simplifier l'impôt. On le pourrait sans peine en ramenant l'Etat à son vrai rôle : celui de législateur, de justicier et d'arbitre. Et le surcroît de prospérité, qui suivrait cette libération du marché, permettrait aux individus ou aux organismes privés d'assumer les charges usurpées aujourd'hui par l'Etat et si mal remplies. Celle d'entrepreneur : une expérience déjà très longue ne nous laisse plus aucune illusion sur le mauvais fonctionnement des monopoles d'Etat. Celle d'assureur : le déficit chronique de la Sécurité sociale, la lenteur et la mauvaise qualité de ses services, les abus encouragés par le climat d'irresponsabilité et d'anonymat qui y règne constituent un scandale permanent. N'importe quelle forme d'assurance privée ferait mieux et à moindre frais.

Ainsi, autant par sa voracité à l'égard des uns que par ses interventions désordonnées en faveur des autres — individus ou groupes de pression — l'Etat moderne désorganise tout ce qu'il touche. Et ses services en apparence les plus gratuits sont en réalité les plus onéreux, car il ne peut donner d'un côté qu'en prenant de l'autre et, vu le désordre et le gaspillage qui règnent dans ses circuits, qu'en prenant plus qu'il ne donne. Vampire, il absorbe trop et providence, il distribue mal.

Et, chef-d'œuvre d'absurdité, cet état hypertrophié s'affaiblit dans la mesure où il s'enfle. Ce vampire est un vampire anémique car ses dépenses augmentent toujours plus vite que ses ressources. Comme certains boulimiques, il se porte d'autant plus mal qu'il dévore davantage. Qu'on le ramène à ses dimensions normales et tout ira mieux pour tous les éléments de la collectivité, depuis les individus et les groupes qui pourront jouer librement leur jeu jusqu'à l'Etat lui-même qui, délivré des fonctions étrangères à son ressort, pourra se consacrer efficacement à sa tâche qui est d'assurer l'ordre dans la liberté.

LE NOUVEL ÉGALITARISME

J'ai sous les yeux une circulaire émanant d'un haut personnage de l'université et destiné aux enseignants, où il est dit que la mauvaise qualité des études tient en partie à ce que l'élève se heurte sans cesse à « l'exaspérante compétence du professeur ».

Je me frotte les yeux pour relire. J'avoue que toutes les fois que j'ai eu quelque chose à apprendre de mon prochain, j'ai été ravi plutôt qu'exaspéré de me trouver en face d'une compétence.

Je comprends toutefois ce qu'on veut dire. Que le maître doit veiller à ne pas accabler ou humilier l'élève par l'étalage indécent de sa supériorité. Qu'il doit se mettre à la portée du disciple, l'aider à découvrir par lui-même ce qu'on lui enseigne et savoir, quand il le faut, s'effacer à temps au lieu de s'affirmer à contretemps.

De fait, nous connaissons tous des maîtres qui se comportent en dictateurs du savoir et traitent l'esprit de l'élève comme le moule impose sa forme à la matière inerte qu'on verse en lui. Mais nous voyons se dessiner aujourd'hui — et les événements de mai 1968 ont fortement accéléré ce processus — l'excès inverse qui consiste à surestimer les capacités créatrices de l'élève et à faire retomber sur les éducateurs la responsabilité de tous les échecs de l'éducation.

La vérité, me disait récemment un jeune universitaire engagé à fond dans les nouvelles méthodes, c'est qu'il n'y a pas d'imbéciles : il n'y a que des inadaptés ou des inhibés. Si l'enfant n'a pas de goût à l'étude et ne fait pas de progrès, c'est qu'on n'a pas su découvrir ses qualités ni lui inspirer les motivations suffisantes. A la limite, n'importe qui, à condition d'être bien stimulé et orienté, peu apprendre n'importe quoi.

Ce qui veut dire, ai-je répondu, que tous les enfants sont intelligents mais qu'il reste tout de même un imbécile dans la classe : le professeur, puisque c'est toujours par sa faute que les choses ne tournent pas rond. En d'autres termes, l'imbécile est *a priori* celui qui sait et l'intelligent celui qui ignore...

Autre question : à partir de quel diplôme ou de quel âge l'intelligent qui ignore devient-il l'imbécile qui sait ? Car enfin ces merveilleux enfants seront un jour des adultes, et certains devenus à leur tour professeurs, connaîtront les mêmes échecs que leurs aînés. La perspective de cette fatale échéance a de quoi les décourager de grandir. On répondra que le mauvais professeur d'aujourd'hui est le produit d'une conception aliénante de la culture et que tout sera parfait avec les éducateurs de demain, formés par les nouvelles méthodes. Amen. J'attends le cœur léger cette génération de surhommes...

Cet état d'esprit nous montre le profond dénivellement qu'a subi l'idéal égalitaire depuis la révolution bourgeoise de 1789.

Celle-ci, dirigée avant tout contre l'aristocratie, mais attachée aux notions de mérite personnel et de compétition sociale, visait à l'abolition des privilèges conférés par la naissance (et jugés artificiels et injustes) pour mieux assurer le libre jeu des inégalités naturelles. Ses protestations contre les nobles « qui ne s'étaient donné que la peine de naître » pour avoir droit aux meilleures places dans la cité sont dans toutes les mémoires. Ses revendications s'arrêtaient donc à l'*égalité des chances au départ,* afin d'assurer, par une plus juste compétition, la sélection et la promotion des meilleurs.

La révolution marxiste orthodoxe — celle qui a triomphé en Russie — est allée plus loin dans la même voie en supprimant un dernier privilège « injuste » : celui de la propriété privée des moyens de production et de l'héritage. Mais toujours sans porter atteinte au principe de la sélection par le respect des inégalités naturelles. On sait avec quelle rigueur s'opère cette sélection dans les écoles et les universités russes.

Je n'ai pas à faire ici la critique de ces deux types de révolution. Je me borne à constater l'apparition d'un nouvel égalitarisme qui va jusqu'à considérer nos critères actuels de sélection (examens, compétition professionnelle, etc.) comme des brimades infligées par une société aliénante. Je pourrais glaner plusieurs textes dans telle ou telle revue pédagogique où il est dit que rien n'est plus malsain que de noter les élèves et de faire des classements. Dans cette optique, les hommes ne sont pas seulement égaux devant Dieu et devant la loi : ils sont, ils doivent l'être selon la nature et, si les faits semblent prouver le contraire, c'est à la société qu'il appartient de réparer cette injustice du destin. En d'autres termes, le « pourquoi pas moi ? » égalitaire du roturier devant le noble et du prolétaire devant le bourgeois s'étend jusqu'à la protestation du sot contre l'intelligent, du médiocre contre le supérieur, etc.

Trêve de chimères ! Peut-on rêver une société sans sélection ? Et une sélection sans élimination ? L'égalité des chances au départ, déjà impossible à réaliser pleinement (conçoit-on, même dans les pays les plus socialistes, le fils du Premier ministre — si peu doué qu'il soit pour les études — échouant dans une usine comme manœuvre balai ?), doit-elle et peut-elle se prolonger en égalité de position tout au long et jusqu'au terme de la course ? Et que gagne-t-on à diffuser cette utopie sinon à décourager à jamais le pauvre diable qui restera en chemin après avoir été leurré de promesses impossibles ?

Revenons au problème de l'éducation. Le maître n'a pas

à faire sentir sa compétence, mais à l'employer de telle sorte que l'élève la sente lui-même et qu'il ait envie de l'acquérir à son tour. Ce qui crée une compétition bienfaisante, à base d'émulation, qui sanctionne chaque individu selon ses talents et ses efforts.

Et les victimes de cette compétition ? diront les apôtres de l'égalitarisme. Réponse : une victime, ce n'est pas celui qui n'obtient pas tout ce qu'il désire (ou qu'on lui fait artificiellement désirer en le berçant d'illusions), c'est celui à qui on refuse ce qu'il mérite. Une saine compétition ne fait pas de victimes, car elle assigne à chacun la place qui lui convient. Et d'autant plus que les hommes dépourvus de toute espèce de dons sont très rares et que celui qui échoue dans les études scolaires peut très bien réussir dans d'autres branches.

Ce qui fait par contre de vraies victimes, c'est le mirage égalitaire, car il prive les meilleurs du stimulant nécessaire à la réussite et il attise incurablement chez les autres la déception et l'amertume de l'échec. C'est lui qui, en cultivant les ambitions illégitimes et les fausses vocations au nom d'un idéal toujours démenti par les faits, multiplie le nombre de ces déchets sociaux qu'on désigne du nom si éloquent de « ratés ».

ÉGALITARISME ET PROMOTION

Un professeur gauchiste vient d'être l'objet d'une sanction administrative parce qu'il avait présenté à ses élèves les deux meurtres d'otages commis récemment dans une prison française comme les conséquences normales et légitimes de notre mauvaise organisation sociale.

Nous savons que c'est devenu aujourd'hui une habitude — pour ne pas dire un réflexe — de rejeter sur la collectivité la responsabilité des fautes ou des crimes commis par les individus. Il fut des temps où l'on attribuait l'origine de certains actes particulièrement monstrueux à l'inspiration du démon ; maintenant le grand, sinon l'unique coupable, c'est la société. L'esprit du mal s'est reconverti : il s'appelle Monsieur Tout-le-monde ; il s'incarne dans les lois, les mœurs, les structures de la cité. De la liberté et de la responsabilité individuelles, on ose à peine souffler mot : cela fait partie d'une métaphysique périmée.

Ayant eu la chance de rencontrer un jeune gauchisant qui partageait les idées dudit professeur, je lui ai posé la question suivante : « Puisque vous considérez la société comme coupable de tous les maux, vous devez aussi la juger capable de tous les biens. Donnez-moi donc la définition de la bonne société. » Réponse : « Une société égalitaire et promotionnelle où chacun pourra s'épanouir suivant ses capacités et ses désirs. »

Analysons cette phrase.

Premier point. Une société ne peut pas être à la fois égalitaire et promotionnelle, car la promotion rompt l'égalité. On dira qu'il s'agit seulement de l'égalité des chances au départ et que la sélection se fera ensuite en chemin, d'abord par les examens scolaires et plus tard par le degré de compétence dans la vie professionnelle. Je veux bien, mais n'oubliez pas que *toute* société comporte nécessairement une immense majorité d'exécutants et de subalternes, qu'il y a et qu'il y aura toujours beaucoup d'appelés et peu d'élus pour les fonctions supérieures, et qu'à force de faire miroiter devant les hommes cet idéal de promotion universelle (tout offert à tous...), vous risquez d'attiser, chez les innombrables non promus, des sentiments de rancune et de révolte envers votre « bonne » société qui leur aura tout promis et si peu donné.

Second point. Vous dites que chacun doit pouvoir trouver dans la société une place conforme à ses capacités et à ses désirs. Comme si — exception faite des sages et des saints — les désirs d'un homme correspondaient nécessairement à ses capacités ! Un exemple. Je vois, dans nos universités, un grand nombre de jeunes gens qui se destinent aux études médicales (en grande partie à cause du gain et du prestige attachés à la profession) et qui n'ont guère les qualités physiques, intellectuelles et morales qu'exige ce dur et difficile métier. Ils seront en grande partie éliminés par le barrage des examens et des concours, mais à supposer que ce barrage fonctionne sans erreur ni favoritisme, leur déception ne leur fera-t-elle pas crier à l'injustice ? Connaissez-vous beaucoup d'hommes qui attribuent leurs échecs à leur incapacité ? Plus encore : même si leurs talents correspondent à leurs désirs, mais qu'ils soient trop nombreux par rapport au nombre de médecins que la société peut absorber, ne se sentiront-ils pas encore plus brimés par le système ? C'est un fait d'expérience que l'inégalité à l'arrivée est d'autant plus mal supportée qu'on a proclamé davantage l'égalité au départ...

« Votre argument a du poids, a concédé mon interlocuteur. Mais il existe un remède pour apaiser ces conflits. C'est, comme on semble le faire en Chine, d'établir l'égalité non dans les fonctions, mais dans les avantages attachés à ces fonctions. Un chirurgien, par exemple, ne devrait pas être mieux payé, ni jouir *a priori* d'une plus grande considération qu'un infirmier ou une fille de salle. Ainsi la compétition, purgée de tout intérêt personnel, ne comporterait ni privilèges injustes pour ceux qui ont réussi, ni amertume et envie chez ceux qui ne dépassent pas les échelons inférieurs. »

Laissons de côté le caractère antipsychologique et finalement antisocial de cette conception monacale de la société. Je demande seulement : qui imposera cette égalité, sinon un pouvoir central absolu, et l'instauration d'un tel régime n'est-elle pas la négation flagrante de votre idéal de liberté et d'épanouissement de la personne qui est à la base de votre action révolutionnaire ? On a souvent comparé la Chine moderne à un immense monastère dont tous les habitants obéissent à la même loi. Mais avec cette différence que le moine chrétien choisit d'entrer au couvent et, en formulant ses vœux de pauvreté et d'obéissance, renonce librement à l'exercice de sa liberté, tandis que là-bas on ne trouve pas d'autre remède pour échapper à l'aliénation relative de la société libérale que l'aliénation totale de la société collectiviste.

Revenons aux réalités. Toute société est partiellement aliénante, dans ce sens qu'elle est incapable de satisfaire tous les désirs des individus et même d'utiliser à fond toutes leurs compétences. Il reste toujours une part de hasard et d'injustice qui est la rançon de la liberté (celle-ci n'existant plus si tout est réglé d'avance par l'Etat) et de l'ordre, car il n'y a pas d'ensemble, dans ce monde imparfait, dont aucun élément n'ait plus ou moins à souffrir.

S'il m'est permis d'illustrer ces réflexions générales par un exemple personnel, je vous dirai que j'ai eu, dès ma première jeunesse, un goût passionné pour la médecine. Mais que, la pauvreté de ma famille et mon éloignement des centres universitaires m'ayant empêché de réaliser ma vocation, j'ai tout bonnement, avant de devenir écrivain, cultivé la terre comme mon père — et cela sans me considérer le moins du monde comme une victime de la société. Beaucoup moins en tout cas que si, ayant eu toutes les facilités à ma disposition, j'étais aujourd'hui un médecin fonctionnarisé sous un régime totalitaire...

La cité idéale ne pouvant pas exister, quelle est donc, par rapport aux besoins profonds de l'être humain, la forme de société la meilleure — ou la moins mauvaise ? Je m'obstine à répéter que c'est la société pluraliste, décentralisée, concurrentielle, bref la société libérale, mais à condition que l'Etat y soit, au double sens du mot, le *gardien* des libertés, c'est-à-dire prévienne leurs abus sans paralyser leur exercice. Nous en sommes loin, je le sais, les Etats modernes encourageant plutôt le libéralisme dans ce qu'il a de pire (la foire d'empoigne — et les récents scandales politico-financiers sont là pour en témoigner) et lui cassant les ailes dans ce qu'il a de positif : la saine compétition qui amène la promotion des meilleurs...

C'est dans cette société diversifiée et aérée que l'individu a les plus grandes chances de trouver, grâce au vaste éventail des possibilités qui lui sont offertes, la place qui convient le mieux à ses talents et à ses goûts. Et quant à la révolution socialiste, c'est une constante expérimentale qu'elle aboutit à des résultats diamétralement opposés à l'idéal de liberté et de plénitude individuelles au nom duquel elle prend naissance. On croit reconstruire l'abbaye de Thélème dont le seuil s'ornait de cette inscription alléchante : « Fais ce que tu veux » et l'on se retrouve enfermés dans une vaste caserne où le règlement tient dans cet unique principe : tout ce qui n'est pas obligatoire est interdit.

L'EXPLOITATION INVISIBLE

L'un des thèmes majeurs de la doctrine marxiste est celui de l'exploitation de l'homme par l'homme — plaie honteuse de tous les systèmes économiques et politiques qui se sont succédé dans l'histoire et qui doit disparaître avec l'avènement du socialisme.

L'expérience prouve exactement le contraire, à savoir que ladite exploitation grandit en fonction des progrès du collectivisme. Seulement — et ce phénomène n'a peut-être pas été assez remarqué — elle s'y présente sous des formes si lointaines et si indirectes qu'il est de plus en plus difficile de la localiser et de la personnaliser.

Reconnaissons d'abord qu'elle a toujours existé. Il n'est pas de société humaine qui n'ait jamais comporté d'oppresseurs et de parasites.

Mais plus la société se rapproche du type organique, c'est-à-dire de la communauté naturelle (famille, commune, entreprise à portée d'homme, etc.), plus l'oppresseur et le parasite sont aisément décelables. Et plus elle s'en éloigne, plus ces éléments antisociaux se perdent dans l'anonymat du grand nombre.

Graduons nos exemples.

Dans la tribu primitive, composée d'un nombre restreint d'individus se livrant tous aux mêmes travaux (agriculture, chasse, élevage, etc.), on n'avait aucune peine à déceler celui qui profitait du labeur des autres sans rien apporter en échange.

Dans le régime féodal, où l'autorité procédait de la naissance et de la propriété du sol, le manant qui acquittait ses redevances à un seigneur trop goulu ou remplissant mal sa tâche de défenseur du fief connaissait parfaitement son « exploiteur ».

La révolution bourgeoise de 1789, suivie de l'expansion industrielle, a supprimé le droit de naissance et a substitué le pouvoir de l'argent (chose infiniment plus mobile et moins voyante) à l'ancienne primauté de la propriété terrienne. Et l'apparition des grandes concentrations humaines, la complexité des mécanismes économiques et sociaux a rendu plus malaisée l'identification précise de l'exploiteur. Passe encore pour le « patron », unique propriétaire d'une entreprise, qu'on pouvait voir tous les jours et dont l'opulence contrastait avec l'indigence de l'ouvrier, mais le développement des grandes sociétés anonymes et des organismes bancaires, les jeux spéculatifs de la fortune « anonyme et vagabonde » exerçant son pouvoir à distance et dans l'ombre ont ensuite jeté un voile entre les victimes et les profiteurs du système. Il restait toutefois qu'on pouvait (et qu'on peut encore) englober ces derniers sous le vocable de capitalistes et de bourgeois, par opposition à la classe ouvrière longtemps livrée sans recours à ses employeurs.

Aujourd'hui, le socialisme tend à éliminer (et c'est déjà fait dans certains pays) tous les détenteurs privés des moyens de production et d'échange. Théoriquement, cette révolution s'accomplit au profit du prolétariat qui, devenant — toujours théoriquement ! — l'unique classe sociale, sera définitivement soustrait à l'aliénation et à l'exploitation. Mais que se passe-t-il en fait ? En l'absence du propriétaire, du banquier, du patron — produits abhorrés de l'infâme capitalisme — qui va organiser, coordonner et diriger les mécanismes de l'économie et les activités des travailleurs ? L'Etat seul, c'est-à-dire une entité encore plus lointaine et plus anonyme. Avec une nouvelle classe dirigeante servie par une nuée d'exécutants, sans contact direct, sans communauté de destin avec les masses sur lesquelles elle exerce son autorité et son contrôle.

Ce qui donne naissance à une nouvelle exploitation, diffuse et voilée, mais plus étendue et plus profonde, presque invisible à force d'être omniprésente. Car comment évaluer l'inutilité ou la malfaisance de cet « organisateur » en chambre, de ce délégué du pouvoir central dans une usine ou un kolkhose, de ce policier que je croise dans la rue (on sait à quel point l'espèce en foisonne dans les Etats totalitaires), de ces innombrables gratte-papier qui fonctionnent dans les lourdes administrations publiques ? Après tout, dans ce pseudo-paradis des travailleurs, ces gens-là travaillent à leur façon tout en vivant du travail des autres ; il arrive même qu'aux degrés inférieurs de la hiérarchie, ils soient assez peu rétribués (ce qui présente une apparence de justice) et l'on distingue très mal à partir de quel degré ils deviennent superflus ou nuisibles. A la limite, il n'y a plus d'oppresseurs à proprement parler, c'est le système lui-même, dans toutes ses structures, qui est l'oppression incarnée.

Rigueurs nécessaires dans la phase de dictature du prolétariat qui doit précéder l'avènement de la société sans classes, disent les marxistes orthodoxes. Je ferai remarquer que cette « phase » dure en Russie depuis plus de cinquante ans, ce qui l'apparente plutôt à une maladie constitutionnelle et incurable. Mais j'accorde volontiers que cette tyrannie est nécessaire dans un tel régime contre nature. Nécessaire comme les béquilles à celui dont on a cassé les jambes ou comme le chlore dans une eau souillée. Et c'est ici que l'imposture vient au secours de l'oppression. Celle-ci, à tous les niveaux, se présente sous la forme du service public. Un seigneur du Moyen Age était un seigneur, un bourgeois du XIXe siècle était un bourgeois — et c'est comme tels qu'ils abusaient parfois de leur pouvoir. Maintenant, dans les régimes socialistes, il ne reste, du Premier ministre au dernier des bureaucrates, que des délégués et des serviteurs du peuple : ils parlent, ils agissent à sa place : ils confisquent une partie du fruit de son travail et, par-dessus le marché, l'ensemble de ses libertés, mais tout cela en son nom et pour son plus grand bien. Et gare à celui qui s'aviserait de contester les délices de cette parfaite démocratie !

Ainsi, le collectivisme remplace l'aliénation relative des

sociétés pluralistes par l'aliénation absolue de la société totalitaire. On pourrait sur ce point écrire une étude passionnante sur *le communisme contre les communautés,* c'est-à-dire contre la famille, contre l'entreprise privée, contre toutes les associations libres sous toutes leurs formes : économiques, culturelles, religieuses, etc. Et au profit de qui ? De l'Etat, seul régisseur de l'économie, unique dispensateur de la culture et grand prêtre de sa propre religion. N'en est-il pas ainsi en Russie et en Chine ?

Mais, encore une fois, l'ampleur, la complexité et l'impersonnalité du système ne permettent pas de situer les abus et les responsabilités. Et les grands mots servent à voiler la misère des réalités. La cuisine politique des nouveaux tyrans peut se résumer dans la recette suivante : entassez dans la casserole toutes les formes de l'exploitation de l'homme par l'homme, puis liez le tout avec ce substantif magique : démocratie, renforcée par cet adjectif : populaire. La sauce fera passer l'aliment empoisonné et s'il se trouve malgré tout quelques individus au cerveau mal lavé ou au crâne mal bourré qui se montrent réfractaires à la suggestion, il y aura toujours assez de police, de tribunaux, de camps de concentration et d'hôpitaux psychiatriques pour les ramener dans le droit chemin...

LES IMPASSES DE LA JUSTICE PÉNALE

Les récents événements d'Attica et de Clairvaux, faisant suite aux multiples enlèvements d'otages qui ont eu lieu dans divers pays, ont relancé les controverses autour de la peine de mort.

Ce monstrueux raffinement dans le crime qu'est le chantage à la vie d'un innocent ne peut que renforcer la position des partisans de la guillotine ou de la potence. Comment, en effet, ne pas souhaiter l'élimination rapide et définitive d'un bandit qui place les autorités responsables devant ce tragique dilemme :

Ou vous cédez à mes exigences (les détenus de Clairvaux réclamaient la liberté et des armes), ou je tue des innocents.

Dans la première hypothèse, vous me donnez, avec cette liberté et ces armes, le moyen de tuer d'autres innocents.

Dans la seconde, vous condamnez à mort les otages que je détiens et, dans ce cas, les parents ou les amis des victimes (sans parler de l'opinion publique) vous tiendront rigueur de ce massacre que vous auriez pu éviter.

Ainsi quelle que soit votre décision, vous deviendrez, vous, représentants de l'ordre et de la justice, des assassins comme moi.

Jamais la perversité criminelle n'était allée aussi loin, car non seulement elle s'attaque à la vie du prochain (qui est un bien extérieur par rapport à l'âme immortelle), mais elle pénètre par effraction jusque dans la conscience du détenteur de l'autorité.

« Que messieurs les assassins commencent » ! s'était écrié jadis un député français lors d'un débat sur l'abolition de la peine de mort. On répondra que l'assassin appartient à un type inférieur d'humanité et que le juge, représentant de la société, se doit d'élever le débat au-dessus de la rigide loi du talion. Et d'autant plus que la société n'est jamais totalement innocente des crimes commis dans son sein...

Cette idée de la responsabilité sociale des délits et des crimes a fait de tels progrès aujourd'hui que j'ai entendu récemment cet effarant commentaire de la tragédie de Clairvaux : la société bourgeoise étant, par ses structures oppressives et corruptrices, le bouillon de culture idéal pour la criminalité, les assassins qui ont exercé sur les magistrats l'atroce chantage que nous venons d'évoquer n'ont fait que transformer cette complicité indirecte et inconsciente en complicité directe et manifeste. Et, ce faisant, ils ont aidé au progrès de la conscience collective...

Je ne suis un partisan inconditionnel ni de la peine de mort ni de son abolition. Je pense que tout dépend ici du temps, des lieux et surtout du degré d'évolution des sociétés.

L'abolition présuppose un climat social et économique impliquant, à côté de l'adoucissement des mœurs, d'assez larges moyens pour surveiller, entretenir et rééduquer les criminels. Là où ces conditions viennent à manquer, tout est remis en question. Exemple : les pays qui ont supprimé la peine de mort la rétablissent presque automatiquement (loi martiale ou disposition similaire) en cas de guerre ou de révolution. Il est en effet intolérable, alors qu'on demande à des milliers d'honnêtes citoyens le sacrifice suprême, de laisser vivre des traîtres ou des factieux — lesquels, le conflit terminé et les esprits apaisés, seront rendus à la liberté. L'offensive actuelle du crime est en train de provoquer une réaction de ce genre...

Il ne s'agit donc pas d'un principe moral absolu, mais d'une adaptation aux circonstances concrètes en vue du plus grand bien ou plutôt — car la justice pénale est toujours mêlée d'impuretés — du moindre mal.

J'ajouterai que l'effacement du climat religieux où baignaient les anciennes sociétés contribue puissamment à rendre le problème insoluble.

Expliquons-nous. La justice humaine — et par excellence la justice pénale — a toujours été et sera toujours imparfaite, tâtonnante, sujette à l'erreur et à l'abus — tantôt immolant l'individu à la société par trop de sévérité et tantôt sacrifiant la société à l'individu par trop d'indulgence. Ce n'est qu'une ébauche, sinon une caricature de la justice divine. Ce qui ne met nullement en question sa nécessité absolue et ses bienfaits relatifs, l'ordre imparfait qu'elle fait régner valant toujours mieux que l'anarchie.

L'erreur du monde moderne est de demander à cette ébauche l'infaillibilité de la forme idéale. Jadis, juges et accusés croyaient en l'existence, au-dessus des tribunaux humains, d'une instance suprême qui révisait dans l'éternité les jugements portés dans le temps. On pouvait alors condamner un homme à mort selon les lois de l'époque : on savait que tout n'était pas fini avec l'exécution du verdict et l'on remettait le coupable entre les mains de celui « qui sonde les reins et les cœurs », suivant les mots admirables de la liturgie des mourants : « reconnaissez Seigneur, votre créature »...

Je sais que cette façon de confier à Dieu et de reporter dans l'au-delà la solution des problèmes risquait de donner aux législateurs et aux juges une bonne conscience à peu de frais. Mais la mentalité moderne — qui consiste à croire que l'homme n'a pas d'autre patrie que la terre, que tout finit avec la vie d'ici-bas et que la société est l'unique providence — entretient une mauvaise conscience dont les effets sont encore plus dangereux pour la justice. A ce baume : « tout s'arrangera dans le Ciel », on a substitué ce révulsif : « il faut que tout soit parfait sur la terre ». Mais l'homme n'est pas Dieu : quels que soient les progrès de la psychologie et de la sociologie, il n'a pas assez de lumière pour imiter sa justice — et il n'a pas non plus, pour imiter sa miséricorde, le pouvoir d'effacer les mauvaises dispositions du criminel en même temps que la peine due à la faute. Et si les juges d'autrefois blessaient la justice en n'allant pas toujours jusqu'au bout du possible, ceux d'aujourd'hui ne la trahissent pas moins en voulant réaliser l'impossible. C'est encore une des applications du vieil adage latin : *summum jus, summa injuria.* Une justice dont les décisions sont sans appel dans le Ciel n'a plus de fondements certains sur la terre. Le discrédit dont elle est actuellement l'objet — et qui se prolonge jusque dans la conscience des juges — nous en apporte chaque jour la preuve.

Cette crise de la justice n'est pas une des moindres contradictions où s'enferme notre société sans Dieu. Qui donc a dit : « Ce ne serait rien de supprimer Dieu si l'on n'était pas ensuite obligé de le remplacer » ?

DÉMYTHIFIER L'ARGENT...

Charlie Chaplin, récemment interviewé à Londres où il était venu signer je ne sais quel contrat lui assurant l'affriolante somme de deux millions de livres sterling, a déclaré aux journalistes que, contrairement à la légende qui faisait de lui le champion d'un idéal de justice et de liberté, il ne s'était jamais intéressé qu'aux femmes et à l'argent. Puis, pour atténuer le cynisme de cet aveu, il a ajouté que son goût pour l'argent s'expliquait par l'extrême pauvreté où il avait vécu pendant sa jeunesse et par les humiliations qu'il avait subies de ce fait.

Déclaration qui n'a rien de très élevé, mais j'avoue que ce cynisme me choque moins que certaines hypocrisies. L'étalage du désintéressement est trop souvent le fait des incapables et des parasites, c'est-à-dire de ceux qui ne savent pas gagner l'argent, mais qui excellent à le dépenser. L'expérience m'a appris à me défier de ces « généreux » défenseurs de la pauvreté qui dissimulent leur impuissance et leur envie sous le masque de la vertu indignée. Qu'un amuseur de la classe de Charlot soit splendidement rémunéré, cela ne me scandalise en rien. Il a rendu à ses contemporains l'immense service de les faire rire sainement, alors que tant de personnages aussi riches que lui — requins de la finance ou ténors de la politique — n'arrivent qu'à les faire pleurer par leurs agissements ou bâiller par leurs discours...

Cette réserve faite, j'eusse aimé demander à Charlie Chaplin à partir de quel nombre de millions (en livres ou en dollars) il estimait qu'un ex-miséreux cessait de se sentir humilié. Je sais qu'il y a dans cette frénésie possessive (on dit des choses semblables de Picasso), un phénomène de compensation assez fréquent chez les parvenus. C'est comme une revanche sur le passé et une assurance contre un retour possible de la mauvaise fortune. L'homme est naturellement enclin à s'exagérer l'importance d'un bien qui lui manque ou qui lui a longtemps manqué. Wagner — dont les débuts furent également très difficiles — répondait à ceux qui lui reprochaient son avidité financière : « Ce n'est pas que je mette l'argent au-dessus de tout, mais j'ai tout le reste — la santé, l'art, le génie, l'amour — et l'argent seul me fait défaut. »

Cette anecdote me fait méditer sur les avantages et les inconvénients respectifs de la pauvreté et de la richesse.

Il est très vrai que, dans une société où l'argent est roi,

le pauvre est souvent méprisé ou, pour le moins, ignoré. Du moins est-il sûr que ce dédain ou cette indifférence correspondent à une réaction naturelle et spontanée du prochain. Et, s'il est estimé et respecté, il a également la certitude que cette bienveillance n'est pas feinte. On ne se déguise pas avec lui ; on se montre, en bien ou en mal, tel qu'on est en réalité. C'est dans ce sens que Simone Weil disait que, pour bien connaître les hommes, il faut être placé au plus bas degré de l'échelle sociale.

Le riche, au contraire (et je désigne par ce mot la supériorité sociale sous toutes ses formes : puissance financière, pouvoir politique, hauts emplois, célébrité, etc.), est recherché, entouré, adulé. L'intérêt, la crainte, la vanité lui attirent des amis (notre cousin lointain le ministre, disait Blondel, est plus nôtre que notre frère le chiffonnier). Mais ce privilège a une dure rançon : le doute qui plane sur l'authenticité de ces témoignages d'approbation ou d'affection. J'ai peu fréquenté les grands de ce monde : assez cependant pour avoir pu constater quelle sélection à rebours s'opère presque automatiquement autour d'eux.

En d'autres termes, le pauvre humilié voit la vérité de celui qui l'humilie. Mais le riche flatté a plus de peine à discerner le mensonge de celui qui le flatte. D'un côté la nudité, de l'autre le déguisement. Le pauvre se heurte à la dure réalité, le riche s'enlise dans une molle illusion...

Tout cela procède de l'importance démesurée que notre sosiété accorde à l'argent. Le riche qui méprise le pauvre et le pauvre qui envie le riche (quitte à devenir lui-même méprisant le jour où la fortune lui sourit) appartiennent au même type d'humanité — celui des adorateurs du veau d'or — et sont, comme l'expérience le prouve, aussi semblables qu'interchangeables.

Comment sortir de ce cercle vicieux ? En remettant l'argent à sa place qui est celle d'un instrument de services ou d'échanges. Ce qui fausse le jeu, c'est que, par l'effet d'un réflexe sociologique inconscient, on l'érige en critère de la valeur personnelle et qu'on mesure trop souvent la qualité d'un être à la quantité de son avoir. Dans cette optique, le riche ne se trouve jamais assez pourvu et le pauvre s'estime toujours trop démuni. D'où ces frictions entre les amours-propres et des ambitions polarisées sur le même objet, et l'engrenage n'a pas de fin, car n'importe qui se sent pauvre par rapport à plus riche que lui...

Exception faite pour la misère, qui est en deçà de ces subtilités psychologiques et qui doit être soulagée par tous les moyens, le seul moyen d'atténuer ces tensions factices entre l'orgueil et l'envie est de « démythifier » l'argent, de le dépouiller du faux prestige dont notre société l'enveloppe. Si l'on en fait la valeur suprême, on encourage une mauvaise émulation qui joue au niveau des apparences et des vanités et qu'exprime admirablement la confidence que j'ai reçue d'un homme peu fortuné qui, mû par une vaine gloriole, affichait un standing au-dessus de ses moyens : « Ce ne serait rien d'être pauvre si ça ne coûtait pas si cher de paraître riche... »

LA POLICE ET LES POLICIERS

Un de nos grands écrivains français m'a raconté la scène suivante dont il avait été le témoin un peu avant 1914. C'était au cours d'un dîner mondain où l'on avait invité Charles Péguy. La conversation vint à tomber sur un acte de banditisme commis la veille et qui avait coûté la vie à un gardien de la paix. « Bah ! s'exclama un jeune convive, un flic de plus ou de moins ! » — Là-dessus Péguy se mit à rugir : « Taisez-vous, petit écervelé (il se servit en réalité d'un terme beaucoup plus énergique) : savez-vous que c'est ce flic obscur et mal payé qui veille sur votre personne et sur vos biens et que, sans l'ordre assuré dans la rue par ses collègues, vous ne seriez pas même en sûreté pour rentrer chez vous cette nuit ? » Et Péguy enchaîna par un vibrant éloge de la police et des policiers...

Ces propos me reviennent à l'esprit à une époque où la police a particulièrement mauvaise presse. Si l'on en croit certains journaux (qui reflètent, ou plutôt qui mobilisent, une large fraction de l'opinion publique), c'est presque toujours le policier qui a tort dans n'importe quel affrontement entre les forces de l'ordre et des éléments subversifs : manifestants, agitateurs, voire délinquants. Sans parler, bien entendu, des sévices en cours d'interrogatoire, des arrestations et des détentions arbitraires, etc. Cette indignation à sens unique pourrait laisser supposer que la majorité des policiers se recrute parmi les brutes ou les sadiques.

Qu'il y ait eu et qu'il y ait encore de graves abus, je ne songe ni à le nier ni à l'excuser. C'est là un danger qui tient au tempérament requis pour l'exercice du métier. Un policier qui répugnerait *a priori* à tout usage de la violence serait aussi peu à sa place qu'un chirurgien qui s'évanouirait à la vue du sang.

Les détracteurs unilatéraux des « mœurs policières » semblent oublier deux choses :

1. Que la police est une institution *nécessaire*. Et que ses erreurs et ses excès (toujours condamnables) sont peu de chose au regard de ses bienfaits. Malheureusement, nous voyons très bien les premiers à cause de leur caractère accidentel et choquant tandis qu'une habitude séculaire détourne notre attention des seconds. Nous trouvons parfaitement normal de circuler dans les rues ou sur les routes sans risquer d'être assaillis et détroussés et la pensée ne nous vient jamais d'en remercier la police. Mais le jour où, comme ce fut le cas à Montréal l'année dernière, tous les policiers se mettent en grève, nous mesurons, au nombre des violences et des pillages, l'importance d'une institution si légèrement méconnue ou méprisée.

2. Que la tâche du policier est *difficile*. Jusqu'où doit-il, par exemple, lorsqu'une manifestation tourne à l'émeute, supporter les coups sans les rendre, au risque d'être assommé et débordé ? Ou encore, quel est le juste milieu, dans l'interrogatoire d'un suspect, entre la courtoisie (pourquoi pas la discrétion ?) de l'homme du monde qui conduirait à innocen-

ter tous les coupables et les procédés féroces de l'inquisiteur, capables de faire avouer n'importe quoi à un innocent ?

Cela dit, je suis de ceux qui pensent que la police devrait intervenir le moins possible dans la vie des individus et des collectivités. Et que toute société où elle joue un rôle prépondérant montre par là qu'elle est dangereusement malade.

Mais le vrai remède est avant tout préventif et quelques minutes de réflexion sur le double sens du mot police nous en livrent le secret.

Ce mot (du grec *politeia* : gouvernement) désigne l'ensemble des règlements établis dans un Etat pour tout ce qui regarde la sûreté et la commodité des citoyens.

Secondairement, le mot police s'applique à l'administration chargée de faire respecter ces règlements, c'est-à-dire de faire régner l'ordre dans la cité.

D'où il ressort qu'il s'établit fatalement un jeu de bascule entre l'observation spontanée des règles de la première police et la nécessité de faire intervenir la seconde.

Prenons deux exemples :

Si tous les automobilistes respectaient le Code de la route, la présence des gendarmes serait inutile, si ce n'est peut-être pour ventiler la circulation dans quelques carrefours très encombrés. Mais étant donné l'imprudence de tant de conducteurs, mieux vaut encore « l'ange de la route », même si son comportement n'est pas toujours angélique, que les massacres qu'entraînerait son absence.

Certaines universités françaises sont devenues des lieux dangereux où les professeurs risquent chaque jour les pires outrages. Le recours à la police n'y est pas moins ressenti comme une entorse intolérable aux franchises universitaires. Mais comment pourra-t-on conserver longtemps un privilège dont aucune discipline intérieure ne légitime l'usage ?

Ainsi dans tous les domaines. Moins les hommes sont policés — c'est-à-dire formés et imprégnés par la civilisation — plus ils ont besoin d'être rappelés à l'ordre par la police en tant qu'instrument de contrainte et de répression.

C'est une loi vérifiée par l'histoire avec une désolante monotonie que la tyrannie procède toujours de l'affaissement de la civilisation et des vertus qui s'y rattachent : le civisme, la civilité, etc. Alors, un pouvoir dictatorial — étayé par une police sans scrupules — impose par la violence un maximum d'esclavage là où la liberté a refusé un minimum de discipline. L'alternative est limpide : c'est dans la mesure où les hommes cessent de se comporter en citoyens d'une nation *policée* qu'ils se préparent à devenir les victimes d'un Etat *policier*.

Table des matières

DEUXIÈME PARTIE

TROISIÈME PARTIE

Imprimé en France
FROC02n1113270718
19307FR00017B/316/P

9 782213 003979